Shitstorms

Christian Stegbauer

Shitstorms

Der Zusammenprall digitaler Kulturen

Christian Stegbauer
Goethe-Universität Frankfurt am Main
Frankfurt, Deutschland

ISBN 978-3-658-19954-8   ISBN 978-3-658-19955-5 (eBook)
https://doi.org/10.1007/978-3-658-19955-5

Die Deutsche Nationalbibliothek verzeichnet diese Publikation in der Deutschen National-
bibliografie; detaillierte bibliografische Daten sind im Internet über http://dnb.d-nb.de abrufbar.

© Springer Fachmedien Wiesbaden GmbH, ein Teil von Springer Nature 2018
Das Werk einschließlich aller seiner Teile ist urheberrechtlich geschützt. Jede Verwertung, die
nicht ausdrücklich vom Urheberrechtsgesetz zugelassen ist, bedarf der vorherigen Zustimmung
des Verlags. Das gilt insbesondere für Vervielfältigungen, Bearbeitungen, Übersetzungen,
Mikroverfilmungen und die Einspeicherung und Verarbeitung in elektronischen Systemen.
Die Wiedergabe von Gebrauchsnamen, Handelsnamen, Warenbezeichnungen usw. in diesem
Werk berechtigt auch ohne besondere Kennzeichnung nicht zu der Annahme, dass solche
Namen im Sinne der Warenzeichen- und Markenschutz-Gesetzgebung als frei zu betrachten
wären und daher von jedermann benutzt werden dürften.
Der Verlag, die Autoren und die Herausgeber gehen davon aus, dass die Angaben und Informa-
tionen in diesem Werk zum Zeitpunkt der Veröffentlichung vollständig und korrekt sind.
Weder der Verlag noch die Autoren oder die Herausgeber übernehmen, ausdrücklich oder
implizit, Gewähr für den Inhalt des Werkes, etwaige Fehler oder Äußerungen. Der Verlag bleibt
im Hinblick auf geografische Zuordnungen und Gebietsbezeichnungen in veröffentlichten Karten
und Institutionsadressen neutral.

Gedruckt auf säurefreiem und chlorfrei gebleichtem Papier

Springer ist ein Imprint der eingetragenen Gesellschaft
Springer Fachmedien Wiesbaden GmbH und ist Teil von Springer Nature
Die Anschrift der Gesellschaft ist: Abraham-Lincoln-Str. 46, 65189 Wiesbaden, Germany

Inhalt

1 **Kulturen im Konflikt** 1
   1.1 Was meint Kultur? 3
   1.2 Die Entstehung von Kulturkonflikten 8
   1.3 Missbrauch von gemeinschaftlichen Gütern 11
   1.4 Das Gegenteil von Konfliktlösung durch Vernunft 15
   1.5 Zuviel an Information führt zu extremer Vereinfachung 17
   1.6 Die Regeln des Virus 19
   1.7 Die anderen sind nicht egal, denn es geht um Kultur 23
   1.8 Ohne korrekte Form gar keine Diskussion 28
   1.9 Soziologische Erklärungen für Shitstorms 32

2 **Wie Shitstorms funktionieren** 33
   2.1 Aufbrechen von zivilisatorischen Vereinbarungen 33
   2.2 Wie die Aufladung durch Skandalisierung funktioniert 41
   2.3 Ursachen von Entrüstungen 47
   2.4 Die Stärke des Sturms 52

3 **Randbedingungen: Medieneigenschaften** 57
   3.1 Fehlen des sozialen Kontexts 58
   3.2 Empathie nur beschränkt möglich 62
   3.3 Direkte Zugänglichkeit 63

4 **Aufladung und Entladung: Filterbubble, Echokammer und das Aufeinandertreffen verschiedener Kulturen** 67
   4.1 Echokammer 67
   4.2 Filterbubble 70
   4.3 Gründe für geringe Diversität 74

5	**Strukturbedingungen für Shitstorms**	79
	5.1 Zentralität	79
	5.2 Diversität	87
	5.3 Die Verbreitung des Sturms	90
	5.4 Verschieben von Raum-Zeit-Beschränkungen führt zur Balkanisierung	98
6	**Der Shitstorm: Das Aufeinandertreffen unterschiedlicher Kulturen**	101
	6.1 Gegenseitigkeit	109
	6.2 Situation und Abfolge der Nachrichten	116
	6.3 Positionierung der Teilnehmer	117
7	**Drei Reaktionsmöglichkeiten und ihre Konsequenzen**	119
	7.1 Angleichung	121
	7.2 Wettbewerb	125
	7.3 Warum man schweigt	129
8	**Die Anatomie eines Shitstorms Strukturen und mikrokulturelle Wirkungen der Diffusion von Xenophobie**	135
	8.1 Die Verknüpfung dreier Typen von Arenen	136
	8.2 Was ist geschehen?	137
	8.3 Aufladung und Konfrontation in unterschiedlichen Typen von Arenen	139
	8.4 Analyse der Mikrokultur der Kommentare der Multikulti-Watch Facebook-Seite	141
	8.4.1 Inhaltliche Analyse der Multikulti-Watch-Seite	141
	8.4.2 Formale Analyse der Multikulti-Watch-Seite	146
	8.4.3 Zwischenbefund	147
	8.5 Analyse der Mikrokultur der Kommentare der Facebook-Seite des Hessenparks	148
	8.5.1 Inhaltliche Analyse der Hessenpark-Seite auf Facebook	150
	8.6 Persönliche Facebook-Seiten	155
	8.7 Was können wir aus der Fallstudie lernen?	161
9	**Zusammenprall von Kulturen: Resümee**	163
	Literatur	167

Kulteren im Konflikt

Shitstorms sind Wutausbrüche in der digitalen Welt, an denen sich viele Menschen beteiligen. Sie bestehen nicht nur aus einer Masse an Reaktionen, hierzu gehören außerdem hemmungslose Beschimpfungen der übelsten Sorte. Shitstorms bereiten sich in sozialen Medien vor. Hier entstehen im Kleinen miteinander unvereinbare Kulturen. In solchen abgeschirmten Zirkeln fehlen sowohl der Kontakt zur Realität als auch die Korrektur durch Widerspruch. Hier lädt sich die Wut der Beteiligten auf, denn ihre untereinander erarbeitete Weltsicht ist für sie die einzig akzeptable. Das Fehlverhalten der anderen muss mit starken Worten getadelt werden.

Der harte Kern solcher abgeschotteter Kreise wartet nur auf einen Anlass, auf eine Gelegenheit, auf ihre „Gegner" einzuschlagen, ihnen die eigene Weltsicht aufzudrücken. Solche Gruppierungen sind: Radikale Veganer, die der Meinung sind, nur ihre Lebensweise rettet die Welt, rechte Einwanderungsfeinde, die den Eindruck haben, ihre Art des Zusammenlebens würde durch Fremde zerstört und sie müssten für alles zahlen, und religiöse Eiferer, die alle Andersdenkenden verteufeln.

Damit sind nur einige Beispiele für Gruppierungen genannt, die sich im Internet formieren. Erst durch das Internet – genauer gesagt, durch die sozialen Medien – ist die Möglichkeit entstanden, dass sich auch sehr „spezielle" Personen zusammen finden. Allerdings reicht das Zusammentreffen von Personen mit radikalen Ansichten allein nicht aus, um einen Shitstorm zu entfachen – hierzu ist ein Thema notwendig, welches das Zeug hat, einen weiteren Kreis von Menschen anzusprechen. Es muss sich um einen Konflikt handeln, der attraktiv genug ist, um andere mitzureißen. Obgleich aus diesen Kreisen öfters Skandalisierungen angezettelt werden, wenn sie in Widerspruch zu ihrer Kultur geraten, gelingt es nicht immer, ihn zum Sturm werden zu lassen. Soll dies gelingen, dann sind die besonders Lauten wichtiger als die Normalen. Zwar kann sich eigentlich jeder beteiligen, aber diejenigen, die sich häufiger und schriller zu Wort melden, haben das Sagen. In den Foren werden gegenteilige Standpunkte nicht geduldet. Auch auf den Profilseiten, den persönlichen Portalen der Beteiligten verstummt die Opposition.

© Springer Fachmedien Wiesbaden GmbH, ein Teil von Springer Nature 2018
C. Stegbauer, *Shitstorms*, https://doi.org/10.1007/978-3-658-19955-5_1

Flammt Widerspruch auf, so wird „entfreundet" oder diejenigen, welche die Meinung nicht teilen, verschwinden heimlich. Auf diese Weise entwickeln sich immer stärker Blasen – auch Randmeinungen finden sich in einem Umfeld, in dem sie sich allenfalls gegenseitig bestärken. So entstehen Kulturen, die sehr speziell sind, die sich weg bewegen vom Common Sense.

Kulturen wachsen dort, wo sich Sichtweisen von Menschen eindeutig von denen anderer unterscheiden lassen. Das betrifft beispielsweise wie bestimmte Bilder, Begriffe und Verhaltensweisen interpretiert werden und was diese für eine Gruppe von Menschen bedeuten. Zur Kultur gehört aber auch, wie man sich benimmt, ebenso sind eigene Werte bedeutsam. Da vor allem die sozialen Medien untereinander abgeschirmte Räume bieten, ist es möglich, dass sich dort innerhalb der Meinungsblase auch im Kleinen spezielle Kulturen herausbilden – und die Eigenheiten bedürfen einer Ideologie. Diese wird unter den Aktivisten dort ebenfalls ausgehandelt. Solche abgeschotteten Bereiche stehen allenfalls mit ähnlichen, ebenfalls begrenzten Kommunikationsforen mit den eigenen Auffassungen verträglichen Meinungen in Kontakt. Hier befinden sich die Brutstätten für selbstgemachte Ideologien, für Häme und für den Hass.

Solche Internetbezirke sind sowohl Quellen für Nachrichten, als auch für die daraus folgenden Aktionen. Dabei spielt es keine Rolle, ob soziale Medien selbst schon die Hauptquelle für Neuigkeiten sind oder nicht – wichtig ist der dort stattfindende soziale Prozess, etwa die Definitionsmacht, die in der Gruppe entsteht. Das meint, es werden Bedeutungen von Informationen ausgehandelt, Gewichtungen entstehen und die Nachricht wird ins eigene Weltbild integriert.

Solcherlei Gruppierungen sind wichtig, denn sie bilden für viele eine Art von „Heimat" in der digitalisierten Welt. Sie bieten an, aufgehoben und mit der eigenen Meinung anerkannt zu sein. Die eigene Gruppe hilft bei der Orientierung in der Masse an Nachrichten. Hierdurch entsteht die paradoxe Situation, dass zwar das „Wissen der Welt" und alle „Nachrichten der Welt" verfügbar sind, für den Einzelnen in solchen Gruppen ist aber die Vielfalt geringer als außerhalb des Internet. Komplexität wird reduziert und für kaum noch durchschaubare Fakten werden Interpretationen angeboten. Auch schräge Ansichten können im eigenen Kreis Konsens sein.

Wenn Äußerungen einer anderen Gruppierung, sei es eine Institution, eine politische Partei oder ein Unternehmen, der eigenen überhöhten Weltsicht entgegenläuft, besteht die Chance auf eine Skandalisierung. Gelingt diese, werden Anhänger und andere Personen über die sozialen Medien mobilisiert. Der Konflikt beginnt „viral" zu werden. Nach bestimmten sozialen Regeln verbreitet sich die Aufregung, die schließlich zu einem Shitstorm führt. Zwar wird das aufziehende Unwetter von jeder sich beteiligenden Person verstärkt, der Wind wird aber erst dann zum

Sturm, wenn sich eine bestimmte Art von Teilnehmern anschließt. Diese stehen mit viel mehr Personen als der Durchschnitt in Kontakt und diese Beziehungen sind zudem vielfältiger. Mit anderen Worten, sie erreichen weitere Kreise als der „normale" Empörte. Erst durch eine solche Struktur ist es möglich, die Begrenzung des inneren Kreises zu überwinden und eine Shitkatastrophe auszulösen.

Hinzu kommt, dass die Äußerungen, umso eher beachtet werden, je extremer, schärfer und gehässiger sie sind. Provokation ist hier sehr wirksam. Die Teilnehmer schrecken auch nicht vor der Androhung von Gewalt zurück. Je schlimmer die Anwürfe sind, umso stärker fordern sie entsprechende Reaktionen heraus. Es tobt ein Kampf um den rechten Weg, um Werte und die Zukunft der Gesellschaft. An der Front treffen Personen aufeinander, die ohne Internet kaum miteinander in Kontakt getreten wären. Mit anderen Worten: Es kommt zum Zusammenprall der Kulturen und es geht um die Kultur, die niemals einheitlich war und in Zukunft immer weiter auseinander treiben wird.

Dieser Kulturkonflikt wird im Buch hauptsächlich mit den Mitteln der Netzwerkforschung interpretiert und analysiert. Die Netzwerkforschung stellt die Beziehungen zwischen den Beteiligten in den Mittelpunkt. Hierdurch wird es möglich, Reaktionsweisen zu deuten und zu verstehen. Ob ein Skandalisierungsversuch zum Erfolg wird, ist von vielen Faktoren abhängig. Neben dem Inhalt selbst, gehören hierzu einige Voraussetzungen, die mit Hilfe von soziologischen Regeln untersucht werden können. Das gilt sowohl für das Aufschaukeln, als auch für die Dynamik, die dem Shitstormphänomen inne wohnt.

1.1 Was meint Kultur?

Der Zusammenprall von digitalen Kulturen – wie geht das? Das ist die Frage, denn diejenigen, gegen die sich ein Shitstorm richtet, als auch jene, die ihn inszenieren, kommen doch meist aus demselben Kulturkreis. Man spricht sehr oft von *der* deutschen Kultur – und das tut insbesondere der Teil, der für ziemlich viele der Hassmails verantwortlich ist. Allerdings nicht nur – über Leitkultur sprechen von Zeit zu Zeit auch andere Teile der Politik, wenn sie eine Einheitlichkeit, beschwören möchten. „*Die*" eine Kultur, oder gar eine einheitliche deutsche Kultur, so soll hier argumentiert werden, gibt es aber nicht. Zwar finden wir einige Merkmale, die als „Common Sense" bezeichnet werden können, die vielleicht als so etwas wie weitgehende Grundlagen darstellen, darüber hinaus gibt es aber auch sehr weitreichende Differenzen! Diese Differenzen werden im Internet zum einen vergrößert und zum anderen transparenter. In bestimmten Situationen prallen die Unterschiede aufeinander. Dann lassen sich Anhänger und weitere Kreise leicht mobilisieren, womit ein Shitstorm beginnen kann.

Im Buch wird erklärt, wie sich die Kulturen entwickeln und wie es zu einer Aufladung der Konflikte kommt. Die Entwicklung hin zur Einschränkung der Sichtweisen zu umstrittenen Themen folgt genauso sozialen Regeln wie die Ausbreitung der Aufregung – all dies sind Gegenstände, die im Buch behandelt werden.

Wie kommt es, dass es so große Unterschiede in Sachen Kultur gibt? Das liegt daran, dass Kultur nichts Einheitliches ist und die Arten und Weisen, wie über „Kultur" gesprochen und verhandelt wird heterogen sind. Sie kommt in vielen Facetten daher, denn sie entwickelt sich bei jeder Begegnung weiter. Wenn wir miteinander in Kontakt treten und miteinander interagieren, dann hat dies Auswirkungen auf die Kultur. Es tritt aber nicht jeder mit jedem in Kontakt. Das führt dann zu großen kulturellen Unterschieden. Internetbereiche, in denen nur bestimmte voneinander relativ abgeschottete Gruppen praktisch nur noch untereinander kommunizieren, verstärken dies noch weiter. Nicht jeder ist mit jedem im Gespräch, das wäre auch schlichtweg nicht möglich – die Gemeinsamkeiten werden aber durch die Medien heute eher geringer. Das gilt allerdings vor allem für das Internet: Früher mit wenigen Programmen schaute die allergrößte Mehrheit der Bevölkerung dieselben Fernsehprogramme, durch die Einführung des privaten Rundfunks wurde diese Einheitlichkeit bereits deutlich aufgespalten.

Dieses Auseinanderdrängen des Konsenses wird durch die Möglichkeiten des Internet nun noch weiter verschärft. Heute kann man mittels des Internet viel leichter unter sich bleiben. Wenn das geschieht, ist es möglich sich auf spezielle Themen zu konzentrieren. Dabei werden Ideen und Ideologien entwickelt, die nicht mehr viel mit einem Konsens für alle in der Gesellschaft zu tun haben.

Nach dem zweiten Weltkrieg, als das Fernsehen eingeführt wurde und es nur ganz wenige Programme gab, war der Common Sense, der durch gemeinsamen Medienkonsum und anschließende Kommunikation am Arbeitsplatz oder in der Freizeit möglich gemacht wurde, bedeutend größer. Die Einführung der privaten Sendeanstalten führte bereits zu einer Aufsplitterung des Publikums – sodass nicht mehr alle miteinander ins Gespräch über das Programm kommen können. Ähnliches galt für die Presse: Wer von der Bildzeitung unterstützt wurde, konnte Wahlen gewinnen. Zwar gibt es auch im Internet Sammelpunkte und Möglichkeiten des Austausches – insbesondere in den sozialen Medien. Es findet sich aber kaum mehr etwas übergreifend Gemeinsames.

Vielmehr wird heute mehr und öfters über „Informationsblasen" im Internet gesprochen. Damit sind solche Bereiche gemeint, in die News nur gefiltert gelangen und dort auf spezielle Art interpretiert werden. Diversität ist dort kaum vorhanden, man beschäftigt sich vor allem mit sich selbst und den eigenen Ideologien. Was aber hat das mit Kultur zu tun? Nun, da Kultur neben den einheitlichen Elementen, auch über sehr Unterschiedliches verfügt, sind voneinander abgegrenzte Bereiche Inkubatoren zur Entwicklung eigener Sub- oder Mikrokulturen. Damit ist schon klar, dass es sich bei der Kultur, die hier gemeint ist, nicht um die Hochkultur für Eliten handelt. Es ist nicht gemeint, was in Museen ausgestellt wird, was in Reiseführern dargestellt und von Touristen bewundert wird, und es ist auch nicht das, was gewöhnlich im Feuilletonteil der Tages- und Wochenzeitungen behandelt wird. Was ich hier anspreche, ist vielmehr Teil des Alltags. Es handelt sich darum, wie man miteinander umgeht, wie bestimmte Dinge interpretiert werden, welche Lösungsmöglichkeiten für Probleme gesehen werden und mit welcher Ideologie dies begründet wird. Ideologien sind immer dann notwendig, wenn es noch keine eingeschliffenen Routinen gibt. Manche Teile der Kultur werden unsichtbar, weil sie unhinterfragt für alle gelten. Viele andere Facetten jedoch benötigen Begründungen, weil sie in Glaubenssystemen wurzeln, die den Einzelnen ein Stück Sicherheit geben. Es handelt sich um eine kollektive Sicherheit, weil die Begründungen mit anderen geteilt werden. Solche Glaubenssysteme werden praktisch von allen Gruppen untereinander ausgehandelt, es gibt aber auch welche, die ein Stück weit über die einzelnen Gruppen hinaus gültig sind. An Ideologien orientieren sich beispielsweise Umweltbewegte, aber auch Personen, für die das eigene Ich zuerst kommt. Sie dienen der Begründung von Verhalten und damit sind sie Bestandteil der ausgehandelten Kulturen. Ideologien werden immer wieder angepasst und verändert. Dabei kommen sie zwangsläufig untereinander in Konflikte.

Jeder Bereich, in dem Menschen zusammen kommen, entwickelt eigene Facetten von Kultur – jedes Mal unterscheidet sie sich in einigen Aspekten. Manchmal sind die Unterschiede groß – in anderen Fällen sind sie geringer. Je mehr wir es mit Menschen zu tun haben, die uns ähnlich sind – hinsichtlich ihrer Lage in der Gesellschaft und ihrer Einstellungen, umso mehr Passungen finden sich. Dann fällt es leichter an diese Übereinstimmungen anzuknüpfen, sie gemeinsam weiterzuentwickeln und zu vertiefen. Aber dann schottet sich die in diesem Bereich entwickelte Mikrokultur auch eher von den anderen, die ebenfalls untereinander gut zusammenpassen, ab.

Wenn wir einmal kurz darüber nachdenken, wie unterschiedlich die Routinen sind, die wir für Treffen mit Freunden entwickelt haben, so wird dies sehr gut deutlich. Mit jedem Freund und jeder Freundin gehen wir anders um. Je nachdem, um wen es sich handelt, haben wir verschiedene Gewohnheiten gemeinsam entwickelt. Mit der einen Freundin geht man meistens ins Kino, mit der anderen trifft man sich im Park; man kann sich mittags zum gemeinsamen Essen verabreden oder abends in die Kneipe zu einem Glas Wein – was sich unterscheidet, ist aber nicht nur, was man gemeinsam macht, sondern auch worüber wir miteinander reden;

die Themen unterscheiden sich. Wir suchen das Gemeinsame beim Austausch und meiden Inhalte, bei denen große Differenzen bestehen. Manche Begriffe hat man nur mit wenigen gemein; etwa bestimmte Abkürzungen, Akronyme, Nicknames für gemeinsame Bekannte, die nur in diesem kleinen Kreis von Freunden verstanden werden. Es wird auch über andere Leute geredet, häufig über gemeinsame Bekannte. Dabei bewerten wir deren Verhalten und entwickeln dazu eine gemeinsame Haltung. All das sind Aspekte von Kultur, die wir im ganz Kleinen erzeugen. Deswegen kann man auch von Mikrokulturen sprechen. Einige der Begriffe, Verhaltensweisen oder auch Ansichten lassen sich übertragen – sie können in bestimmten Situationen auch zwischen Personen eingesetzt werden, die nicht bei deren Entwicklung dabei waren. Sie verbreiten sich so von Mund zu Mund in unterschiedlichen Situationen. Vielleicht greifen Medien diese Praktiken irgendwann einmal auf, und es kommt zu einer noch weiteren Verbreitung. Bevor das aber geschieht, kennen diejenigen, die so ähnlich ticken wie man selbst, diese neuen kulturellen Gepflogenheiten. Je mehr diese Gruppe, die einem selbst ähnlich ist, unter sich bleibt, umso schwerer werden es neue Schnipsel der kulturellen Weiterentwicklungen haben, verbreitet zu werden. Sie bleiben dann in der Blase hängen und die kulturelle Aufspaltung vergrößert sich.

In einem etwas größeren (aber auch weniger verbindlichen) Rahmen läuft genau dies in den sozialen Medien im Internet ab. Auch hier werden bestimmte Aspekte von Kultur entwickelt und weitergegeben. Am ehesten wird dies dort deutlich, wo diejenigen, die zusammenkommen, von vornherein schon bestimmte und häufig sehr spezielle Sichten auf die Welt miteinander teilen. Ob es Verschwörungstheorien, Anhänger bestimmter ausgefallener Musikstile, Ernährungstheorien oder medizinische Laien sind, die an die Wirkung extrem stark verdünnter Wirksubstanzen glauben – durch die Vielfalt des Internets können sich alle mit Gleichgesinnten zusammenfinden. Das gilt natürlich auch für politische Aktivisten, besonders an den Rändern, wobei vor allem die am rechten Rand des politischen Spektrums zurzeit sehr stark auffallen. Die ursprünglichen Ideen, durch die sich diese Menschen gefunden haben, werden innerhalb der gegenseitigen Kommunikation erweitert und oft zu regelrechten Weltbildern geformt.

Allerdings eignet sich nicht alles in gleicher Weise zur Weiterentwicklung und zur anschließenden Weitergabe. Bestimmte Verhaltensweisen sind so fest verwurzelt, dass sie sich allenfalls sehr langsam ändern. Das gilt aber nicht für Neuigkeiten und die Art und Weise, wie diese zu interpretieren sind – m. a. W. für Ideologien. Diese sind geradezu notwendig für kulturelle Umbrüche, denn die zu verändernden Praxen benötigen eine Begründung – im Gegensatz zu eingefleischten Gewohnheiten. Man kann sich allerdings auch Verhaltensweisen abschauen – aber dazu später mehr.

1.1 Was meint Kultur?

Was bedeutet es, dass sich Anhänger unterschiedlicher Weltsichten recht einfach finden und miteinander kommunizieren können? Wurden sie ohne Internet durch den Zwang mit anderen zu reden, möglicherweise noch irritiert – so finden sich nun mit Leichtigkeit genügend andere, die so ähnlich ticken und genauso speziell sind, wie sie selbst. Wenn man aber sieht, dass es viele Gleichgesinnte gibt, dann sorgt das dafür, dass die eigene Haltung gefestigt wird – ja sie wird sogar noch verstärkt. Es geht aber noch weiter: In das Weltbild werden noch mehr und andere Dinge „hineingeschmuggelt". Wenn beispielsweise jemand Anhänger eines bestimmten Musikstils ist und im Internet herausfindet, dass die anderen, welche dieselben Bands gut finden, sich ganz in schwarz kleiden und Totenkopftattoos tragen, dann werden diese Aspekte als zusammenhängend angesehen. Dort entsteht dann eine Gruppierung, die von außen als solche zu erkennen ist, und der bestimmte Eigenschaften zugeschrieben werden können. Dazu gehören manchmal auch äußere Erkennungszeichen; das ist aber nicht unbedingt notwendig – oft handelt es sich auch nur um eine Bündelung von Einstellungen, die von einem Referenzkollektiv übernommen werden.

Wenn die Gegner der Asylpolitik der Bundesregierung sich in bestimmten Foren zusammenfinden, dann wird auch die Berichterstattung der klassischen Medien kritisiert und als Lügenpresse verunglimpft. Auf diese Weise lernen die am Austausch Beteiligten, welche Ideen zusammen wirken – wodurch eine kulturelle Ähnlichkeit aufgezeigt wird. Sie spüren außerdem, welche Symbole entwickelt wurden und was sie bedeuten. Wer beispielsweise etwas gegen Asylbewerber hat, wird auf den entsprechenden Social Mediaseiten täglich mit gefilterten Nachrichten versorgt, die ihn in seiner Ablehnung bestärken. Dazu lernt er aber auch etwas über diejenigen, die in dieser Hinsicht derselben Meinung sind wie er selbst. Es kann dann sein, dass dabei auch eine Partei eingeführt wird. Von dieser Partei wird dann behauptet, dass sie die einzige ist, die etwas gegen die nicht gern gelittenen Fremden tun würde. Es werden Argumente benannt, die zuvor unbekannt waren, die aber die xenophoben Haltungen weiter stützen. Andere Meinungen stören nur – oft werden diese aktiv unterdrückt und an anderen Stellen durch die Algorithmen der sozialen Medien herausgefiltert. Alle Beteiligten in solchen Internetbereichen arbeiten mit daran, dass eine Mikrokultur entsteht, die bestimmte Tatsachen auf ihre eigene Weise interpretiert. Das bedeutet, dass ein und dieselbe Sache, z. B. ein Zeitungsbericht darüber, dass ein Asylbewerber ein Portemonnaie findet und es zurückgibt, als Fake der sog. Lügenpresse angesehen wird. Etwas, was sich so zugetragen hat, wird also gar nicht an sich herangelassen, weil es gegen das gemeinsam entwickelte Weltbild und damit gegen die Gruppenkultur verstößt.

Durch solche „Blaseneffekte" entstehen unterschiedliche Wirklichkeitskonstruktionen. Verschiedene Gruppen interpretieren Meldungen, so wie sie untereinander gelernt haben, wie solche Symbole zu deuten sind. Sie reagieren auch nicht gleichförmig darauf, sondern je nachdem, wie sehr Berichte in ihren Bereichen skandalisiert werden und wie sehr sie dadurch aufgebracht werden. Wenn Hassmails versendet werden und Shitstorms durch das Internet fegen, dann prallen verschiedene Auffassungen aufeinander. Diese sind in unterschiedlichen Weltsichten begründet – in Konflikten um Werte, Normen und Verhaltensweisen der anderen, die nicht mit den eigenen Ideologien vereinbar sind. Mit anderen Worten: Die im Kleinen und weitgehend gegeneinander abgeschlossen entwickelten Kulturen prallen aufeinander. Je mehr der relativ abgeschotteten Meinungsmikrokulturblasen vorhanden sind, umso eher finden sich Widersprüche. Dann entsteht leichter widriges Wetter im Internet.

Allerdings reicht eine mikrokulturelle Blase nicht aus, um einen größeren Shitstorm alleine zu initiieren – für einen gewissen Fluss von Hassmails vielleicht, aber für einen Orkan muss darüber hinaus ein weiterer Mobilisierungseffekt hinzutreten: Bisher stille und etwas entferntere Personen müssen aktiv werden. Nur wenn das Thema auch diejenigen anspricht, die bis dahin zur schweigenden Masse gehörten, wird es möglich, dass sich aus einem kleinen mikrokulturellen Zentrum heraus ein Sturm entwickelt. Er muss mit seinem Thema auch andere ansprechen – dann verbreitet er sich über die sozialen Kanäle hinaus aus der jeweiligen Blase.

1.2 Die Entstehung von Kulturkonflikten

Shitstorms entzünden sich durch Skandalisierungen. Skandale entstehen dadurch, dass das Handeln von Politikern, von Prominenten (Hondrich 2002: 15), aber auch von Institutionen wie Unternehmen mit einer anderen politischen Kultur kollidiert. Sie entwickeln eine Dynamik, die sich heute extrem beschleunigen lässt, weil neben den üblichen „alten" Akteuren in Skandalen – politische Gegner und die Presse als „Ordnungsmächte" ein weiterer neuer Akteur getreten ist: Der Internetbürger. Er kann heute viel schneller seiner Entrüstung Luft machen, er kann auf der Welle der öffentlichen Erregung mitsurfen und auf diese Weise als Teil einer meist sehr kurzfristigen Bewegung die andere Seite anklagen. Die Schnelligkeit und Heftigkeit dieser Bewegung ist erst durch den überall verfügbaren Internetzugang möglich geworden. Vor allem über soziale Medien verbreiten sich Protestaufrufe – die Möglichkeit zum Widerspruch liegt nur wenige Klicks entfernt. Auf diese Weise können Menschen an politischen Prozessen teilhaben, die bisher kaum in den geregelten Bahnen der partizipativen Demokratie aufgetreten sind. Massenbewegungen und Mobilisierungen über das Internet können sehr mächtig werden. Sie können zum

1.2 Die Entstehung von Kulturkonfikten

Sturz von Politikern beitragen, Stars und Sternchen von ihrem Sockel holen und Krisen in Unternehmen hervorrufen.

Der technische Fortschritt, die Eigenschaften der Medien und der Umgang damit, sind also Teil der Veränderung der politischen Teilhabe. Sie sind, wenn man so will, ein Einfallstor für den Bürger und seine Beteiligung. Er muss sich dafür nicht unbedingt formal organisieren – er muss keiner Partei angehören, um sich in für ihn wichtigen Fällen auch mal ad hoc einmischen zu können.

Wenn besonders starke Entrüstungswellen bei Verstößen gegen die politische Kultur durch die sozialen Medien schwappen, dann kann man fragen, was das dann überhaupt mit Kultur zu tun hat. Teile davon sind allen bekannt, etwa das, was als Common Sense gilt. Aufregung wird dann erzeugt, wenn sich das Thema, welches für die Entrüstung sorgt, an diesem Common Sense reibt, wenn es gerade nicht den Facetten der Kultur entspricht, die alle (oder zumindest die Mehrheit) miteinander teilen. Nur dann kann es zu einer Aufregung kommen – nur dann prallen Ideologien aufeinander. Zum Clash kommt es dort, wo Spezialkulturen andere Auffassungen vertreten, die nicht unbedingt der Meinung von allen entsprechen. In modernen komplexen Gesellschaften ist das notwendigerweise häufig der Fall.

Insbesondere spielt auch das Internet bei der Herausbildung solcher spezieller Kulturen eine gewisse Rolle: Es bietet Sammelstellen für besondere Kulturen – für Personen mit sehr differenzierten Interessen, die sich ansonsten nur sehr schwer treffen könnten. An solchen „virtuellen Orten" kommen Menschen mit sehr unterschiedlichen Vorlieben und besonderen politischen Auffassungen zusammen. Ohne die Welt des Internet wäre das Auftauchen der speziellen Kulturen kaum möglich. Die beiden Internetforscher Marshall van Alystine und Erik Brynjolfsson (1996) haben ähnliche Überlegungen schon vor einiger Zeit geäußert. Bei ihnen ging es allerdings zunächst nur um die Aufgliederung von wissenschaftlichen Disziplinen. So wie die Wissenschaftler an den Universitäten und den Forschungsinstituten nicht mehr so sehr auf die Kommunikation vor Ort angewiesen sind, weil sie über das Internet verfügen, geht es auch den vielen Anhängern von Spezialkulturen. Eine Konsequenz der Internetkommunikation, so die beiden Wissenschaftler, sei es, dass die Disziplinen der Tendenz folgen würden, sich in immer kleinere Unterfächer aufzuspalten. Diesen Prozess nennt man Differenzierung und er ist Teil dessen, was moderne Gesellschaften ausmacht – er ist auch Teil der innerhalb der Soziologie vieldiskutierten funktionalen Differenzierung.[1]

Ähnliches mag auch für spezielle politische Gruppen gelten. Diese sind nun unabhängiger davon, dass große Medien über sie berichten, denn sie können sich

---

[1] Diese wird von Luhmann (z. B. 2011) stark gemacht, allerdings findet sich auch Kritik daran, einige Argumente sind bei Pollack (2016) genannt.

über das Internet zusammen finden. Dort werden bestimmte Eigenheiten solcher Spezialkulturen erst entwickelt, die dann an andere weitergegeben und von diesen weiterbearbeitet werden. Beispielsweise finden sich ganz leicht Anhänger von speziellen Ernährungsstilen. Menschen, die davon schon einmal etwas gehört haben, stoßen bei einer Recherche einfach auf weitere Personen, die bereits eine solche Ernährungsweise praktizieren. Als Interessierter kann man Erfahrungsberichte von Menschen lesen, die sich beispielsweise für eine Variante fleischloser Ernährung entschieden haben. Möglich ist es auch, sich an den Diskussionen zu den Vor- und Nachteilen dieser Unterschiede zu beteiligen und dabei seine Meinung argumentativ zu stärken. In solchen Gemeinden entwickelt sich eine Gewissheit über die Korrektheit dieses Lebensentwurfs. Das führt dazu, dass man sich gegenseitig in seinen Auffassungen bestätigt. Anders ausgedrückt, entsteht also eine Kultur, die mit anderen geteilt wird. Das gilt genauso für Verschwörungstheoretiker und ebenso für politische Gruppen, die bis vor kurzer Zeit noch sehr weit im Abseits zu Hause waren. Treffpunkte für die speziellen Überzeugungen sind in starkem Maße soziale Medien, häufig Networking-Sites wie beispielsweise Facebook. Menschen, die auf verschiedenen ähnlichen Internetforen aktiv sind, tragen die in dem einen Bereich entfalteten Ideen in andere Foren, sodass unter bestimmten Stichworten (z. B. Veganismus) erzeugte Weltsichten nicht zu weit auseinanderlaufen.

Algorithmen, die entwickelt wurden, um in sozialen Medien nicht von Nachrichten völlig überflutet zu werden, tun ein Übriges – sie verstärken die Hauptinteressen. Dadurch wird der Prozess der Herausbildung von speziellen Ansichten und Verhaltensweisen noch weiter befördert. Die Algorithmen werden entwickelt, um den Menschen die Teilnahme an den Medien zu erleichtern.[2] Die Programme reduzieren die Menge an Neuem erheblich, die auf die Nutzer von sozialen Medien einwirkt. Diese automatisierte Reduktion von Informationen funktioniert nach Regeln, die sich Informatiker ausgedacht haben. Die Regeln verringern aber nicht nur die Anzahl an Neuigkeiten, sie sorgen gleichzeitig auch für eine Abnahme der Diversität. Das verstärkt den Prozess dahingehend, dass die speziellen Kulturen noch eigenartiger werden. Diese Art von Algorithmen steigert die sowieso schon im Sozialen angelegte Tendenz zur gegenseitigen Anpassung und dazu, dass man sich am liebsten mit möglichst ähnlichen Leuten umgibt, die die eigene Meinung weitgehend teilen.

Wenn wir uns mit Shitstorms und den ihnen unterliegenden Entrüstungen befassen, ist es auch notwendig, sich mit verschiedenen Aspekten der Medien und ihren Eigenschaften zu beschäftigen. Hierzu gehört nicht nur die Technik; wich-

---

2 Grundlegende Erläuterungen über die Funktionsweise von solchen Algorithmen finden sich in einem Artikel von Zweig et al. (2017).

tiger als diese ist, was die Menschen damit machen, wie sie also mit der Technik umgehen. Um die Entstehung von Shitstorms zu verstehen, müssen wir uns auch damit befassen, was sich durch die Technik verändert hat. Es gilt also zunächst einmal ein Stück weit die soziologischen Grundlagen der veränderten Kommunikationstechnik zu begreifen.

1.3 Missbrauch von gemeinschaftlichen Gütern

Mit solchen soziologischen Aspekten von Computern und der computergestützten Kommunikation Computern beschäftige ich mich seit sehr langer Zeit. Bereits während meines Studiums kam ich mit dem Thema in Kontakt. So beispielsweise als Tutor, der die Studierenden mit Programmierübungen in einer Einführung in die Datenverarbeitung beglücken durfte. Später dann war ich HiWi und konnte erste kleine Untersuchungen durchführen. Das war Mitte der 1980er Jahre – dass es so etwas wie das Internet gab, war noch nicht so weit bekannt.

Zu der Zeit begann es, dass die Menschen mit Hilfe von Computern kommunizierten. Das war zu Anfang schon eine recht skurrile Sache – die Computer waren über das Telefonnetz miteinander verbunden und zwar mittels Akustikkopplern, welche die Buchstaben in Töne verwandelte und am anderen Ende zu Zeichen zurück, die dann wieder auf dem Bildschirm erschienen. Kritische Leute warfen ein, dass es doch merkwürdig sei, im Prinzip hätten die Beteiligten einfach die Telefone aus den Kopplerschalen nehmen und miteinander sprechen können. Zu dieser Zeit war die Kommunikation sehr langsam – so langsam, dass man das Erscheinen der Worte auf dem Bildschirm bequem mitlesen konnte.

Der Professor, für den ich damals als Hiwi arbeitete, hatte ein solches Gerät aus den USA mitgebracht und mir für meine Forschungen überlassen. Für mich war es das erste Werkzeug, welches zu einer Befragung von Betreibern dieser Mailboxen führte (Stegbauer 1990). Diese Einrichtungen waren Punkt zu Punkt betriebene Informationsstellen, die auch nur in seltenen Fällen etwas wirklich Brauchbares zu bieten hatten. Den Begriff „Mailbox" gibt es mit derselben Bedeutung im Englischen auch gar nicht, dort heißt die Entsprechung „bulletin board". Zu der Zeit wurde viel über die Eigenschaften der Medien spekuliert, und man stellte auch bereits erste Forschungen dazu an. Es war die Zeit des Aufbruchs und der Faszination an der Technik selbst. Von einer Informationsüberflutung oder einer Filterblase war zu der Zeit noch nicht die Rede. Es ging eher schon darum, sich frei mit anderen auszutauschen – im Grunde wurde die Beschäftigung mit Computerkommunikation als Beitrag zur Verbesserung der Welt rechtfertigt.

Nach meinem Diplom war ich dann für ein paar kurze Jahre in der Marktforschung und kehrte dann 1992 an die Universität zurück. In der Zeit so Ende der 1980er bis zu den Anfangsjahren der 1990er war die Periode, als die computergebundene Kommunikation einen ersten Verbreitungsschub erfuhr. Anfang der 1990er an der Universität konnte ich auch meine erste Netzwerkuntersuchung durchführen. Es ging darum, inwiefern die Menschen bei der Anschaffung eines Computers auf Freunde angewiesen sind, weil dieses Gerät damals doch noch sehr kompliziert und auch fehleranfällig war. Die sozial bedeutendste Anwendung – die Kommunikation mit Freunden und Bekannten war noch nicht die Sache der frühen Computerfreaks. Sie waren vor allem von der Technik begeistert und standen allenfalls mit ebensolchen Computerbegeisterten darüber in Kontakt. Damals gab es auch noch ein eindeutig männliches Übergewicht bei den Nutzern – um überhaupt dabei sein zu können, brauchte man ziemlich viel spezielles Wissen. Auch hier entwickelte sich eine besondere Kultur, die heute allenfalls noch etwas im 1981 gegründeten Chaos Computer Club lebendig ist oder in den immer mal wieder aufblitzenden „Visionen" der heutigen Milliardäre der Silicon Valley Industrie.

Es war noch die Zeit des Postmonopols und ein Student berichtete eines Tages von einer polizeilichen Hausdurchsuchung in der Wohnung seiner Eltern in den frühen Morgenstunden. Er wohnte damals noch zu Hause: Um sich an der beginnenden Internetkommunikation beteiligen zu können, hatte er sich bei einem Versender ein Modem bestellt (ein aus heutiger Sicht sehr langsames – andere gab es damals nicht). Das war aber damals illegal, weil man kein anderes Gerät, als graue, grüne und orangene Telefone oder sündhaft teure Faxgeräte oder Modems von genau jenem Monopolunternehmen betreiben durfte. Bürgerbeteiligung über Computernetzwerke, oder gar die Entwicklung von voneinander abgeschotteten Internetbereichen, das stand noch lange nicht auf der politischen Agenda.

In den Unternehmen wurde gegen Ende der 1980er Jahre langsam E-Mail eingeführt. Auch das habe ich untersucht und damals nach den Konsequenzen für die Organisation gefragt (Stegbauer 1995). Nach und nach verbreitete sich das Medium auch an den Universitäten (Allerbeck/Stegbauer 1995). Mit der Zeit begannen immer mehr Wissenschaftler sich mit computerbasierter Kommunikation zu beschäftigen.

Um das Neue des Computers als Kommunikationsinstrument zu erfassen, wurde oft die Frage gestellt, welche Eigenschaften die neuen Kontaktmöglichkeiten aufweisen und inwiefern sich diese von „nichtmedialen" Gesprächen unterscheiden würden. Damals stellte man auch schon fest, dass es leichter zum Streit kommt, wenn man schriftlich kommuniziert. Solche Eigenschaften der Kommunikation sind zum Teil zu Recht aus der Aufmerksamkeit verschwunden, weil diese als ganz grundsätzlich angesehen und die Bedeutung des Sozialen an Kontakten nicht berücksichtigt wurde. Tatsächlich findet der größte Teil der Internetkommunikation

1.3 Missbrauch von gemeinschaftlichen Gütern

unter den Personen statt, die sich auch im Alltag oft treffen. Über den Kontext dieser Personen weiß man aber ziemlich viel und mit der Internetkommunikation schließt man häufig an gemeinsame Treffen an, sodass hier das Medium in die Beziehungen sozial integriert wurde (Stegbauer 1995). Nichtsdestotrotz spielen die Eigenschaften dann eine größere Rolle, wenn man sich nicht persönlich kennt und also nur über wenige Informationen zum jeweiligen Background des anderen verfügt.

Zu der Zeit konnte man aber schon das Internet an der Uni benutzen. Bei uns allerdings im Gebäude nur in einem speziellen Computerraum, für den wir, wenn wir etwas recherchieren wollten, erst einmal über den halben Campus laufen mussten, um an den Schlüssel dafür zu gelangen. Die Navigation funktionierte mittels eines Programms namens Gopher. Mit den Pfeiltasten konnte man in den Dateilisten nach oben und unten „navigieren" und sich durch die Verzweigungen und Ordner hindurchklicken. Besonders interessant waren die Usenet Newsgroups – hier gab es bereits Foren, auf denen man miteinander diskutieren konnte. Allerdings zeigten die Nutzungscharts, dass die Hauptanwendung der Austausch von Pornobildern war.

An der Uni war es zu der Zeit noch lange nicht normal, dass zur Arbeitsplatzausstattung ein Computer (und gar noch mit Internetanschluss) gehörte. Die meisten arbeiteten noch mit der Schreibmaschine, und ich musste mir den ersten Arbeitsplatzcomputer selbst anschaffen. Das hat sich übrigens bis heute nicht geändert – immer noch benötigt man als Angestellter an der Universität einen privaten PC (Notebook). Hauptgründe dafür sind die Vereinfachung der Administration und Sicherheitsbedenken. Sozialwissenschaftler werden von der Verwaltung wie Sekretariate behandelt. Möchte man als Wissenschaftler die bereits ausgetretenen Forschungswege verlassen, muss man sich selbst helfen. Die Tatsache, dass, wer innovativ sein will, auch Software ausprobieren muss, die noch nicht Standard ist und eventuell nicht zu den vom Rechenzentrum administrierten Programmen gehört, kommt in den Überlegungen der Computernetzwerkverwaltung leider bis heute kaum vor. Als Wissenschaftler in den Sozialwissenschaften ist man gezwungen, an dem was die Hochschulleitung zur Verfügung stellt, vorbeizuarbeiten.

Aber zurück zu den Anfängen von Shitstorms: Anfang der 1990er erzählte mir ein Student von einem seiner Bekannten, der E-Mail Adressen in den Foren gesammelt hatte und sie verschiedenen Unternehmen (zum Schein) zum Kauf anbot. Die Unternehmen waren laut Schilderung sehr interessiert an den Daten. Der Grund war, dass man – genauso wie heute auf Facebook – genaueres über die Vorlieben der Computerenthusiasten wissen wollte, um sie punktgenau zu umwerben, mit Wollangeboten für die Aktiven in der Stricknewsgroup, um nur ein Beispiel zu nennen.

Angeblich kam es nicht zum Verkauf der Daten, es wurde aber gezeigt, wie einfach schon damals die Offenheit der „Community" ausgenutzt werden konnte

– und genau so machte es auch eine Anwaltskanzlei (Canter und Siegel 1995) in den USA. Dies löste den ersten Shitstorm aus, der mir bekannt geworden ist. Die Anwälte benutzten nicht individuelle E-Mails, sondern sie schickten ihre Werbung an alle für sie erreichbaren Newsgroups, die damals für sie offen zugänglich waren und von denen sie vermuten konnten, dort auf sich nicht legal in den USA aufhaltende Einwanderer zu treffen, die dort mit Landsleuten aus ihrer Heimat kommunizierten. Viele dieser Einwanderer wollten legal in den USA leben, andere gerne dorthin kommen. Eine Möglichkeit, diese Ziele zu erreichen, war die Greencardlotterie. Zur Teilnahme an dieser Veranstaltung boten die Anwälte nun Hilfe an. Diese Lotterie wird seit 1987 regelmäßig durchgeführt und bietet eine Chance auf eine Arbeitserlaubnis in den USA. Viele bereits Immigrierte und solche, die ihr eigenes Land verlassen wollen, sahen darin eine Möglichkeit in die Vereinigten Staaten einzuwandern oder sich zu legalisieren. Allerdings waren dafür einige Voraussetzungen zu erfüllen.

Die beiden Anwälte nun boten an, für 99$ ein Informationspaket zu versenden. Dieses enthielt Informationen, die für die Teilnahme an der Lotterie wichtig waren. Heute wären die Unterlagen leicht per Suchmaschine bei den Einwanderungsbehörden zugänglich. Nur damals war vielen gar nicht klar, wie sie an die Informationen hätten kommen können. Das, was dann versendet wurde, hatte nicht unbedingt exklusiven Wert, denn es handelte sich um das offizielle Material der Behörden. Es konnte dennoch für einige der Forennutzer von Bedeutung sein.

Die Werbeaktion war keineswegs illegal, sie wurde von vielen Newsgroupteilnehmern aber als eine Zumutung empfunden. Es gab nämlich damals schon so etwas wie eine Internetkultur, die bereits Verhaltenserwartungen entwickelt hatte. Man kann in diesem Zusammenhang auch von Normen oder vielleicht besser sogar von ungeschriebenen Gesetzen reden. Damit ist ein gegenseitiges Einverständnis der Nutzer gemeint, dass man die Plattformen der Internetcommunity, die allen gehören sollten, nicht für partikulare private Zwecke missbrauchen sollte. Die damaligen Newsgroupteilnehmer verwendeten diese Plattformen, um sich untereinander auszutauschen, und fühlten sich durch die Werbung gestört, ja sie befürchteten sogar die Zerstörung dessen, was sie dort miteinander aufgebaut hatten.

Das, was sie geschaffen hatten, waren öffentliche Güter – Austauschplattformen zwischen Menschen aus unterschiedlichen Ländern. Die dort Kommunizierenden wurden Zeugen des Versuchs, dieses von ihnen geschaffene Gut auszunutzen. Ja, eigentlich ging es darum, es sich anzueignen. Damit wäre es nicht nur für einen Augenblick ein wenig entwertet, sondern das Forum wäre nicht mehr zum Austausch zu gebrauchen gewesen, wenn viele der Masche der Anwälte gefolgt wären. Mag die Aktion zu der Zeit auch legal gewesen sein – aus Sicht der Teilnehmer war sie aber nicht legitim, denn sie widersprach der Kultur und damit auch den Werten der Plattformnutzer. Also entrüsteten sie sich, und es entspann sich ein Shitstorm in den Foren. Sie schrieben den Anwälten viele und darunter auch zahlreiche schlimme E-Mails. So viele sogar, dass das Mailsystem des Providers der Kanzlei zusammenbrach und dieser den Anwälten kündigte (Kleinrock 2004). Reziprok, wie solcher Streit sich nun mal verbreitet, könnte man von heute aus sagen, dass es sich um eine „denial of service attack" (einer durch die Mails herbeigeführten Überlastung des Systems) handelte. Durch die vielen wütenden Mails wurden die Computer des Mail Providers lahmgelegt. Heute finden sich solche Angriffe immer noch, aber sie werden durch Computerprogramme ausgelöst.

Die Anwälte Canter und Siegel (1995) sahen die Aktion dennoch als einen Erfolg an. Sie erreichten eine ganze Reihe von Menschen, welche auf ihr Angebot eingingen und die teuren Kopien bei ihnen anforderten. Zudem schrieben sie ein Buch über die Möglichkeit mit so etwas im Internet Geld zu verdienen. Das Buch wurde sogar ins Deutsche übersetzt.

1.4 Das Gegenteil von Konfliktlösung durch Vernunft

Der Vorfall kratzte bereits am Bild der Internetprotagonisten. Diese verbanden mit dem Internet immer noch die Möglichkeit, eine bessere Welt zu errichten. Diejenigen, die Zugang zur digitalen Kommunikation hatten, sahen sich untereinander als Community, als eine Gemeinschaft an (Rheingold 1994). Eine weitere Neuigkeit war außerdem, dass es die Möglichkeit gab, dass jeder mit jedem in Kontakt kommen könnte, ohne irgendwelche Diskriminierungen zu erleiden. Dass Personen abgewertet werden, ist die Erfahrung vieler im täglichen Leben. Wenn man schriftlich über das Internet kommuniziert, weiß man nicht wie alt die Partner sind, auch Hautfarbe, Kleidung und sonstige Merkmale sind nicht ersichtlich aus den Texten, die ausgetauscht werden. Das Fehlen solcher Kontextinformationen wird in der intellektuellen Debatte als Möglichkeit zur Deliberation (Habermas 2006) angesehen. Die Erzählung zum Internet, eine bessere Welt zu ermöglichen, hat sich bis heute gehalten. Das kommt in der Erklärung des Facebook-Gründers zum Ausdruck: Er verfolge die Idee, eine „bessere, offenere, vernetzte Welt zu schaffen. Das perfekte Werkzeug dazu sei Facebook, so berichtet es Spiegel-Online.[3]

Das Internet kam früher und kommt auch heute noch ohne zentrale Kontrolle aus (Keinrock 2004). Es handelt sich um ein offenes System, mit dem Menschen

---

3   http://www.spiegel.de/netzwelt/web/facebook-mark-zuckerberg-schreibt-ueber-die-zukunft-der-welt-a-1135086.html (20.02.2017)

mittels Maschinen und einem gigantischen technischen Netzwerk untereinander kommunizieren können. Da diese Kommunikation nicht unbedingt nur auf wenige Kilometer und ein Staatsgebiet beschränkt ist, lassen sich normale Gesetzgebungsmechanismen unterlaufen. Von wo aus ein Internetangebot tatsächlich kommt, wo eine Anfrage gestellt wird, das alles lässt sich verschleiern. Anbieter können auf Länder ausweichen, die keine Regulierung geschaffen haben oder deren Gesetzgebung so lasch ist, dass sie auch mit zwielichtigen, nicht gesetzeskonformen Inhalten durchkommen. Somit können sich die Betreiber von Webseiten der Regulierung, die ansonsten in den meisten Bereichen der Wirtschaft und Gesellschaft allgegenwärtig ist, teilweise entziehen.

Vieles von dem, was im Internet passiert, kann man in einem weiten Sinne als die Entwicklung von Allgemeingütern interpretieren: hierzu gehört der Austausch von Informationen und die Kommunikation zwischen den Menschen, aber auch die darauf aufbauende Aushandlung von Mikrokulturen. Ursprünglich hatten diese Allgemeingüter (wie der Name schon impliziert) auch noch keine Eigentümer. Das hat sich aber spätestens durch die Einführung von Networking-Sites geändert. Jetzt werden die Güter, welche die Beteiligten erzeugen, ganz legal ausgebeutet. Die Plattformanbieter eignen sich diese an und machen die Erzeugnisse zu ihren Produkten. Sie können das, was andere geschaffen haben, nach eigenem Belieben verkaufen. Sie sammeln mit den Daten ihrer Kunden und ihrem Verkauf unfassbare Vermögen an. Die Kommunikation zwischen den Menschen und die dadurch geschaffenen Güter werden kommerzialisiert. Kombiniert man die kommunizierten Inhalte mit den Personen, dann werden sie zum idealen Instrument für die Werbung. Das geschieht im Internet eben auch deswegen, weil alle Bereiche im Prinzip so leicht zugänglich sind bzw. die Abtretung der Rechte am Selbstgeschaffenen in hunderte Seiten umfassenden Geschäftsbedingungen versteckt wird. Durch die dominierende Stellung der Networking-Sitebetreiber bleibt einem kaum eine Wahl – da alle Freunde und Bekannte darüber erreichbar sind, kann man sich nur um den Preis sozialer Isolierung entziehen. Aus den sozialen Regeln und den Bedürfnissen nach Kontakten ergibt sich also eine Art von Nutzungszwang.

Zurück zur Kulturentwicklung im Internet. Im Verlauf des Buches wird dies noch genauer betrachtet. Hier nur so viel: Wenn soziale Kreise, die eine spezielle Kultur mit eigenen Denk- und Erklärungsweisen hervorbringen, in ihren eigenen Bereichen verbleiben, stört sich kaum jemand an ihnen. Wenn aber die anderen von den eigenen Anschauungen überzeugt werden sollen und darüber hinaus der Zirkel leicht zu verlassen ist, dann kommt es schnell zu Kultur- oder Interessenkonflikten. Dann ist es egal, ob es sich um Verschwörungstheoretiker, rechte Gesinnungsleute, Veganer oder Verbraucherinteressen handelt. Die eigentliche Idee einer offenen Gesellschaft müsste es sein, dass die unterschiedlichen Kulturen sich zunächst einmal gegenseitig akzeptieren. Dann müssten sie sich in eine gesellschaftliche Aushandlung einbringen, welche nach Möglichkeit alle berücksichtigt. Das Ergebnis solcher Aushandlungen müsste dann von allen akzeptiert werden, weil sich die besten Argumente durchgesetzt haben. Dies ist jedoch nicht ohne weiteres möglich, da einige Standpunkte untereinander grundsätzlich nicht verträglich sind. An solchen Stellen entstehen schnell Konflikte, die sich eben nicht einfach auflösen lassen.

Das zeigt doch, dass sich nicht alle Erwartungen an das Internet befriedigen lassen. Einige Hoffnungen erfüllten sich zwar, andere eben nicht. Ob die Welt besser geworden ist oder noch wird, ist nicht einfach zu entscheiden; sicher ist aber, dass viele der Hoffnungen enttäuscht wurden. Über das Internet ist die Welt zugänglich geworden – und das in einer ungeheuren Breite. Wir können sofort auf eine so große Fülle von Informationen zugreifen, wie dies noch nie der Fall war. Keine Bibliothek hält so viel an Wissen bereit, wie das Internet.[4] Man kann sicherlich von einem Überangebot sprechen, welches für keinen Menschen zu bewältigen ist. Mit den Auswirkungen eines Übermaßes an Informationen wurde sich bereits lange wissenschaftlich beschäftigt (Eppler/Mengis 2004).

1.5 Zuviel an Information führt zu extremer Vereinfachung

Der sog. Information Overload, die Überflutung von Informationen und der Schutz davor sorgen dafür, dass es zu Abschottungen kommt. In der Soziologie gibt es ganze Theorierichtungen, die sich damit beschäftigen. Soziale Struktur, Strukturen von Informationen und Grenzen von Systemen sind nur einige Stichworte hierzu. Namen, die mit solchen Überlegungen verbunden sind, wären beispielsweise der Nobelpreisträger Herbert Simon, der Systemtheoretiker Niklas Luhmann oder der Netzwerktheoretiker Harrison White. Als kognitiv schwach ausgestattete Gattung Mensch müssen wir uns die Welt einfacher machen, als sie ist. Das hat Folgen: Entweder wir schränken unsere Interessen ein, bilden Schubladen mit Vorurteilen und akzeptieren unsere Umgebung mit den meisten ihrer Regeln oder wir verlieren uns in Details und Fakten, die allenfalls partiell zu bewältigen sind. Ein Ausweg

---

4   Allerdings kann man Bibliotheken und Internet nicht ohne weiteres vergleichen (auch wenn vieles, was Zeitschriftenarchive früher füllte, heute auch für Personen mit Berechtigung, zugänglich ist).

daraus ist die Beschränkung der Information auf soziale Medien, wo noch dazu häufig Bekannte und Freunde als Vermittler und Weiterleitende auftreten.

Das Problem ist ein Grundsätzliches. Nur tritt es im Internet verschärft auf, insbesondere dort, wo viele Menschen gleichzeitig Informationen bereitstellen. Etwa bei Facebook: Je mehr Kontakte wir haben, mit umso mehr Informationen werden wir dort konfrontiert. Aber auch hier verbessert Facebook die Welt und schützt uns vor zu viel Information. Wir bekommen vor allem das angezeigt, was uns in der Vergangenheit mehr interessierte als anderes (Pariser 2012). Interesse ist aber nichts Privates oder Individuelles – es hängt ab davon, was unsere Freunde interessiert. Besonders enge Freunde müssen gelobt und bestätigt werden – was für sie wichtig ist, bedeutet uns ebenfalls viel. So entstehen Filterblasen, bei denen nur bestimmte Ausschnitte der riesigen vielfältigen Wirklichkeit an uns heran langen. Auf diese Weise gehen viele Themen und Tatsachen an uns vorbei – wir haben nicht die Möglichkeit, alles von verschiedenen Seiten zu beleuchten und eine größere Menge an Argumenten zu prüfen.

Die Menge an Informationen und Fakten ist die eine Seite – die andere ist die Bewertung dieser Erkenntnisse. Die ist auch im Falle wissenschaftlicher Erkenntnis selbst für Fachleute nicht immer so ganz eindeutig. Das Problem der korrekten Bewertung ist aber für Laien noch viel schwerer zu beurteilen. Da man das so oft erlebt, sind die Konsequenzen der Fakten nicht eindeutig. Neben den Informationen selbst, sind ihre Bedeutungen also auch ein Teil dessen, was ausgehandelt wird. Diese werden Gegenstand der politischen und damit auch der moralischen Beurteilung. Die Flut an Informationen, die Strategien, wie man diese Menge eindämmt und natürlich auch das Problem von deren Bewertung, ist Teil des Komplexes, der Shitstorms auslöst. Sich umfassend zu informieren, steht der schnellen Reaktion entgegen – also kommt es zur Entrüstung aufgrund einer sehr schmalen Informationsbasis. Würde man, bevor man sich an der Aktion beteiligt, erst einmal genau recherchieren und reflektieren, käme so mancher Ausdruck von in Wallungen geratenen Gefühlen gar nicht zustande.

Die Sache selbst ist komplex, denn die Entrüstung im Internet steht nicht nur für gebrochene Zukunftstechnologieversprechen, sondern auch für deren partielle Erfüllung. Es handelt sich um eine Art von Macht, die entsteht, wenn sich viele Bürger beteiligen. Diese Macht kann kollektiv ausgeübt werden. Durch das Internet können viele Menschen in kurzer Zeit erreicht und mobilisiert werden. Sie zwingt „arrogante" Unternehmen in die Knie und kratzt am Image von Politikern – sie entfaltet eine Art von zusätzlicher demokratischer Macht, die in Vorinternetzeiten so noch nicht vorhanden war. Durch die Möglichkeit der Organisation wird das Kollektiv mächtig, wie wir von Heinrich Popitz (1976) lernen können. Wenn etwas richtig aufregt, dann kreisen Aktivitäten, Gedanken und die Kommunikation um dieses eine Thema. Dann verdrängt es die meisten anderen Themen zumindest für eine kurze Zeit und da wir nur über begrenzte Aufmerksamkeit verfügen, kommt kaum etwas anderes gegen den Aufreger an. Wenn das der Fall ist, kann der Shitstorm beginnen, dann ist schon vieles dafür bereit.

1.6 Die Regeln des Virus

Es fehlen aber noch ein paar Zutaten: Die Antwort auf die Frage, wie es dazu kommt, dass sich die Informationen verbreiten. Gibt es also besondere (strukturelle) Bedingungen dafür, dass es zu einer Ausbreitung kommt? Der erste Teil der Frage bezieht sich auf die Relevanz der Nachricht. Es muss sich um etwas handeln, was interessant genug ist, dass die Menschen, wenn sie damit in Kontakt kommen, die Information weitergeben. Oft gehört dazu die Idee, dass eigene Interessen verletzt werden oder man selbst diskriminiert wird. Eine Information erzeugt Entrüstung, weil die eigene Weltanschauung verletzt wird. Es kann auch sein, dass Häme ausgeschüttet wird, beispielsweise gegen Institutionen oder Personen, denen die Wütenden alleine im Alltag nicht gewachsen wären.

Für den zweiten Teil, die Verbreitung der Entrüstung, ist eine spezielle Beziehungsstruktur notwendig. Prinzipiell kann jeder durch eine Mitteilung einen Shitstorm auslösen, allerdings ist die Chance dazu nicht für alle gleich. Wichtig ist, dass die Information zündet – sie muss viral werden. Das bedeutet, dass sie weitergetragen werden muss, hierbei auf Personen trifft, die besonders bedeutend sind. Solche Menschen verfügen über eine herausgehobene Stellung: sie sind prominent und sie haben viele Freunde oder Follower. Sie wirken als etwas, was in der Fachsprache als „Hub" (Verteiler) bezeichnet wird. Auch Personen mit wenigen Beziehungen haben meist einen solchen Hub in ihrem Freundeskreis – wenn die Nachricht auf so jemanden mit extrem vielen Kontakten trifft, hat sie sehr gute Chancen weiterverteilt zu werden – die Reichweite ist dann einfach viel größer (Schnorf 2008). Durch die Weitergabe wird der Verteilerknoten ebenfalls etwas bedeutender. Wichtige Personen werden auf diese Weise noch einflussreicher – auch ein Hinweis auf die Struktur, die notwendig ist, damit es zu einer schnellen und weiten viralen Verbreitung durch Shitstorms kommt.

Ein Phänomen, welches mit Shitstorms sehr eng verwandt ist, ist die virale Verbreitung von Informationen. So etwas gibt es auch außerhalb des Internet – Mundpropaganda nennt man dies landläufig (englisch „word of mouth"). Welcher Kinofilm ist besonders gut? Da helfen Besprechungen im Feuilletonteil der Tageszeitung oder eben die Urteile von Freunden, die bereits einen Film gesehen haben. Gibt es einen Kleidungshersteller, der besonders gute (schöne) Jacken, Hosen, Strümpfe herstellt? Hierüber wird geredet. Wir haben dies an Gruppen untersucht, die an der Universität zusammen zu Mittag essen gegangen sind. Obwohl die Studierenden an sich schon einigermaßen homogen sind, teilen sie den Geschmack untereinander – sie präferieren dieselben Marken mit denjenigen, die sie in der Mensa treffen (Stegbauer/Rausch 2014). Wie sonst, außer durch die Weitergabe von Mund-zu-Mund kann so etwas entstehen? Möglich ist es auch durch gegenseitige Beobachtung und Nachahmung. Zum Beispiel haben wir untersucht, inwiefern man Personen aufgrund ihrer Kleidung bestimmten Fachbereichen zuordnen kann. Tatsächlich ist das möglich – Pädagogik-, Jura-, Medizin- und Physikstudierende unterscheiden sich hinsichtlich ihrer Kleidungskultur untereinander. In der großen Mehrheit erkennen andere Studierende an Fotos, zu welchem Fachbereich die Studierenden gehören. Man kann dies auch anders beschreiben: innerhalb der Gruppen ist eine größere Homogenität zu beobachten und sie sind durch eine geringe Diversität hinsichtlich ihrer Vorlieben und Einstellungen gekennzeichnet. Zwischen den Gruppen erhöht sich die Diversität, und sie werden umso ungleicher, je mehr die Mitglieder innerhalb der sozialen Bereiche sich angleichen. Diese kulturelle Ähnlichkeit von Gruppen – so wird hier im Buch argumentiert – ist eine Grundlage für das Entstehen von Entrüstung, welche gelegentlich in Shitstorms endet.

Das bedeutet, dass Gespräche über ein Thema und die gegenseitige Beobachtung einen Einfluss auf die Verbreitung von Einstellungen und von Konsumartikeln ausüben. Sprechen und Beobachten sind aber an gemeinsame Anwesenheit in Zeit und Raum gebunden. Dies ist Voraussetzung dafür, dass man von der Herausbildung einer Kultur reden kann. Zwar ist, wie wir in etlichen Untersuchungen (z. B. Stegbauer 2001) gezeigt haben, das Internet auch nicht völlig unabhängig von diesen Schranken der Kulturentwicklung, es ermöglich aber dennoch deren Überwindung. Das Ausbrechen zumindest aus Teilen der zeiträumlichen Begrenzungen ist notwendig, damit ein viraler Effekt entsteht.

Agenturen, die sich mit viralem Marketing beschäftigen, versuchen die Kommunikation über etwas in Gang zu bekommen. Es muss ein Anlass geschaffen werden, über den dann gesprochen wird oder der über das Internet, über Kommunikationsforen oder private Chats weitergeleitet wird und sich dann am besten selbst trägt und vermehrt. Das ist nicht ganz einfach, oft scheitert dieses Vorhaben, wenn es aber gut gemacht ist, verbreiten sich die Nachrichten in einer Community wie ein Lauffeuer. Der Anlass muss interessant sein, und es müssen genügend Quellen vorhanden sein, um der Verbreitung Schwung zu geben. Das, was in der Branche hierzu gemacht wird, nennt sich „seeding". Man versucht, ein paar Personen zu infizieren, von denen man sich erhofft, dass sie den Keim weitergeben.

1.6 Die Regeln des Virus

Der Gründer einer Agentur für das virale Marketing vornehmlich für Buchverlage kann an ein paar Beispielen zeigen, wie die Infizierung vonstattengeht. Man kann nicht alle potentiellen Leser ansprechen, zumal man sie als Agentur auch gar nicht kennt. Die Marketingspezialisten um Thomas Zorbach in Berlin hatten aber die Idee, besonders einflussreiche potentielle Leser anzusprechen. Es handelt sich um Krimiblogger, um solche Personen also, die mehr als normale Krimikonsumenten lesen und darüber hinaus auch noch über die Bücher schreiben und damit ihre Erfahrungen weitergeben. Auch diese Weitergabe erfolgt an immer noch besonders Interessierte, nämlich diejenigen, die sogar Blogs lesen, um sich zu informieren. Laut dem Agenturinhaber reicht es aus, einige hundert Personen anzusprechen (Steinberger 2011). Mir ist Thomas Zorbach durch seine Zusammenarbeit mit dem Informatiker und Netzwerkforscher Jürgen Pfeffer bekannt geworden. Vor einigen Jahren haben die beiden auf einer Tagung der Internationalen Vereinigung der Netzwerkforscher einen Vortrag gehalten, der eine Kampagne für einen Krimi beschrieb. Damals schickte die Agentur Pizzaboten zu Krimibloggern in Berlin. Die besondere Zutat war dabei nicht der echte Mozzarella oder die richtig gute Salami, sondern ein USB-Stick mit einer kurzen Filmsequenz, die durch schnelle Schnitte auffiel und offensichtlich keinen Zusammenhang aufwies (Scheytt 2012). Auf dem Clip wurde nur ganz kurz eine Internetadresse eingeblendet. Diese URL führte zu einer Internetinszenierung, die in einer Art Schnitzeljagd endete. An dieser beteiligten sich einige der Blogger. Das Ganze war so attraktiv, dass die Blogger über das Erlebnis schrieben. Auf diese Weise verbreitete sich das Ereignis unter den Krimifans. Ohne großartige zusätzliche Werbung wurde das Buch zu einem Erfolg.

Analytisch gesehen, haben wir es hier mit einer mehrstufigen Kommunikation zu tun, ähnlich des bekannten „two-stage-flow of communication" (Katz 1957; Katz/Lazarsfeld 1962; Lazarsfeld et al. 1944). Allerdings gibt es einen wesentlichen Unterschied: Damals beschäftigte sich die Soziologie vor allem mit sozialen Kleingruppen. Solche Gruppen hatten nach der damaligen Anschauung eine Art Leader (Homans 1960). Diese gaben mehr oder weniger vor, worauf es ankam – sie waren auch besser informiert als die anderen. Sie wussten genauer Bescheid, weil sie sich mehr mit der Rezeption von Medien beschäftigten. Aufgrund ihrer besseren Information und der Möglichkeit diese an die Mitglieder der Gruppe weiterzugeben, bezeichnete man sie als Meinungsführer. Sie waren in Kleingruppen so etwas wie Multiplikatoren.

Solche Multiplikatoren finden sich mittlerweile auch in den Medien – etwa bei denen, die über bestimmte Dinge schreiben – wie den Bloggern. Aus diesem Grund werden sie von Marketingagenturen besonders umsorgt (u. a. mit dem Effekt, dass ihr Wert sinkt, da irgendwann den Bloggern niemand mehr zutraut, ein unabhängiges Urteil fällen zu können).

Wenn man in der Lage ist, relevante Multiplikatoren ausfindig zu machen, und die richtige Story erzählt, beginnt ein Prozess, der zu einer Verbreitung der Inhalte führt, ohne dass noch etwas hinzugefügt werden muss. Multiplikatoren sind im Verhältnis zu den anderen zentral[5]. Sie verfügen über mehr und differenziertere Kontakte als der Durchschnitt. Das ist eine der zahlreichen Stellen, an denen die formale Netzwerkforschung etwas beitragen kann (davon unten mehr). Solche Menschen, davon sind einige prominente Autoren überzeugt, finden sich überall. Man brauche nur einen Test zu machen, so Malcolm Gladwell (2002), um Menschen mit außergewöhnlichem Einfluss zu identifizieren. Nämlich, so schreibt er in seinem Buch, aus dem Telefonbuch (bei ihm war es dasjenige von New York) zufällig 250 Namen herausschreiben. Dann gibt man die Liste verschiedenen Personen, die anstreichen müssen, ob sie Menschen mit solchen Nachnamen kennen. Auf diese Weise soll es möglich sein, diejenigen herauszufiltern, welche aufgrund der Anzahl ihrer Kontakte über einen besonderen Einfluss verfügen. Gladwell gab die Liste u. a. genau solchen Leuten, die professionell Kontakte pflegen, Schauspieleragenturinhaber etwa. Klar, dass diese tatsächlich viele verschiedene Personen kennen.

Ich selbst habe dieses Experiment mit Studierenden an der Uni Basel und dem lokalen Telefonbuch ausprobiert. Dabei komme ich nicht ganz zu demselben Ergebnis – vor allem, weil der Test dort unfair gegenüber denjenigen ist, die nicht aus diesem Kanton in der Schweiz stammten, sondern beispielsweise aus Osteuropa oder aus Deutschland, wo andere Namen verbreitet sind. Unterschätzt werden bei Gladwells Test aber genau jene Personen, die Kontakte über das lokale Gebiet hinaus unterhalten.[6] Erst durch diese Beziehungen entsteht eine Diversität, welche auch weit entfernte Kontexte zugänglich macht.

Gleichwohl wissen wir aus der Netzwerkforschung, dass eine ungleiche Verteilung der Anzahl von Kontakten, die Menschen haben, nichts Ungewöhnliches ist. Solche Ungleichheiten finden sich nicht nur hinsichtlich Bekanntschaften und Freundschaften; sie beziehen sich sogar auf die Menge an Sexualkontakten (Liljeros

---

5 In der Netzwerkforschung kennt man mehrere unterschiedliche Zentralitätswerte. Der einfachste ist die Gradzentralität – hier wird lediglich gemessen, über wie viele Beziehungen ein Knoten verfügt. Etwas komplexer sind dagegen die Closeness- oder Betweenesszentralität, bei der es darum geht, wer welchen anderen Knoten am nächsten ist oder wie viele kürzeste Wege über einen Knoten laufen (Freeman 1978). Das erste Zentralitätsmaß steht für die Menge an Kontakten; das letzte genannte steht auch für Diversität der Beziehungen. Beide Aspekte sind für das Viralwerden von Informationen von Bedeutung.

6 Vielleicht lässt sich der Test aber auch nicht übertragen: New York ist so vielfältig und verfügt auch nicht über seit Jahrhunderten ansässige Bevölkerungskreise, wie dies in Basel der Fall ist.

et al. 2001). Oft erklären sich die Unterschiede aber auch einfach durch die Position, die jemand einnimmt. So entsprechen bekannte Blogger genau dieser Zielgruppe. Was für virales Marketing gilt, stimmt auch für Shitstorms. Diese funktionieren in bestimmten Hinsichten ganz genauso. Hinter ihnen steht auch eine Story, etwas, was zumindest ein paar Menschen zunächst einmal anspricht. Wenn eine solche Geschichte nun auf zentrale Personen trifft, und diese die Sache für so interessant halten, dass sie darüber in den sozialen Medien schreiben, dann erreichen sie schon viel mehr Personen als der durchschnittliche User. Unter diesen sind dann ebenfalls wieder solche Leute, die wiederum sehr zentral sind. Wenn letztere ebenfalls auf die Story anspringen, geht es weiter und weiter, und es entsteht eine Welle.

Zentral in sozialen Medien sind solche Personen, die entweder bereits Prominenz mitbringen, indem sie diese von anderen Medien hierhin übertragen und daher auf viele Folger und Kontakte bauen können und/oder solchen, die regelmäßig interessante Geschichten zu erzählen haben. Was ich damit meine, ist, dass die Zentralität sich aus verschiedenen Facetten zusammensetzt: interessante Story + zentrale Person. Beides zusammen ergibt erst die Wirksamkeit der Ansteckung.

1.7 Die anderen sind nicht egal, denn es geht um Kultur

Shitstorms suchen zahlreiche Institutionen und Personen heim. Manchmal reichen Dinge aus, die für die Betroffenen gar nicht als potentielle Verfehlungen erkennbar sind. Ausgelöst werden sie, so die hier vertretene These, vor allem durch das Zusammenprallen von unterschiedlichen Kulturen. Im Umfeld des Heimgesuchten handelt es sich um etwas ganz normales – ein Kind bekommt eine Scheibe Wurst und dabei fällt der Satz „damit du groß und stark wirst". Was soll man dabei falsch gemacht haben? Das erkennt man erst, wenn die entgegengesetzte Kultur dies skandalisiert. Normalerweise kommen die unterschiedlichen Kulturen im Alltag nicht zusammen – da herrscht insbesondere die „Blasiertheit" des Großstädters (Simmel 1903), die sich dadurch auszeichnet, dass man sich gegenseitig unbehelligt lässt. Das ist geradezu die Bedingung dafür, um ein friedliches Zusammenleben der kulturellen Vielfalt in großen Städten zuzulassen. Das ist auch meistens im Internet der Fall, dennoch werden an manchen Stellen die unsichtbaren Schranken überwunden. Hierbei sind vor allem die sozialen Networking-Sites wie Facebook, Twitter zu nennen, die auch bedeutsam für das Aufeinandertreffen unterschiedlicher Kulturen sind.

Die kulturellen Gegensätze sind die Ursache dafür, dass an manchen Stellen eine Wut entsteht, die sich urplötzlich entlädt. Diese kommt nicht von selbst; sie hat einen Ort, an dem sie sich entwickelt – und um die Entladung spürbar zu machen, muss diese kanalisiert werden. Man könnte auch sagen, dass sie einer kollektiven Aufladung bedarf. Eine solche gegenseitige Steigerung der Wut erfolgt in bestimmten Bereichen des Internet. Diese Internetorte funktionieren ähnlich wie Stammtische, nur dass sie eine größere Reichweite besitzen und von außen manipulierbar sind. Diese Bereiche des Internet zeichnen sich durch eine geringe Diversität aus. Eine ihrer Bedeutungen resultiert daraus, dass sie den Beteiligten genug Sicherheit geben, auch Dinge zu äußern, die außerhalb zu Widerspruch führen würden. Es sind Bereiche, die vor sozialer Isolation schützen.[7] Dort befeuern sich die Teilnehmenden gegenseitig – und dies wird noch unterstützt durch Auswahlalgorithmen, die es den Menschen leichter machen sollen. Sie haben die Wirkung, dass man nicht mit Dingen in Berührung kommt, mit denen man selbst nicht einverstanden ist.

Wenn Shitstorms durch den Zusammenprall von Kulturen ausgelöst werden, dann müssen wir genauer klären, was hier unter dem Begriff der Kultur zu verstehen ist. Es handelt sich dabei um einen sehr schillernden Begriff. Vor allem in den USA gibt es in der Soziologie eine Kulturdebatte, bei der der Kulturbegriff neu bestimmt worden ist. Kultur in diesem Zusammenhang meint keinesfalls das, was die Kulturpolitik tut oder was in Museen oder Konzertsälen als „Hochkultur" gefeiert werden kann. Es geht dabei vielmehr um die Bewältigung von Alltagsproblemen, Verhaltensweisen, Deutungen, Symbole und Institutionen.

Wenn man sich klar macht, wie so eine Kultur entsteht und wie sie weitergegeben wird, dann versteht man, warum es verschiedene Schichten davon gibt. Die „eine" Kultur – also ein Common Sense, der für alle gilt – so etwas gibt es sehr rudimentär zwar, aber weite Bereiche der Alltagskultur werden davon nicht erfasst. In den „Schichten" entwickeln sich ganz unterschiedliche Kulturen, die in vielerlei Weise kaum miteinander vereinbar sind. Kulturentwicklung geht zudem sehr schnell und auch im ganz Kleinen vonstatten: jede Situation, in der sich mindestens zwei Menschen miteinander befinden, entwickelt ihre eigene Kultur.[8] Man könnte in diesem Zusammenhang auch von Mikrokultur sprechen (Fine 1979). Diese ist bei wenigen Teilhabenden nicht sehr stabil und noch leicht zu ändern. Schwieriger wird es, wenn mehr Menschen daran beteiligt sind, denn dann ist die explizite Aushandlung kaum mehr möglich. Erwartungen und Erwartungserwartungen für Verhaltensweisen in bestimmten Situationen sorgen dann für eine höhere Stabilität. Mit Kultur ist

---

7   Auch wenn man Noelle-Neumann (1980) mit ihrer These der Schweigespirale nicht im Detail folgen möchte, so würde ich den von ihr behaupteten Antrieb, soziale Isolation vermeiden zu wollen, doch unter die gar nicht so sehr lange Liste von sozialen Gesetzmäßigkeiten einordnen.
8   Was damit gemeint ist, wird genauer in Stegbauer (2016) ausgeführt.

die Herstellung eigener Rituale und Umgangsweisen gemeint, die sich von anderen unterscheiden. Das ist natürlich auch im Internet der Fall, wenn viele Menschen zusammen kommen – auch hier entstehen Umgangsformen, Verhaltensweisen, Interpretationen und Symbole, die man als Kulturphänomene bezeichnen kann.

Aushandlung im hier gebrauchten Zusammenhang kann explizite „Verhandlung" bedeuten. Meist wird aber nicht verhandelt, sondern Verhalten von Beteiligten wird durch Nichtsanktion gebilligt und dadurch in das Spektrum möglichen Betragens aufgenommen. Rituale entstehen durch Wiederaufnahme von Formen, die sich einmal bewährt haben. Die Beteiligten schauen sich ab, wie die anderen sich benehmen, wie sie Probleme lösen, in welcher Weise sie diskutieren und orientieren sich daran. Eigentlich kennt jeder die Mikrokultur von sich selbst, denn wenn man sich mit bestimmten Freunden trifft, sind die Rituale und die Routinen andere, als mit anderen Freunden. Bestimmte Dinge werden nur in dem einen Kreis verstanden, so können running gags von den Anwesenden immer wieder mit ihrem Entstehungszusammenhang in Verbindung gebracht werden – in anderen Kreisen weiß man nichts damit anzufangen.

Für unsere Deutung von Shitstorms ist es wichtig, mit der Idee der Mikrokulturen vertraut zu sein. Überhaupt täuschen sich die meisten Menschen über die Gemeinsamkeit der Kultur. Es gibt viel mehr Unterschiede als man gemeinhin wahrnimmt. Warum das so ist? Weil wir alle in „Blasen" leben und das nicht erst durch Filteralgorithmen in Facebook. Wir leben in Orten oder Städten mit relativ homogener Bevölkerung – selbst in Weltstädten sortieren sich die Wohnviertel meist nach Einkommen und Herkunft. Falls das noch nicht ausreicht: Die Kinder besuchen Schulen, in denen sie auf andere Schüler treffen, die aus ähnlichen Familien mit dem gleichen wirtschaftlichen und kulturellen Hintergrund stammen. Die Freizeitmöglichkeiten sind nach Kosten gestaffelt – nicht jeder kann sich die Eintrittspreise in bestimmte Kultureinrichtungen leisten. Aber selbst wenn die Museen auf einen Obolus verzichten würden, würden diese nicht durch die Masse derjenigen, die von den Eintrittspreisen abgeschreckt werden, überrannt. Neben dieser Ordnung, die sich, wenn nicht aktiv politisch gegengesteuert wird, von selbst herstellt und Folge der Kulturentwicklung ist, wird der Raum in den Städten (aber auch im Internet) durch die Zeit strukturiert. Die Theorie der Strukturation von Giddens (1988) erklärt dies. Die Arbeiter sind zu anderen Zeiten in der Stadt unterwegs als die Angestellten. Anspruchsvolle Filme laufen im Fernsehen (falls überhaupt und falls überhaupt noch ferngesehen wird) erst um Mitternacht herum; also dann wenn die gewerblichen Berufstätigen schlafen müssen, weil ihr Tag sehr früh beginnt. Für viele Angestellte hingegen reicht es, wenn sie zwei Stunden später an ihrem Arbeitsplatz erscheinen. Das bedeutet, dass diese sich auf die Spätinhalte eher einlassen können. Darüber hinaus haben wir es am liebsten mit solchen

Menschen zu tun, mit denen wir uns gut verstehen. Gemeinsame Interessen finden wir am ehesten bei solchen Personen, die uns sehr ähnlich sind und die verwandte Aktivitäten unternehmen. Dann finden wir gemeinsame Gesprächsanschlüsse und können auf gegenseitiges Verständnis hoffen. Das Ergebnis des Geschilderten wird in der Netzwerkforschung „Homophilie" genannt (McPherson et al. 2001).

Die Schilderung des vorgenannten Zusammenhangs dient dazu, aufzuzeigen, dass wir Kultur durch eine gefärbte Brille wahrnehmen. Was für uns bedeutend ist, wie wir uns benehmen, welche Symbole wir für wichtig erachten, das ist durch die Freunde und Bekannten gefiltert. Für die Lebenswelten und das Denken von Personen, mit denen wir nicht jeden Tag zusammentreffen, können wir nicht das gleiche Verständnis aufbringen. Deren Mikrokulturen bleiben uns weitgehend verschlossen. Wir leben also auch außerhalb des Internet in einer Filterblase – nur dass der Filter durch die Lebensumstände, die dadurch gewonnenen Freunde und in der Folge den gemeinsamen Interessen geformt wird. Das gilt auch für Weltsichten und der Interpretation von bestimmten Fakten. Wenn wir noch weitergehen, dann sind auch unsere Werte von der gemeinsamen Definition von Kultur abhängig. Weitergedacht bedeutet dies:

1. In einer Gesellschaft werden viele Werte nicht von allen geteilt.
2. Die Blase, in der wir leben, verzerrt unsere Wahrnehmung für die Werte der Anderen. Wir vermuten, dass diese eher unsere eigenen Werte teilen, als dass diese andere Werte verfolgen.

Wenn es aufgrund der vielen Kulturen nun zu unterschiedlichen Gewichtungen von Werten kommt, dann könnte daraus eine Wertepluralität folgen. Jeder soll nach seiner eigenen Façon glücklich werden (als Soziologe würde ich sagen, das gilt für jede Person, aber die „Einstellung" folgt aus den Mikrokulturen, denen jemand zugehörig ist). Diese Idee hat allerdings einen Haken, denn dabei ist nicht bedacht, dass es zu Wertkonflikten kommen muss. Ein paar Beispiele: Angewendet auf die Einwanderungspolitik – hier ist Pluralität nur beschränkt möglich, zumal eine Rechtsordnung allgemein zu gelten hat, also für alle Bürger. Ähnliches gilt beispielsweise für die Zulassung von gleichgeschlechtlichen Ehen, wenn Gegner dadurch eine Abwertung des traditionellen Familienbildes befürchten. Veganer und Vegetarier handeln zwar auch aus Mitgefühl zu den Tieren; viele sind aber auch davon überzeugt, dass die von ihnen propagierte Lebensweise eine Lösung für ökologische Probleme darstellt. Dies ist mit dem Konsum von Rindfleisch beispielsweise nicht vereinbar. Werte stehen hier für mehr als das, was der Begriff aussagt. Werte sind eingebettet in weitergehende Kulturen. Um beim Beispiel zu bleiben: Fleischlos zu leben, ist nicht nur eine individuelle Überzeugung, die Lebensweise ist eingebettet in eine Lebenshaltung, die über einen kollektiven Ausdruck verfügt. Noch stärker ist das der Fall bei Veganern, die kaum in der Lage sind, mit anderen in einem Haushalt zusammenzuleben, die ihre Lebensart nicht teilen. Begründet wird die Lebensweise mit einer Ideologie. Hiervon sind Werte, die sich mit dem Schutz der Mitkreaturen beschäftigen, nur ein Teil. Das Verhalten selbst ist kulturell eingebettet und wird gestützt durch andere, welche die Auffassungen teilen, und durch eine Infrastruktur zur Versorgung der Anhänger dieser Lebenskultur. Dabei hat die Beteiligung an dieser Kultur einiges, was bestimmte Verhaltensweisen „erzwingt", um sich konsistent dieser kulturellen Variante zugehörig zu fühlen. Der Zwang ist allerdings nicht überall gegeben und das Verhalten muss immer wieder an die verschiedensten Situationen angepasst werden, mit denen die Menschen konfrontiert werden. Kulturen bringen somit keine Verhaltensautomaten hervor, sondern sie stellen den Akteuren darin ein Repertoire zur Verfügung (Hannerz 1969: 186), mit dem sie verschiedene Situationen bewältigen können.

Zurück zu den Shitstorms: Sie beruhen auf Bedingungen. Zu diesen Bedingungen gehören Wertkonflikte, die für kulturelle Konflikte stehen. Begünstigt werden Shitstorms durch eine verzerrte Wahrnehmung der Haltung der anderen Menschen, weil man nur mit Ähnlichen zusammenkommt. Hierin ähneln sie Skandalen, wie wir sie auch schon vor der Internetzeit kannten (Hondrich 2002).

Neu an Shitstorms ist, dass sie keiner bzw. einer viel geringeren Vermittlung durch große Publikumsmedien bedürfen, um wirksam zu werden. Das liegt an der unmittelbaren Zugänglichkeit von Adressaten des Protests, wie bekannten Personen oder Institutionen. Zum Repertoire von Shitstorms gehören die aktuell immer wieder zu beobachtenden Bedrohungen, Beleidigungen und Beschimpfungen, deren Ursachen oft einer faktenbasierten Analyse nicht standhalten. Es kann aber auch sein, dass Fakten anders bewertet werden – dann handelt es sich nicht um alternative Fakten, sondern um andere Wahrnehmungen, ein und desselben Tatbestandes. Das heißt aber nicht, dass die großen Medien keine Rolle spielen würden – sie erhöhen die Bekanntheit eines Vorfalls. Das kann einerseits zu noch mehr Protest führen oder aber (und oft gleichzeitig) eine Gegenbewegung zur Auflehnung stärken.

Meistens drücken sich in Shitstorms divergierende Werte unterschiedlicher Kulturen aus, das bedeutet, dass sie nicht unbedingt politisch begründet sind. Es können auch andere Themen skandalisiert werden. Beispielsweise finden sich darunter auch Kunden- und Verbraucherforderungen, die sich ohne Entrüstungswellen gegenüber den mächtigen Konzernen kaum Gehör verschaffen könnten. Grundsätzlich funktioniert nicht nur die Entrüstung nach demselben Prinzip, auch das virale Marketing läuft ganz ähnlich ab. Es ist bei Marketingfachleuten sehr beliebt, und es gibt sogar Agenturen, die versuchen, solche Verbreitungswellen zu initiieren.

Von ihnen lässt sich lernen, wie man Shitstorms anzettelt. Auch der von den Grünen erfundene „Candy-Sturm"⁹ kann als eine solche Marketingaktion angesehen werden, die darauf setzt, dieselben Mechanismen der Viralität in Gang zu setzen. Shit wird im vermeintlich anonymen Internet sehr häufig abgeladen. Allerdings kommt er nicht immer in gleicher Menge und Form vor. Ein Sturm ist eine temporär begrenzte massenhafte Entrüstung, die sich wie ein Tsunami auf ein bestimmtes Opfer richtet und sich dort entlädt. Wie die Ozeanwelle verliert sie, einmal auf Land getroffen, ihre Gewalt, sie ebbt wieder ab. Die Agenda der Beteiligten wendet sich sehr bald einem anderen Thema zu. Neben der kurzen Zeitdauer eines Shitstorms findet man kontinuierliche Luftzüge, mit gelegentlichen Böen, die ähnliche Entrüstungen auf die Social Networking Seiten von Politikern, Medien und Unternehmen transportieren. Diese benenne ich im Folgenden mit dem Begriff „Quasi-Shitstorms". Das gilt auch für die Idee der Publikumsbeteiligung, also Diskussionsforen der Medien. Weil sie ständigen mit der dortigen Kultur nichtkompatiblen Äußerungen eines Teils des Publikums ausgesetzt sind, wird ihre Funktion stark eingeschränkt.

1.8   Ohne korrekte Form gar keine Diskussion

Die Einschränkungen der Diskussionsmöglichkeiten hat der Informatiker David Kreisel für das Portal „Spiegel-Online" untersucht. Dort ist der Anteil der Artikel, die nicht kommentierbar sind, von etwa 20 % seit Mitte 2015 auf etwa 50 % gestiegen (Kreisel 2016: Folie 40 ff). Kreisel zeigt auch, dass bestimmte Themen eine Shitstormgefahr aufweisen. Während Fußball, die Streiks bei der Bahn oder der Lufthansa praktisch immer von den Lesern diskutiert werden können, ist dies bei Themen wie dem NSU-Prozess, der Flüchtlingsthematik, israelischer Politik und Palästina nur ganz selten der Fall. Protest und unziemliche, teilweise auch strafbewehrte Äußerungen treffen vor allem Themen, die auch diejenigen sind, die vor allem den rechten Rand des Politikspektrums beschäftigen. Zwar können Shitstorms auch Prominente und Unternehmen treffen, besonders virulent scheinen aber Themen zu sein, welche die extreme Rechte und die entsprechenden Populisten beschäftigen. Obgleich das Phänomen „Shitstorm" schon seit längerem bekannt ist, tritt es besonders im journalistischen Umfeld seit dem Erstarken von rechtspopulistischen Strömungen auf. Das betrifft aber nicht nur die Entwicklung

---

9   Gegenteil von Shitstorm: Candystorm – http://www.fr-online.de/digital/claudia-roth-und-der-candystorm,1472406,20860688.html (02.03.2017)

1.8 Ohne korrekte Form gar keine Diskussion

in Deutschland, auch die Qualitätsmedien der Schweiz sind davon betroffen. Auch dort geht man einen ähnlichen Weg, wie für den Spiegel aufgezeigt. Am 04.02.2017 gibt die Neue Züricher Zeitung bekannt:

> „Es hat sich etwas aufgestaut in der Kommentarspalte von NZZ.ch. Die Stimmung ist gehässiger geworden. Wir stellen – etwas zugespitzt – fest: Wo früher Leserinnen und Leser kontrovers miteinander diskutiert haben, beschimpfen sie sich immer öfter. Wir werden zunehmend als ‚Systempresse' oder ‚Propagandaschleuder' betitelt statt auf inhaltliche Fehler aufmerksam gemacht. In vielen Kommentaren wird nicht mehr Information ausgetauscht, sondern in einer Absolutheit doziert, die andere per se ausschliesst."[10]

Die Neue Züricher möchte zu konstruktiveren Debatten zurückkehren und deaktiviert ab dem 08.02.2017 ihre Kommentarspalten. Stattdessen wird eine Diskussion zu einem Thema mit einem Redakteur eingeführt. Die bisherige Kommentarspalte wird zu einem Leserforum, auf dem die Leser über nur noch drei Themen diskutieren können, über die berichtet wurde. Die Auseinandersetzung wird initiiert, begleitet und moderiert (so die NZZ), damit sie nicht in Hass endet. Vor der NZZ hatten schon der Spiegel und andere Leitmedien die Kommentarfunktion gänzlich abgeschafft, wie die Süddeutsche Zeitung; die Frankfurter Allgemeine Zeitung hat die Diskussionsmöglichkeiten sehr stark eingeschränkt. Gegenüber dem Journal „Telepolis"[11] erklärte der Online-Chefredakteur der FAZ, dass das Leserforum kein „Ventil der Wut und des Hasses" sein solle. Man wolle „keine Schlachten mit Propagandisten in unseren Kommentarspalten". Dass die Journalisten von Telepolis, einem Online-Magazin, welches die Idee des Internet als Agora vertritt, die Sperrung von Kommentarmöglichkeiten kritisch sehen, war zu erwarten. Dort werden politische Gründe dafür angeführt, dass die Lesermeinungen auf den Onlineseiten der Zeitungen sehr stark eingeschränkt werden (Schreyer 2016). Die Durchsetzung der eigenen politischen Agenda der Zeitungen sei durch divergierende Lesermeinungen gestört, so die Deutung auf Telepolis (Klöckner 2017; Schreyer 2016).

Zu den Auseinandersetzungen von Personen kommen auch noch weitere Störungen, die von Algorithmen ausgeübt werden. So sorgen Maschinen dafür, dass die Kommentarspalten auf bestimmte Stichworte hin zugemüllt werden. Das habe ich selbst erfahren. Ich hatte nämlich Ende letzten Jahres einen Blog eingerichtet, der sich mit Lebensmitteln und Genuss beschäftigt. Ein Blogeintrag

---

10 https://www.nzz.ch/feuilleton/in-eigener-sache-warum-wir-unsere-kommentarspalte-umbauen-ld.143568 (08.02.2017).
11 https://www.heise.de/tp/features/FAZ-schaltet-lieber-ab-Propaganda-Verachtung-und-Hass-3255972.html (08.02.2017).

war dem „Camembertkrieg" in Frankreich gewidmet, bei dem Großmolkereien eine Änderung der Kriterien der Käseherstellung durchsetzen wollten. Der Blog ist sehr unbekannt – ich vermute aber, dass das Schlüsselwort „Krieg" ausreichte, um Spam in Richtung der Kommentarspalte in Bewegung zu setzen. Dieser kam vorwiegend aus Russland und war meist auf Englisch verfasst, allerdings ohne eine zusammenhängende Botschaft. Sicherlich waren keine Menschen daran direkt beteiligt, denn sonst hätten sie die Harmlosigkeit des Eintrags verstanden. Das bedeutet, dass neben Menschen auch in nicht unbeträchtlicher Zahl sich Algorithmen (die freilich programmiert wurden), in die Debatten einmischen und an der Zerstörung kollektiver Güter mitwirken.

Wenn Facebook volksverhetzende und beleidigende Kommentare löschen muss, so gilt diese Regel auch für die Onlineausgaben der Zeitungen. Dort aber sind die Redaktionen aufgrund der fallenden Auflagen der letzten Jahre sehr stark zusammengestrichen worden. Die Redaktionen können es sich also kaum leisten, so viele Aufpasser zu haben, damit sie sich nicht auch noch staatlicher Verfolgung aussetzen müssen. Die Kritik am Schließen der Leserforen erklärt allerdings nicht, warum die Auseinandersetzungen immer öfters eskalieren.

Auch andere journalistische Institutionen sind sehr stark damit beschäftigt, ihre kulturellen Standards aufrecht zu erhalten.[12] Sie tun dies, indem sie die Möglichkeit der Diskussion unterbinden oder unangemessene, extremistische und rassistische Kommentare löschen. Man kann auch sagen, dass die anderswo entwickelte Kultur auf diese Weise zurückgedrängt wird. Die hier geäußerte „Kulturthese" verharmlost oder relativiert keineswegs die Inhalte, die besorgniserregend sind; die These dient aber dazu, das Phänomen soziologisch zu erklären. Was hierbei zusätzlich Kopfschmerzen bereitet, ist, dass gerade solche Rückkanäle in der Frühzeit des Internet als eines der zentralen Merkmale des neuen Mediums (der neuen Medien) angesehen wurden. Mit ihnen verband sich die große Hoffnung, so die Vorstellungen der frühen Medienkritik, dass Konsumenten zu Produzenten würden.[13]

Weitergedacht bedeutet dies, dass die Hoffnung der Demokratieförderung, die in das Internet gesetzt wurde, damit weitgehend begraben wird. Die Möglichkeit mit den Medien und mit anderen Internetnutzern gleichberechtigt ins Gespräch

---

12 „Im vergangenen Jahr kamen wir fast nur noch zu Aufräumarbeiten in den Kommentarspalten. Es war nicht mehr wirklich ein Dialog, wie dafür gar keine Zeit mehr war. Der öffentlich-rechtliche Rundfunk darf es sich aber nicht leisten, den Dialog aufzugeben. Bei 8.000 Kommentaren an einem Tag keine einfache Aufgabe. Manchmal waren wir fast nur damit beschäftigt, den wirklich extremistischen und rassistischen Kram rauszukriegen" (Siegert 2016: 28) – zitiert nach Überall (2016: 12-13).

13 Diese Forderungen (etwa Brechts Radiotheorie) schienen nun umsetzbar und wurden teilweise unter dem Stichwort „Gegenöffentlichkeit" diskutiert (z. B. Wimmer 2007).

1.8 Ohne korrekte Form gar keine Diskussion

zu kommen, war eine der Triebfedern, die dafür sorgten, dass sich viele Menschen für das Internet engagierten.[14] Auch wenn bisher schon diese Überlegung nicht wirklich umgesetzt werden konnte (Albrecht 2010), so kann man doch die vereinfachte Möglichkeit der Rückmeldung an die Medien als Erfolg ansehen. Sie ist eine Institution, welche der Demokratie nutzt. Sie befördert die Demokratie, weil sie Teil der Deliberation ist, welche zur Stärkung und Beteiligung unterschiedlicher Bevölkerungskreise führt (Peters 1996). Insbesondere wurde behauptet, dass das Internet ein Gegengewicht zu den asymmetrischen Massenmedien darstelle und deliberative Elemente in die elektronische Kommunikation zurückhole (Habermas 2006: Fußnote 3).[15]

Wenn nun die Shitkommunikation dafür sorgt, dass die Massenmedien eben jenen Rückkanal einschränken oder gar einstellen, dann geht auch eine wichtige, mit dem Internet neu eingeführte, Institution der Demokratie verloren. Es geht also um mehr als um das Danebenbenehmen mit Beleidigungen und Stänkereien; es geht darum, ob die Diskussionsmöglichkeiten im Internet weiterhin für die Demokratie förderlich sein können. Wenn es nicht möglich ist, dass man sich im Internet „zivilisiert" auseinandersetzt, dann können die dort existierenden Medien kaum zu einer Verbesserung der Lage beitragen.

In diesem Buch wird der Versuch unternommen, Shitstorms über soziale Regeln zu erklären. Das betrifft die Entstehung und die Dynamik. Häufig wird für die Beteiligung an der Entrüstung ein individuelles Motiv unterstellt (Folger 2013); man beteilige sich, weil man bestimmten Anreizen folge und auf ein bestimmtes Ergebnis hoffe (LaRose/Eastin 2004). Folger ergänzt diese Interpretation noch durch die „Erwartung einer kollektiven Wirksamkeit" (2013:3). Demgegenüber argumentiere ich, dass der gesamte Shitstorm ein kollektives Phänomen darstellt, was tatsächlich auch bei jedem Einzelnen Emotionen hervorrufen mag. Diese erklären aber nicht die kollektive Konstruktion von Werten – ja der kulturellen Grundlage des Protests. Diese ist die Voraussetzung dafür, dass der einzelne auf jene Weise reagiert. Die individuellen Gefühle und Erwartungen können auch keine Begründung für die strukturellen Grundlagen der Verbreitung von Shitstorms

---

14 In der Frühzeit der Popularisierung des Internet war man der Ansicht, dass die Kommunikationsmöglichkeiten, die dort zur Verfügung gestellt werden, für mehr Gleichberechtigung sorgen würden. Kommunikation sei nicht mehr so stark „vorstrukturiert", jeder könne mit jedem in Kontakt kommen etc. Beispiele sind: (Gurak 1996; Korenman & Wyatt 1996; Kerr & Hiltz 1982)

15 Allerdings ist Habermas gleichzeitig auch besorgt darüber, dass das Internet mit seinen zahlreichen Chatrooms und Diskussionsforen zu einer Fragmentierung der Öffentlichkeit führen könne. Zur Erhöhung der Deliberation durch das Internet siehe auch Hurrelmann et al. (2002). Kritische empirische Analysen hierzu finden sich bei Albrecht (2010).

liefern. Eine individuelle motivationale Begründung greift also zu kurz, um das Phänomen zu erklären.

1.9 Soziologische Erklärungen für Shitstorms

Wenn nun die Diskussionskultur rauer geworden ist und sich Hass und Häme ausbreitet und dies zu Anfangszeiten des Internet noch nicht der Fall war, dann hat sich etwas verändert. Was kann das sein? Ist die Offenheit des Internet das Problem? In den traditionellen Zeitungen werden Hassbotschaften nicht abgedruckt – im offenen Internet lassen sich ungebührliche und strafrechtsrelevante Äußerungen nur schwer unterbinden. Sorgt das Internet dafür, dass das Bewusstsein der Bürger für ihren direkten Einfluss gestiegen ist, und engagieren sie sich darum mehr für ihre Meinungen und ihre Interessen? Es könnte aber auch am Erstarken der populistischen Bewegungen liegen, welche die Polarisierung von politischen Themen schüren und damit die Auseinandersetzungen anheizen. Verfügen diese Bewegungen über eine materielle Grundlage aufgrund der tatsächlichen oder wahrgenommenen sozialen Situation weiter Bevölkerungskreise?

Die meisten dieser Fragen können hier nicht vollständig beantwortet werden, weil sie auf andere Weise untersucht und vermessen werden müssten. Das kann an dieser Stelle nicht geleistet werden. Was das Buch aber kann, sind einige Randbedingungen und Regeln der Entrüstung und der Wellen, die diese schlägt, aufzuzeigen und zu analysieren. Mit diesen Antworten ist es dann wiederum möglich, sich den genannten Fragen auf eine andere Weise zu nähern und somit die Diskussion mit Erklärungen anzureichern.

Wie Shitstorms funktionieren

Es herrscht eine Ruhe vor dem Sturm, so lautet ein bekanntes Sprichwort. Tatsächlich besitzen Shitstorms auch so etwas wie Ruhezonen. An ihren Rändern entfacht sich der Sturm. Und genau wie man es sich für einen Tropensturm vorstellt, ist das Auge Teil der Aufladung des eigentlichen Orkans. Klar, dass das aus der Natur übertragene Bild nicht ganz stimmig ist, denn es muss sich nicht nur um ein Zentrum handeln, es können auch mehrere Zentren sein. Diesen Zonen sind ein paar Eigenschaften gemein: sie stählen die Beteiligten hinsichtlich ihrer Meinung und sie befeuern die Entrüstung. In den Ruhezonen lassen sich kaum abweichende Meinungen ausmachen. Was nicht passt, wird eliminiert; es schaut so aus, als seien die dort Beteiligten absolut im Recht, weil ihnen niemand widerspricht und alle dieselbe Empörung teilen. Bestimmte Facebookforen können solche Zentren sein, manchmal findet sich diese Einheitlichkeit aber auch an anderen Internetanlaufstellen.

Die Entwicklung hin zu solchen einförmigen Aufladungszentren kann sozialwissenschaftlich erklärt werden – sie beruht keineswegs alleine auf Algorithmen, wie in manchen Diskussionen über Filterbubbles und Echokammern behauptet wird. Meine Argumentation lautet, dass sich in solchen Zornessammelstellen eine eigene Kultur entwickelt, die Gewissheiten bereitstellt. Dabei wird die Wut kanalisiert und den anderen Akteuren in solchen Zonen angepasst.

2.1 Aufbrechen von zivilisatorischen Vereinbarungen

In Shitstorms arbeiten diejenigen, die beteiligt sind, kaum mit Argumenten – sie versuchen nicht einen „deliberativen Diskurs" zu führen, vielleicht ist das in der Akutphase auch gar nicht möglich. Ein demokratisches Ringen um den besten Weg, das war eine Idee, die der Vorstellung einiger Protagonisten des Internet entsprach. Heute sieht die Wirklichkeit zumindest im Shitstorm gänzlich anders aus. Diejenigen, die sich daran beteiligen, greifen ihre Opfer an und brechen dabei allgemeine Form- und Benimmregeln. Man kann sogar sagen, dass die zivilisatorische Schicht, welche sich in demokratischen Auseinandersetzungen gebildet hatte, zerbröckelt. Das, was diese ausmacht, besteht zu großen Teilen aus gegenseitigem Respekt (Sennett 2004) auch bei unterschiedlichen Meinungen. Respekt bedeutet, Anerkennung des Anderen in der Auseinandersetzung und natürlich genau auch dann, wenn man eine gänzlich andere Auffassung vertritt.

Diese Anerkennung für jeden, unabhängig von seinem Einkommen, seiner Herkunft und seiner Meinung das ist das, was die moderne Demokratie vom Ständestaat unterscheidet. Respekt bedeutet nicht nur Wahlgleichheit nach dem Grundsatz „One man, one vote", sondern auch, dass in Auseinandersetzungen jeder eine Stimme haben sollte. Wenn man dem folgt, müssen auch diejenigen respektiert werden, welche der zivilisatorischen Vereinbarung gerade nicht genüge tun. Allerdings ist dieser Anspruch nur schwer durchzuhalten, insbesondere dann, wenn sich in einem Teil der Bevölkerung die Kultur verbreitet hat, sich nicht an die Regeln der Auseinandersetzung zu halten. Hinzu kommt ein Prinzip (das der Reziprozität), welches bei Bruch dieser Benimmregeln dazu aufruft, dies mit Gleichem heimzuzahlen. Das bedeutet, dass, wenn einmal die „guten" Umgangsformen unterlaufen wurden, diese nur sehr schwer wieder herzustellen sind.

Als Beobachter von Beschimpfungen und Shitstorms im Internet beschleicht einen in manchen Fällen allerdings auch eine Vermutung – nämlich die, dass die Regeln „guten Benehmens" zwar zweifellos als eine Regulierung für das friedliche Zusammenleben angesehen werden können, sie gleichzeitig aber noch mehr sind: Sie stellen nämlich auch eine Art „Herrschaftsinstrument" dar. Weil sich gerade die nicht so gut gebildeten Menschen schwer tun, diesen Regeln zu folgen, haben sie es in normalen Diskursen schwerer, zu Wort zu kommen, zumal die schriftliche Auseinandersetzung zusätzlich noch spezielle Anforderungen stellt. Das mit dem respektvollen Umgang einhergehende Anerkennungsverhalten, genauso wie das Verhalten beim Essen, die Interpretation von Werten, die Kultur, das, was für jemanden bedeutend ist, unterscheidet sich je nach Klasse, der man angehört (Bourdieu 1992; Krais/Gebauer 2014). Die soziale Anerkennung selbst ist sehr stark an die Erwerbstätigkeit gekoppelt, und es kommt auch darauf an, welchen Beruf man ausübt und wie viel soziale Sicherheit daran geknüpft ist (Dörre 2007: 8, Marquardsen 2012). Und das gilt auch für die erlernten Umgangs- und Sichtweisen auf die Welt – mit anderen Worten: das ist das, was man als klassenspezifische Kultur bezeichnen würde (Bourdieu 1992).

Eine solche Kultur ist nicht unbedingt statisch; sie wird in sozialen Gruppen weiterentwickelt.[16] Wenn aber die Position einem die eigene prekäre Lage immer wieder vor Augen führt, man also erlebt, allenfalls schlecht anerkannt zu sein, dann wirkt dies einer gleichberechtigten Integration entgegen. Wenn nun noch das Phänomen hinzu kommt, dass man es vor allem mit ähnlichen Personen zu tun hat – besonders in den hier als „Aufladungszentren" bezeichneten „Meinungsblasen" –, dann ist es schwer, von dieser Gruppe formgerechtes Verhalten zu erwarten. Das bedeutet, dass selbst, wenn man in dieser Gruppe versuchen würde, sich den Auseinandersetzungsregeln anzupassen, so erforderte diese eine besondere Anstrengung. Differenziertes Diskutieren und Abwägen von Argumenten mag nicht die Stärke dieser Menschen sein, zumal dazu auch ein weiter reichendes Informationsverhalten gehört.

Aus der Perspektive derjenigen, die gut gebildet sind und über Erfahrungen in den demokratisch erprobten Auseinandersetzungsformen verfügen, ist das Verhalten der Beteiligten in manchen Shitstorms (besonders den politisch motivierten aus der rechten Szene) möglicherweise irritierend. Die Art und Weise, wie Auseinandersetzungen geführt werden, wie argumentiert wird, ist insbesondere in der Gruppe der politischen Provokateure anders als das, was zuvor als gesitteter Streit bekannt war. Selten zuvor haben sich solche Personen zu Wort gemeldet (Schweiger 2017).

Ein Grund für die ehemalige Zurückhaltung dieser Gruppe ist, dass sich formale Bildung auch als „Waffe" gebrauchen lässt. Die berühmt gewordene Auseinandersetzung von Franz Josef Strauß mit Mitgliedern des RCDS ist schon einige Zeit her. Die RCDSler fragten kritisch nach Widersprüchen seiner Aussagen in der Spiegelaffäre. Strauß stellte einem seiner Kontrahenten mehrmals in scharfem Ton die Frage, ob er überhaupt das Abitur gemacht habe.[17] Gut, der Disput liegt schon einige Jahrzehnte zurück – der Spiegel, welcher davon berichtete, erschien 1963. Aber die Bildungsexpansion in den 1970ern, die mehr Menschen den Zugang zu höherer Bildung ermöglichte (zumindest in Westdeutschland), hat den Wissensriss in der Bevölkerung keineswegs beseitigt – im Gegenteil er wurde sogar noch verstärkt.

Diejenigen Bevölkerungsgruppen, die damals schlechter gebildet waren, konnten nur sehr unterdurchschnittlich von der Ausweitung der Bildungsmöglichkeiten profitieren (Geißler 2008). Der Sozialstrukturforscher Rainer Geißler berichtet davon, dass sich die Ungleichheit hinsichtlich der Möglichkeit, das Abitur zu

---

16 Der Begriff der sozialen Gruppe steht an dieser Stelle für alle Möglichkeiten, an denen Menschen in irgendeiner Weise äußerlich begrenzt zusammen kommen und miteinander interagieren.
17 „Haben Sie überhaupt Abitur?" http://www.spiegel.de/spiegel/print/d-45144001.html (06.03.2017).

machen, durch die Bildungsexpansion noch vergrößerte. Wenn man auf unterschiedliche Berufsgruppen schaut, so wird das deutlich. 1950 konnten nur 1 % der Kinder von un- und angelernten Arbeitern das Abitur machen, bei Facharbeitern betrug die Quote 2 %; 1989 waren es in der erstgenannten Gruppe 11 % und in der zweitgenannten 13 %. Die Erweiterung der Bildungsmöglichkeiten sorgte bei den Arbeitern also für Bildungsgewinne von 10 bzw. 11 Prozentpunkten. Die Berufsgruppen der Leitenden Angestellten und höheren Beamten schickte 1950 bereits 40 % ihrer Kinder auf das Gymnasium. 1989 waren es 65 %, was einem Gewinn von 25 Prozentpunkten entspricht. In der ehemaligen DDR gab es in den 1950er Jahren zwar eine höhere Beteiligung der Arbeiterkinder an den Studierenden der Universitäten. Das änderte sich aber nach und nach, sodass Ende der 1980er Jahre sich die Situation für Arbeiterkinder auch nicht anders darstellte als in der ehemaligen Bundesrepublik (Geißler 2011: 289).

Eine Idee, die immer wieder geäußert wurde, ist, dass eine Ausweitung der Bildung auch zur Demokratisierung führe (Hondrich 1972). Demokratisierung heißt mehr Beteiligung der Menschen an Entscheidungsprozessen. Das muss sich nicht unbedingt in einer höheren Wahlbeteiligung niederschlagen – eine Konsequenz dieser Entwicklung ist vielmehr auch, dass sich die ehemals große Achtung vor den Repräsentanten der politischen Institutionen verringert. Wenn die Bevölkerung mit ihren Repräsentanten hinsichtlich der Bildung gleichkommt, dann verringert sich der Respekt. Hinzu kommen Skandale und die Sichtweise, dass sich die Politik angesichts der Krisen der letzten Jahre nicht um bestimmte Schichten der Bevölkerung kümmert. Die PolitikerInnen sind nur noch das, was sie eigentlich sein sollen, einfache gewählte Vertreter des Volkes und nicht diejenigen da oben, denen das Volk unten zu folgen hat.[18]

Schaut man nun auf die Beteiligung an Entrüstungswellen im Internet, so finden wir, dass gerade in politisch polarisierten Auseinandersetzungen eine Seite auffällig ist. Das gilt insbesondere für den Personenkreis, der sich gegen die Zu-

---

18 Exemplarisch sei hier eine Debatte im Fernsehen mit der Moderatorin Maybritt Illner im Jahre 2007 genannt, bei der es um eine vorzeitige Freilassung des als Terroristen verurteilten Christian Klar ging. In der Debatte traf unter anderem der Intendant des Berliner Ensembles Claus Peymann auf den damaligen hessischen Ministerpräsidenten Roland Koch. Als es um eine Begnadigung ging, begann Peymann mit dem Satz: „Ich schätze den Köhler sehr." Da fährt Koch ihm giftig in die Parade: „Sie meinen den Bundespräsidenten." Die Kameras schalten ab, Frieden wird es in dieser Runde nicht geben. Nach meiner eigenen Erinnerung der Debatte ging es darum, dass Peymann dem Staatsoberhaupt, weil er ihn mit seinem Nachnamen benannte, aus der Sicht Kochs nicht genügend Respekt entgegenbrachte. https://www.welt.de/fernsehen/article784765/Feuertanz-zur-Vergangenheit-der-RAF.html (06.03.2017)

2.1 Aufbrechen von zivilisatorischen Vereinbarungen

wanderung von Asylbewerbern richtet. Hier findet man oft eine vergleichsweise schwache Artikulationsfähigkeit und unterdurchschnittliche Grammatik und Rechtschreibkenntnisse (siehe unten). Diese Tatsache fällt weniger auf, wenn diese Gruppe unter sich bleibt, da dort viele nicht über sehr hohe Fertigkeiten auf diesem Gebiet verfügen. Ein Teil der sprachlichen Schwäche wird eventuell sogar kulturell bedeutsam: die Teilnehmenden legen keinen Wert auf den korrekten Sprachgebrauch oder sie legen sich einen eigenen Slang zu. Durch Prozesse des Alignments (der gegenseitigen Sprach- und Verhaltensanpassung) ist eine solche Ähnlichkeitsentwicklung auch sozialwissenschaftlich erklärbar. Wolfgang Schweiger (2017) spricht bei dieser Gruppe von einer neu politisierten Bildungsmitte. Gemeint ist damit eine mittlere formale Bildung: Die hierzu gehörenden fühlten sich häufig abgehängt. Angesichts der hohen Aufwendungen für Bankenrettungen und Flüchtlinge verspürten diese Menschen ein Alleingelassensein. Dieses Gefühl drücke sich häufig in einer rüden Art der Einmischung aus – diese Gruppe gehe am ehesten im Internet verbreiteten Unwahrheiten auf den Leim, zumal diese zu der vorherrschenden Ideologie zu passen scheinen. Diese speist sich vor allem aus dem Populismus am rechten Rand.

Kommen nun Mitglieder dieses Personenkreises mit anderen in Kontakt, so wird aus dem Sprachkompetenzgefälle in den meisten Fällen ein Gegenargument. Hierzu ein paar Beispiele von der Facebook-Seite des Miniaturwunderlands Hamburg. Diese Institution erreichte im Februar 2017 ein Brief, in dem eine Aktion kritisiert wurde. Das Wunderland hatte unter der Überschrift „Kann ich mir nicht leisten" 18.000 Menschen Einlass gewährt, für die der Eintritt in die Einrichtung normalerweise zu teuer ist. Unter den Besuchern waren laut Angaben des Wunderlands ca. 25 % Flüchtlinge. Alle diejenigen, die angaben, es sich nicht leisten zu können, wurden ohne Obolus eingelassen. Der Brief richtete sich gegen diese Praxis, weil auch syrische Flüchtlinge unter den Profiteuren waren. Das Miniaturwunderland veröffentlichte den Brief auf der eigenen Facebook-Seite, was einen Sturm an Kommentaren und Weiterleitungen auslöste. In den allermeisten Kommentaren wurde das Wunderland unterstützt – in einigen auch angegriffen. Im Großen und Ganzen handelte es sich um eine Art „Candysturm" für die Modellwelt.

Der Brief weist neben Sozialneid und rassistischen Elementen auch einige Rechtschreib- und Grammatikfehler auf, die dem Schreiber in zahlreichen Kommentaren vorgehalten werden. In der Auseinandersetzung mit dem Brief und seinem Inhalt wird die „Bildungskeule" ziemlich häufig verwendet. Allein der Begriff „Rechtschreibung" kommt in 1.600 Kommentaren mehr als 57 Mal vor.

Tab. 1 Mangelnde Bildung als Argument, sich nicht beteiligen zu dürfen

„Also: allein die schlechte Rechtschreibung des netten Herren sorgt dafür, dass er sich selber disqualifiziert.
Das kann man doch nicht ernst nehmen 😁
Vielleicht hilft hier ja Humor darüber hinweg, dass es solche missgünstigen Menschen gibt 😊
Eventuell sollte man ihn einen kleinen Nachhilfekurs anbieten, (Sarkasmus an) der von seinen und den Eintrittsgeldern seiner Freunde gezahlt wird. Somit kommt er auch, im Nachhinein, in den Genuss des freien Eintritts 😁 (Sarkasmus aus)"

„Er hätte sich lieber mal auf seine zahlreichen Rechtschreib- und Grammatikfehler konzentrieren sollen, als so einen Dünnpfiff von sich zu geben."

„Lieber Heinz-Günter, am besten bleibst du einfach in deinem Postfach sitzen, da ist es am sichersten."

„Oh wirklich, das ist ja geil!!! 😁 😁 😁 Deutsche Rassisten ohne Kenntnisse der Rechtschreibung…VERRÜCKT 👍"

„Übrigens deutet sowohl seine Rechtschreibung als auch seine Grammatik etc. darauf hin ‚das er entweder einen geringen Bildungsstand oder möglicherweise Migrationshintergrund hat. Das spiegeln auch seine älteren Postings auf FB wieder…."

„Schade, dass die Postfachadresse des Beschwerdeführers unkenntlich gemacht wurde. Er hat sicher kein Problem damit, öffentlich zu seinen Überzeugungen zu stehen. Leider weisen diverse Rechtschreibfehler und der Begriff Syrier auf erhebliche Bildungslücken hin, ggf. ist der Herr nicht in der Lage, das Ausmaß seiner inhaltlich grotesken Stellungnahme zu überblicken. Dass Eisenbahnfreunde aber auch so unfreundlich sein können….lieber Heinz-Günter, bitte Radio und Fernseher aus, Zeitung ganz schnell abbestellen, dann finden sich nur Themen im eigenen Haus, über die man sich so richtig aufregen kann, das ist bestimmt besser für Sie."

„Grammatik und Zeichensetzung in diesem Brief sind hahnebüchen, aber das sieht man in solchen Statements öfter. Daher bitte die Reihenfolge beachten: erst deutsch lernen, dann Deutschland retten…"

2.1 Aufbrechen von zivilisatorischen Vereinbarungen

Die offensichtlichen formalen Fehler des Schreibers werden zur Munition zur Abwertung seiner Position. Zwar setzt sich die Mehrheit der Kommentare mit dem Inhalt und nicht mit den Deutschkenntnissen[19] des Schreibers auseinander, dennoch dient die Bildungsschwäche als Möglichkeit der Disqualifizierung.

Nimmt man diese Argumentation ernst, so werden Bürger mit geringer Bildung von Diskursen, Diskussionen und Auseinandersetzungen ausgeschlossen, da das Formargument immer gegen diese Gruppe gerichtet werden kann. Wenn jede Person in einer Demokratie nicht nur über eine Stimme verfügt, sondern auch politisch partizipieren soll (zumindest können soll), dann findet sich hier ein Problem (was selbstverständlich nicht heißt, dass der Autor dieses Buches mit dem Inhalt des Briefes einverstanden ist).

Mit sozialen Medien im Internet ist es für diese Bevölkerungskreise einfacher geworden, sich in Debatten einzumischen – Personen mit geringem Einkommen sind hinsichtlich politischer Partizipation im Durchschnitt stark unterrepräsentiert (Böhnke 2011). Häufig geht geringes Einkommen mit niedriger Bildung einher. So ist die Einmischung von Bürgern gerade dort, wo argumentative Verfahren in Diskursen berücksichtigt werden, an eine ganze Menge von Voraussetzungen geknüpft. Hierzu gehören, „neben Zeit und einer zumindest rudimentären Sachkenntnis (…) auch rhetorische Fähigkeiten und ein selbstbewusstes Auftreten" (Jörke 2011: 16). Nach dem Politologen Jörke sind dies genau die Fähigkeiten, die für neue Bürgerbeteiligungsformen benötigt werden; sie sind aber in unserer Gesellschaft sehr ungleich verteilt. Die politische Partizipation würde daher mehr und mehr eine Angelegenheit der gut ausgebildeten Mittelschichten.

Wenn sich nun Personen aus nicht so gut ausbildeten Schichten zu Wort melden, dann sind diese in Schwierigkeiten hinsichtlich der notwendigen Sachkenntnis und dazu noch wegen der Form ihrer Einmischung, der Ausdrucksfähigkeit und der erwarteten korrekten Sprache. So wird einerseits das Fehlen der Beteiligung dieser Gruppe beklagt, wenn sie aber auftritt, dann kommt es zu einer Abwertung. Diese betrifft neben der Sachkenntnis eben auch die Form, welche in der Auseinandersetzung zu einer Art Herrschaftsinstrument wird. Es handelt sich um eine Gelegenheit, sich über diejenigen, die nicht mithalten können, zu erheben.

Das betrifft nicht nur das Internet. Allerdings ist es dort relativ einfach, unterschiedliche Schichten aufeinander treffen zu sehen. Insofern ist auch auf der Seite der „moralisch überlegenen" nur eine schwach ausgeprägte Anerkennungskultur

---

19 Die Tatsache, dass Rechtschreibschwäche (als Legasthenie) auch bei ziemlich intelligenten Menschen vorkommt, spielt (fast) keine Rolle, wenn das als Abwertungsargument eingeführt wird.

sichtbar. Sie ist in Teilen sicherlich im Internet entstanden, sie beruht aber in anderen Teilen auch auf Erfahrungen derjenigen, die sich dort versammelt haben. Schaut man sich die rassistischen und rechtsextremistischen Bekundungen an, so zeigt sich, dass häufig nicht nur wenig Wert auf eingeführte Formen gelegt wird, auch auf Rechtschreibung und Grammatik scheinen viele der Protagonisten zu pfeifen. Wahrscheinlicher ist, dass viele der auf dieser Seite Beteiligten, gar nicht in der Lage sind, sich auf dem geforderten intellektuellen Niveau zu bewegen. Nicht nur bei diesem hier präsentierten Beispiel entsprechen die Äußerungen weder in Form noch in Inhalt den Anforderungen eines differenzierten, Argumente abwägenden rationalen Diskurses.

Möglicherweise spiegeln sich in der extremistischen Shitstormkultur mit ihrer Verweigerung der zivilisatorischen Formen auch tatsächliche Diskriminierungserfahrungen, wie sie bei Sennett (2004) beschrieben werden, oder bzw. und die Menschen sind gar nicht in der Lage, mit den entwickelten Formen der Beteiligung mitzuhalten. Gerade diejenigen, welche sich nicht umfassend informieren können, sind zudem von den geforderten Beteiligungsformen überfordert. Insofern gehen sie leicht einfachen Argumenten auf den Leim, die einem abwägenden Urteil nicht standhalten. Solche Einstellungen mögen einer faktenbasierten Diskussion nicht genügen, sie sind aber auch eine Reaktion darauf, dass es für bildungs- und sozialschwache Schichten kaum Beteiligungsmöglichkeiten gibt. Wenn dem so ist, dass die gut gebildeten Mittelschichten viel stärker in der Lage sind, ihre Interessen zu vertreten, dann mag die Richtung, in die sich der Frust der unteren Schichten bewegt, vielleicht nicht die richtige sein, aber ihre politische Einmischung ist durchaus begründet.[20] Das geht sogar noch weiter als nur die fehlende Vertretung – die unteren Schichten werden darüber hinaus oftmals auch noch ausgegrenzt und entwertet. Fehlende Möglichkeiten der Artikulation der eigenen Bedürfnisse führen in der Folge dazu, dass diese Gruppen weniger beachtet werden. Das führt tendenziell zu einer weiteren Benachteiligung. Dennoch kann sich die Demokratie ihre Bürger nicht aussuchen. Daher muss sie versuchen, auch mit unbequemen Zeitgenossen umzugehen.

Das, was gerade diskutiert wurde, trifft auf einige in diesem Buch behandelte Beispiele zu. Was darin aber zum Ausdruck kommt, ist keine allgemeine Regel dafür, dass an Shitstorms Beteiligte über geringere Bildung verfügen würden. Zwar entspricht das beschriebene Gefälle den in der Ungleichheitssoziologie häufig beschriebenen Trennlinien, aber für Shitstorms und Hatemails ist es nur eine Ursache. Verallgemeinert müsste man die Gründe für das Zustandekommen

---

20 Beispielsweise sind die verschiedenen Schichten in unterschiedlichem Maße von den Hartz IV – Reformen betroffen (Embacher 2011).

dieses Internetphänomens aber anders beschreiben: Kennzeichen derjenigen, die im Internet aneinander geraten, ist ein kulturelles Gefälle. Wie stark dieses sein muss, damit man sagen kann, wann es kracht, ist aber nicht einfach zu bestimmen. In manchen Fällen (etwa der Auseinandersetzung zwischen Religionen) sind es gerade verhältnismäßig kleine Unterschiede, die zu Konflikten führen. Diese Differenzen eignen sich dann aber besonders gut zur Ideologisierung. Der Grund dafür ist, dass man eine Idee von den Trennlinien zur anderen Seite haben muss. Das bedeutet, dass in gewisser Hinsicht die Unterschiede gar nicht so groß sein dürfen.

2.2 Wie die Aufladung durch Skandalisierung funktioniert

Die Entrüstung folgt einer Verfehlung – in klassischen Skandalen meist einer Übertretung von Moralauffassungen. Das ist der erste Schritt zum Skandal, so der Soziologe Karl Otto Hondrich (2002: 15f). Der zweite Schritt, so argumentiert Hondrich weiter, ist die Enthüllung. Erst durch sie wird Aufmerksamkeit erzeugt. Eine Verheißung geht damit einher: Eine Entdeckung, ein lustvolles Entsetzen. Durch diese Enthüllung wird klar, dass die höher stehenden Persönlichkeiten hinsichtlich ihres Verhaltens gefehlt haben, auch sie sind keine Heiligen – trotz der Status- und Anerkennungsdifferenz. Auch bei Hondrich sind Skandale immer an solche vertikalen Differenzen gebunden: es gehören Höherstehende und Darunterstehende dazu, um der Entdeckung Brisanz zu verleihen. Aber damit noch nicht genug – es muss eine Unterscheidung eingeführt werden, die sehr einfach ist, und kaum noch Differenzierungen zulässt, und die Kategorien „Gut" und „Böse" sind die beiden verbleibenden Möglichkeiten. Dabei dient der Skandal der moralischen Aufrüstung: Es wird öffentlich, was richtig und was falsch ist. Hier zählen weniger die rationalen abwägenden Argumente, als die spontanen Emotionen, so Hondrich weiter. Nach der Verfehlung und der Enthüllung folgt die Entrüstung als dritter Schritt.

Der dritte Schritt zum Skandal schließt sich aber nicht zwangsläufig an, denn nicht jede Skandalisierung fällt auf fruchtbaren Boden. Insbesondere in politischen Auseinandersetzungen kommt es ständig zu Versuchen, Handlungen von politischen Gegnern zu diskreditieren und Skandale zu inszenieren. Wenn dies gelingt, dann wird der Skandal zum Selbstläufer. Das ist laut Hondrich nun der vierte Schritt zur Vollendung: Er lässt die Emotionen so hochkochen, dass die Skandalisierer eigentlich gar nichts mehr tun müssen – die Entrüstungswelle läuft von selbst. Die Beteiligten tun diesen Schritt nun selbständig aus eigenem Antrieb. Der Skandal wird zum Gesprächsthema, man tauscht sich im Internet darüber aus. Sehr vielen

Menschen wird das Thema bekannt und wer sich darüber unterhält, muss auch eine Haltung beziehen. Moderner gesprochen wird die Entrüstung viral – die Empörung verbreitet sich „von Mund zu Mund" entlang der Reichweite von Kommunikationsforen, Bloggern und Profilseiten der Internetnutzer.

Im klassischen Fall des Skandals werden die Neuigkeiten von den großen Medien begleitet – diese unternehmen Investigationen, um der ersten Enthüllung weitere Details hinzufügen zu können. Sie stehen dabei untereinander im Wettbewerb, was zu einer zusätzlichen Dynamik führt. Durch ihr Eingreifen wird die Empörung weiter angefacht. Das Interesse am Skandal verfliegt dann, wenn sich alle Infizierbaren angesteckt haben. Wenn sie alle Bescheid wissen und im Bekanntenkreis darüber geredet wurde, läuft sich der Skandal tot. Dann lassen die Seitenaufrufe der die Nachrichten verbreitenden Medien nach – es lohnt sich nicht mehr, mit noch weiteren Details aufzuwarten. Die Masse ist nun durch die Ansteckung für weitere News dieses Falles immunisiert. Im Kontrast zu der Zeit, als Hondrichs Analyse erschien, ist das Internet heute viel weiter verbreitet. Nun muss der einfache Bürger nicht mehr abwarten, wie die Medien mit den Verfehlern umgehen; im Grunde kann sich jetzt jeder einschalten und seine Meinung zum enthüllten Verhalten der anderen kundtun. Da hilft es natürlich, wenn diejenigen, gegen die sich der Zorn richtet, tatsächlich auch direkt zugänglich sind – über die sozialen Medien.

Heute findet sich beispielsweise kein Politiker mehr, dem eine Präsenz bei Facebook fehlt; Twittern ist zu einer Art von Fingersport von prominenteren Personen geworden. Für Menschen in der Politik ist die Nähe zum Wahlvolk überaus wichtig. Denn die Bürger sind der Souverän und von ihnen (als Kollektiv) sind die Politiker abhängig. Allerdings machen die sozialen Medien die exponierten Personen zusätzlich angreifbar. Das gilt ähnlich natürlich auch für Stars und Sternchen, zumal auch diese von ihrer Gefolgschaft im Ringen um Aufmerksamkeit profitieren. Aufmerksamkeit (Franck 1998) kann sich im einen Fall als Platz auf der Wahlliste und als Anzahl von Wählerstimmen auszahlen – im anderen Fall lässt sie sich in Verkaufszahlen für CDs oder Abrufe in Musikportalen ummünzen. Vielleicht springt auch noch der eine oder andere Werbevertrag dabei heraus. Auch Unternehmen können mit ihren Kunden Kontakt halten und darauf hoffen, dass ihre Marketingbotschaften sich in positiver Weise über ähnliche Kanäle verbreiten, wie dies die Hasskommunikation auch tut, die sich bis zum Shitstorm aufbauen kann. Das gilt natürlich auch für andere Institutionen, seien es Museen oder Hilfsorganisationen. Allerdings ist das hier aufgeführte Argument des Eigeninteresses nur eine Seite der Medaille – auf der anderen Seite steht die Kultur. Wenn zahlreiche Politiker auf Teufel komm raus twittern und jede Bewegung auf Facebook dokumentieren, dann können die anderen sich dieses Mediums nicht enthalten. Es entwickelt sich eine neue und für den Bürger leicht erreichbare Öffentlichkeit rund um die Persönlichkeiten und Institutionen herum. Diejenigen, welche dann dem Verhalten der anderen nicht folgen, werden in der Öffentlichkeit dafür gerügt – eigentlich können öffentliche Personen oder Institutionen sich der Notwendigkeit, online präsent zu sein, gar nicht mehr entziehen.

Um genügend Stoff zu haben, veröffentlichen in der Twitter- und Facebookwelt „die Höhergestellten" auch Dinge, welche die Bürger zuvor nicht zu Gesicht bekommen hatten. Das, was die Nähe zum einfachen Wähler oder Kunden zur Imageförderung beitragen sollte, macht aber gleichzeitig die öffentlichen Personen angreifbarer. Sie werden leichter kritisierbar. Weil sie einfacher zugänglich sind und sie mehr Informationen über sich preisgeben, findet sich auch leichter ein Widerspruch, eine Behauptung, die nicht zu einer öffentlichen Handlung passt. Es wird Stoff aufgehäuft, der später zu mancher Enthüllung Anlass geben mag. Beispielsweise sorgt die Zurschaustellung privaten Glücks von bekannten Politikern für Aufmerksamkeit und führt so zu einem Gewinn. Falls die höher gestellte Persönlichkeit sich dann mit Partner oder Partnerin nicht mehr versteht (oder schlimmer noch: bei einem Seitensprung erwischt wird), werden solche Informationen nun auch wichtig für die Öffentlichkeit. Zwar ist Trennung keine Begründung mehr für eine Skandalisierung – die Home- oder Urlaubsstory kann aber für genügend Fallhöhe sorgen, dass eine Enthüllung Aufmerksamkeit und Entrüstung erzeugt. Das funktioniert aber nur so lange, wie solches Verhalten von Vielen als nicht akzeptabel angesehen wird. Wenn es keinen aufregt, mit welchen privaten Affären sich Politiker oder Stars abquälen, hat die Enthüllung keine Wirkung. Im Gegensatz zur Vorinternetzeit würde es ausreichen, wenn es sich nicht um die Verfehlung in den Augen von Allen handelte; wenn das Verhalten bei einigen Aktivisten von speziellen Ansichten, von Spezialkulturen Anstoß erregen würde, könnte es schon ausreichen diese Gruppe zu aktivieren.

Skandale, die eine weitere Wirkung entfalten, benötigen ein gewisses Maß an Mobilisierung über einen kleinen Kreis hinaus. Zwar werden auch unter Bekannten, Kollegen und Vorgesetzten Verfehlungen ausgeplaudert. Auch hier kann ein moralisch-kulturelles Gefälle konstruiert werden. Das ist sogar recht häufig der Fall, denn auch für diesen Kontext im Kleinen werden Werte und Handlungsnormen ausgehandelt. Aushandlungen auf dieser Ebene können, wenn es zu einem größeren Skandal kommt, als eine Messlatte gelten. Allerdings erlangen die auf kleine Kontexte begrenzten Empörungen nicht die Reichweite, um eine solch große Wirkung zu entfalten, die in einem Shitstorm endet. Gleichwohl ist es nicht ungewöhnlich, dass solche kleinen Kulturkonflikte zu Reaktionen auch auf der Ebene des Internet führen. Oft liest man von Cybermobbing – das kann durchaus auch Kollegen an der Arbeit oder Mitschüler in einer Schulklasse treffen.

Bei einem richtigen Skandal ist es wichtig, dass ein Symbol im Fokus steht – eine bekannte Person oder eine Institution. Nur so kann eine genügend große Reichweite erzeugt werden. Dies geschieht durch einen Normverstoß, der moralisch gewendet werden kann. Besonders brisant wird es, wenn der Verstoß von hochgestellten Persönlichkeiten kommt, von denen eine Vorbildfunktion verlangt wird. Es kann aber auch sein, dass allgemein moralische Prinzipien aus einem speziellen Grund verletzt werden. Der Verletzungsgrund mag moralisch höher wiegen[21] – das bedeutet aber noch nicht, dass die Missachtung des Prinzips nicht skandalisierbar wäre.

Ein Beispiel dafür, welches später im Buch noch behandelt wird, betrifft einen Shitstorm um das Museumsdorf Hessenpark. Dort wurde enthüllt, dass Asylbewerber freien Eintritt bekommen, Deutsche Bedürftige aber Eintritt zahlen müssen, auch wenn dieser ermäßigt ist. In diesem Fall wird, so die Argumentation derjenigen, von deren Seite der Sturm über das Museum angefacht wurde, der Gleichheitsgrundsatz verletzt. Asylbewerber bekommen freien Eintritt, alle anderen müssen zahlen – insbesondere diejenigen, denen ebenfalls nur geringe Mittel zur Verfügung stehen. Diesem ganz offensichtlich skandalisierbaren Umstand kann man aber eine höhere Moral entgegensetzen. Bei den Asylbewerbern handelt es sich um Menschen, die sehr viel Leid erfahren haben, bevor sie überhaupt in ihr Aufnahmeland gelangen konnten. Unser eigenes Land muss diese Menschen bei ihrer Integration unterstützen, damit sie auch gelingt. Hierbei ist es hilfreich, wenn die Menschen etwas über die Geschichte und die Lebensweise in diesem Land erfahren. Ferner kann gegen die Skandalisierung das moralische Argument des Sozialneids eingewendet werden. Zumal den Empörten durch den freien Eintritt selbst nichts entgeht – die ermäßigten Eintrittspreise sind darüber hinaus niedrig genug, dass sie selbst von ärmeren Bevölkerungskreisen zu stemmen sind. Wir haben es also mit einem Wertekonflikt zu tun.

Weder sind Werte noch Verhaltensnormen so eindeutig, wie es notwendig wäre, um solche Konflikte zu vermeiden. Während bestimmte Werte ziemlich klar sind, entstehen in unserer hochkomplexen Gesellschaft immer wieder Konflikte; sie sind unvermeidlich, denn Uneindeutigkeiten und die Notwendigkeit von Problematisierungen der gültigen Moral lassen Widersprüche immer wieder entstehen. Hier ein weiteres Beispiel: Wenn die Ursache für das Ausgießen von Beleidigungen und Hetze im Internet die Öffnung der Grenzen für Asylsuchende 2015 durch die Kanzlerin Merkel ist, dann beruft sich die Kritik auf Grundsätze des Einreise- und Einwanderungsrechts. Ein Standpunkt, der sich an geltenden Normen orientiert. Dem kann man aber entgegenhalten, dass die sich damals abzeichnende humanitäre Katastrophe mit den vielen Flüchtlingen auf dem Balkan, der Türkei und im Nahen

---

21 Begründungen für höherwertige Moralitäten liefert beispielsweise Kohlberg (2014).

2.2 Wie die Aufladung durch Skandalisierung funktioniert

Osten, ein Bruch dieser Normen moralisch rechtfertigte. Zumal man auch von konkurrierenden Moralitäten sprechen kann. In diesem Fall erscheint es legitim, wenn sich die Kanzlerin und ihre Anhänger auf eine höherwertige Moral berufen und auf diese Weise die Maßnahme rechtfertigen. Allerdings gerät die kurzzeitige Grenzöffnung in Konflikt mit einer legalistischen Auslegung von Gesetzen. Der entgegengesetzte Standpunkt skandalisiert diese Entscheidung als Verfehlung, welche Protest und sogar angeblich Widerstand rechtfertige.

Das, was in der Folge zu Schmähungen und Beleidigungen führte, was sich in Stürmen unterschiedlicher Intensität entlud, kann als ein solcher Normkonflikt interpretiert werden. Der Konflikt kommt für einige Kritiker und besonders für diejenigen Positionen, die über mehr Mobilisierungsfähigkeit verfügen, gerade recht, um alte Rechnungen mit dieser Kanzlerschaft, der Partei, dem politischen System als Ganzes zu begleichen.

Als mobilisierendes Element des legalistischen Konflikts kommt hinzu, dass die Bürger zusammenrücken mussten, um den Fremden Unterkunft zu gewähren. Dabei wurden Turnhallen benötigt, Unterstützung gewährleistet, die Mittel bindet, die ansonsten an anderer Stelle hätten eingesetzt werden können. Ferner wabert eine unbestimmte Angst vor Fremden mit, die gerade weil sie nicht direkt fassbar ist, nicht dieselbe Rechtfertigung in Anspruch nehmen kann, wie die legalistische Empörung. Die diffusen Ängste bedürfen also einer konkreten Begründung, wie sie in der Aufgabe der Grenzkontrollen für eine bestimmte Zeit zu finden ist.

Eine Position einzunehmen – die in einem Skandal praktisch nur für und wider zulässt – ist nachgerade zwingend. Bei richtig großen Auseinandersetzungen wird dies noch viel deutlicher. Wie der Mechanismus funktioniert, hat der irische Schriftsteller Seamus Dean (1997) in seinem Roman „Im Dunkeln lesen" festgehalten. In einer Konfliktsituation wie der in Nordirland kann niemand neutral bleiben. Es kommt gar nicht auf die individuelle Haltung an – man wird von den anderen, für die der Konflikt eine größere Bedeutung hat, einer Partei zugerechnet. In dem Roman ist das Schlimmste, was einem katholisch-irischen Jungen in Nordirland passieren kann, dass ihm die protestantisch-englische Polizei einen Gefallen tut und ihn aus „Freundlichkeit" im Polizeiwagen ein Stück mitnimmt. Dieser Kontakt führt zur Spekulation über Verrat. Dieser, selbst wenn er nur auf gestreuten Gerüchten beruht, kann, wie in dem Buch geschildert, bereits zu einem Mord führen. Auf der richtigen Seite zu stehen, so wird es dort berichtet, ist sogar bedeutender als ein enges Verwandtschaftsverhältnis.

Skandale kann man als moralische Konflikte auffassen. Hierbei ist ebenfalls eine Haltung notwendig – und häufig bedeutet dies, dass man nicht von dem abweichen kann, was für diejenigen, mit denen man in Beziehung steht, wichtig ist. Ein Skandal, der in einem Shitstorm endet, benötigt also eine Aufladung – eine

Spannung, die in homogenen Umfeldern entsteht. Ein homogenes Umfeld ist dadurch gekennzeichnet, dass die Beteiligten, dieselben moralischen Auffassungen teilen. Skandale sind aber nicht ganz unbedeutend für die Demokratie, denn sie sind reinigend, da sie dem Bürger die Möglichkeit an die Hand geben, Macht zu kontrollieren. Skandalisierung kann also als eine Art „Gegenmacht" gerade derjenigen angesehen werden, welche ansonsten wenige Möglichkeiten haben, sich selbst einzubringen. Skandalisierung und die darauf folgende Reaktion des Shitstorms sind also etwas, das den Mächtigen entgegen gesetzt werden kann. Die Empörung auszudrücken, ist für die Entrüsteten allerdings mit recht wenig Aufwand verbunden – viel weniger, als sich in den Willensbildungsprozess des Politischen (klein-klein) einzubringen. Die Mitarbeit in einer Partei könnte eine langfristige Alternative sein. Allerdings wissen wir, dass Parteien zu Oligopolen neigen (Michels 1989), die wiederum von unten nur wenig Einfluss zulassen. Typisch für Parteien sind eher Top-down-Entscheidungsverfahren.

Moralische Verfehlungen müssen geahndet werden. Das gehört offenbar zum Kodex der Moral, mit dem wir sozialisiert wurden. Dies geschieht, weil die Werte bewahrt und immer wieder erneuert werden müssen, was im Skandal auch tatsächlich geschieht. Das bedeutet, dass sich im Skandal auch ein Aspekt von Strafe wegen des Fehlverhaltens äußert. Die experimentelle Wirtschaftsforschung konnte nachweisen, dass dies sogar gegen eigene Interessen in speziell konstruierten Spielsituationen geschieht (Falk 2004). Man kann das ja auch so deuten: Allgemeine Moralstandards scheinen für die Gesellschaft von einer sehr hohen Bedeutung zu sein. Sie sind so etwas wie Gewissheiten, die es zu bewahren gilt. Sie gelten als Orientierung für das eigene Verhalten und das, was von anderen zu erwarten ist. Sie sind so wichtig, weil sie als etwas Verlässliches gelten, in einer sehr komplexen, vielschichtigen und kaum vollständig begreifbaren Gesellschaft.

Vielleicht ist dies ja zusätzlich eine Ursache dafür, dass Kritik in Entrüstungsfällen im Internet sehr harsch ausfällt. Oft geht der moralisch begründete Protest über andere konkurrierende moralische Schranken hinweg. Wir kennen beispielsweise die (aus meiner Sicht berechtigten) Inszenierungen von „Gegenentrüstung", wenn Politikerinnen oder bekannte Personen aus Zuschriften vorlesen, die sie bekommen haben, weil sie eine bestimmte Haltung in der Öffentlichkeit vertreten haben. Hassbotschaften und Drohungen sind sehr schwer auszuhalten – zudem sind sie ebenfalls moralisch verwerflich. Die harschen Inhalte kritisieren nicht nur ein Verhalten bei ihren Adressaten, sie verstoßen auch gegen die kulturell ausgehandelten Standards. Umgangskulturen zumindest auf der Seite, die sie treffen möchten, werden nicht eingehalten.

Die Gegenskandalisierung gelingt allerdings nicht in gleichem Maße. Zum einen ist der Gegensturm nicht eindeutig adressierbar, weil oft anonym veröffentlicht;

zum anderen fehlt die Voraussetzung, dass es sich bei denjenigen, die mit ihrem Ausdruck von Hass gegen moralische Grundsätze verstoßen haben, um höher gestellte, von vielen gekannte Persönlichkeiten oder Institutionen handelt. Verstöße beim Fußvolk öffentlich anzuprangern, noch dazu, wenn das anonym geschieht, verfangen nicht in gleichem Maße. Ungerechtfertigte Schmähungen können in bestimmten Fällen allerdings auch Gegenreaktionen hervorrufen, wie in diesem Buch an einigen Beispielen aufgezeigt wird. So hatte ein Briefeschreiber sich beim Miniaturwunderland in Hamburg darüber beschwert, dass bei einer Aktion für freien Eintritt, falls man diesen nicht zahlen kann, auch Syrer die Einrichtung umsonst besuchen durften. Das führte zu massiven Solidaritätsbekundungen auf der Facebook-Seite des Miniaturwunderlandes.

Hieraus lässt sich lernen, dass nicht jede Skandalisierung auch zum Shitstorm führt. Um Gegenstand eines richtigen Skandals und in der Folge eines Shitstorms zu werden, ist es notwendig, dass die Persönlichkeiten oder Institutionen über die etwas enthüllt wird, genügend Beteiligten bekannt genug sind, um die notwendige Masse zusammen zu bekommen. Bei dem, was enthüllt wird, muss es sich darüber hinaus um etwas handeln, was zahlreiche Menschen mobilisiert.

2.3 Ursachen von Entrüstungen

Einer der ersten Shitstorms wurde bereits erwähnt. Er fand zu der Zeit noch unter dem Namen „Spam" für „Spiced Meat and Ham" statt und traf die Anwälte Canter und Siegel (1995). Diese boten ihre Dienste als Anwälte für Einwanderungsrecht in einer Greencardlotterie an und nutzten als Werbeplattformen alle damals verfügbaren Diskussionsforen, die einen Bezug zu Ländern außerhalb der USA hatten. Dahinter stand der Gedanke, dass sich dort USA-Migranten trafen und ein Teil der Diskutanten daher ihrem Zielpublikum entsprächen. Sie boten an, für knapp unter hundert Dollar Informationen zur Greencardlotterie zu versenden. Für die Forenbenutzer war die Werbung eindeutig Spam und viele machten ihrem Unmut Luft, indem sie sich bei den Anwälten beschwerten. Es kam so viel Post bei den Rechtsbeiständen an, dass das Computersystem des Providers zusammenbrach und dieser aus diesem Grund Canter und Siegel kündigte. Im Buch darüber, wie man im Internet Profit machen könne, rechtfertigten sich die Autoren damit, dass es sich um eine Serviceleistung handele, die am ehesten in den von ihnen zur Werbung ausgesuchten Foren nachgefragt werden würde. Die von ihnen versendeten Informationen hätte man übrigens von der US-Einwanderungsbehörde umsonst bekommen können.[22] Das, was den Anwälten passierte, würde man heute klar als Shitstorm bezeichnen.

Wenn sich andere Autoren über Shitstorms Gedanken machen, dann geht es oft um Unternehmenssichtweisen. Wenn das Verhalten von Unternehmen skandalisiert wird, kommt es in manchen Fällen zu einem Aufstand. Einige bekannte Beispiele dafür liegen schon eine Weile in der Vergangenheit. Vielleicht mag der eine oder andere Leser sich an den Aufstand der Kunden im Fall des Fahrradschlossherstellers Kryptonite erinnern.

Hier traf der Sturm ein Unternehmen, welches sich dafür rühmte, die sichersten Fahrradschlösser der Welt herzustellen. Mit einem Schloss dieser Marke könne man sein Bike ohne Sorge selbst in „Verbrechensmetropolen" im Freien über Nacht stehen lassen. Tatsächlich trug eines der „besonders sicheren" Schlösser den Namen „New York". Mit der Herausstellung der ganz besonderen Sicherheit, wurde auch der stolze Preis der Schlösser begründet; gleichzeitig aber auch eine gewisse Fallhöhe erzeugt. Die Schlösser erfreuten sich tatsächlich einer großen Beliebtheit, besonders bei Radenthusiasten. Die groß beworbene besonders widerstandsfähige Stahlmischung nutzte gar nichts mehr, nachdem ein Nutzer herausbekommen hatte, dass sich das Schloss ganz einfach knacken ließ. Es reichte dafür ein in den USA überall erhältlicher BIC-Kugelschreiber aus. Das war flugs auf Video dokumentiert und schnell hochgeladen. Das Video machte die Runde, sodass praktisch alle Radaktivisten davon Kenntnis bekamen. Der sich anschließende Sturm erreichte wenigstens, dass die Besitzer dieser Schlösser innerhalb der Garantiezeit entschädigt wurden.

Shitstorms werden aber auch eingesetzt, um Berichte über Promis zu lancieren, und das selbst dann, wenn die Aufregung sich einigermaßen in Grenzen hält. So etwa ein Bericht auf OK (Promi News), zu den Geissens, die einen SUV im Garten „beerdigen" ließen. Unter der Schlagzeile: „Skurrile Auto-Beerdigung: Shitstorm für die Geissens. Robert und Carmen Geiss hatten sich einen Scherz erlaubt"[23] wurde ein Bericht über einen Shitstorm zu den Bildern der Autobeerdigung lanciert. Es handelt sich um einen sehr kleinen Shitstorm, denn selbst nach der Veröffentlichung auf Promi News fanden sich kaum mehr als 1000 Kommentare. Dabei dürfte der Bericht noch zusätzlich viele Leute angestachelt haben, sich zu äußern. Nur eine kurze Recherche auf Google News bringt Dutzende solcher Meldungen zu Tage. Manche klagen tatsächlich die bekannten Stars an, allerdings können ziemlich viele davon auch als eine Art PR-Masche angesehen werden, um entweder das darüber berichtende Organ oder diejenigen, über die etwas geschrieben wird, in

---

22 Profit im Dosenfleisch, 25. August 1995 Quelle: DIE ZEIT, 35/1995
23 http://www.ok-magazin.de/people/news/skurrile-auto-beerdigung-shitstorm-fuer-die-geissens-46165.html (30.03.2017).

2.3 Ursachen von Entrüstungen

der Aufmerksamkeit der Öffentlichkeit zu halten. Auf diese Weise gibt es durchaus ein Zusammenspiel zwischen eher klassischen Plattformen, der traditionellen Presse und dem, was sich in den sozialen Medien abspielt. Vieles ist also inszeniert. Durch diese Berichte über vermeintliche Verfehlungen von Promis und die darauf folgenden Unflätigkeiten, über die eben auch geschrieben wird, ändert sich ebenfalls die Kultur. Es wird zum Ereignis, wenn Medienbekannte von ihren Anhängern angegriffen werden. Je doller, umso eher wird darüber berichtet. Letztlich trägt dies auch zu einer weitergehenden Akzeptanz von Verrohung durch Hassmails bei; diese werden alltäglich.

Man kann sagen, dass es eine Reihe von Institutionen gibt, denen es nutzt, wenn es zu einem Shitstorm kommt. Auf diese Weise profitieren manchmal die Personen oder auch die Institutionen deren Verhalten vom Publikum moniert wird und andererseits ziehen auch die Medien Vorteile aus der Entrüstung, wenn sie darüber berichten. Mit Medien sind nicht nur klassische Massenmedien und deren Verlängerungen im Internet gemeint, auch die sozialen Medien profitieren, weil ihre Plattformen dadurch ebenfalls Aufmerksamkeit erzeugen. Das hilft wiederum beim Anzeigenverkauf. Im Falle der Geissens nutzt es den Beteiligten – den spleenigen Soapmillionären genauso wie den Medien, die über etwas berichten, was durch deren Aufmerksamkeit stark vergrößert wurde.

Ein anderer Fall der in den Medien kursierte, ist der von Alicia Keys. Sie ließ sich im Nikab verschleiert ablichten. Das Foto erregte anschließend Ablehnung innerhalb der Anhängerschaft, wobei offenbar vor allem Feministinnen, oft aus der muslimischen Welt am Foto und dem Kommentar Anstoß nahmen. Im zugehörigen Text, siehe Tabelle 2, lobt Alicia Keys die Differenz und Diversität. Die Kritikerinnen jedoch sind der Meinung, dass diese Unterschiedlichkeit in der Kleidung nicht selbstgewählt sei – sie sei oktroyiert und von daher kaum positiv zu bewerten.

Tab. 2 Der Text zum shitstormauslösenden Foto[24]

> *"Our strength is in our differences*
> *Our power is in our diversity*
> *We are so beautiful*
> *All of us*
> *When we see each other*
> *We see ourselves...*
> *pic.twitter.com/1h8ZdOutEG— Alicia*
> *Keys (@aliciakeys) March 28, 2017"*

Die Webseite des Stern schreibt über das Bild: „Ein schwarzes Tuch verhüllt das Gesicht der Frau. Ein schwarzes Kleid verbirgt ihren Körper. Nur das rechte Bein schaut aufreizend unter dem Gewand hervor. Ein Ballettschuh ziert ihren Fuß. So zeigt das Bild des Künstlers Ali Al Sharji eine Nikab-Tänzerin."

Das Bild wurde von zahlreichen ihrer Fans kritisiert – und hierin kommt genau der in diesem Buch diskutierte Kulturkampf zum Ausdruck. So wird in einem Kommentar gefragt, ob die Sängerin nicht wisse, wie viel Leiden die Kleidungsvorschriften bei Frauen im Nahen Osten bedeute. Das, was für Alicia Keys und den Fotografen ein modisches Accessoire ist, durch das gerade die Offenheit der Pop-Größe zum Ausdruck gebracht werden soll, macht deutlich, dass diese Auffassung eben nicht von allen geteilt werden kann. Die Offenheit einer Gesellschaft wie den USA, in denen es viel mehr Freiheiten für die Art und Weise, wie man sich kleidet gibt, führte offenbar zu einer falschen Einschätzung. Gerade weil es eben nicht nur ein modisches Kleid ist, mit dem man Fantasien über Verhüllung und Enthüllung wecken kann, sondern weil der Nikab in anderen Kontexten sehr wohl etwas anderes bedeutet, entsteht der Konflikt. Symbole sind Teil von Kulturen – sie bedeuten für die unterschiedlichen beteiligten Gruppen ganz verschiedene Dinge. Wenn ein Symbol in den Augen einer Gruppe falsch benutzt wird, kann dies leicht in einem solchen Shitstormkonflikt enden. Es sei ungebührlich, dieses Symbol der Unterdrückung auch noch zu verteidigen, so die Kritikerinnen, die dazu noch oft aus islamisch geprägten Ländern kamen.

---

24 Zitiert aus Stern: http://www.stern.de/kultur/alicia-keys-kassiert-wegen-niqab-taenzerin-einen-shitstorm-7389510.html (31.03.2017). Leider kann ich nur aus zweiter Hand berichten, da Foto und Kommentar sowohl auf Twitter, als auch auf Instagram kurz nach Erscheinen der Berichte gelöscht worden war.

2.3 Ursachen von Entrüstungen

Der kritische Kommentar zum Bild und der Äußerung bekam immerhin 1.400 Likes – das Foto und der Tweet von Alicia Keys wurde 5.000 Mal geliked, was laut Stern wenig sei; sie habe immerhin 25,5 Millionen Follower. Deutlich mehr Likes bekam das Bild auf Instagram, wie Spiegel-Online berichtet. 180.000 Fans hatten das Bild und den gleichlautenden Kommentar laut Spiegel-Online geliked.[25]

Während im Fall der Autobeerdigung der Geissens auch negative Aufmerksamkeit einen Gewinn darstellt – scheint das in den Augen der Alicia Keys Verantwortlichen weniger der Fall zu sein. Die Darstellung der Geissens im Fernsehen ist bereits auf „trash" und Polarisierung angelegt, das bedeutet, dass diese eben auch von der negativen Aufmerksamkeit profitieren. Gerade das lässt sie attraktiv erscheinen. Man kann sich über deren Untaten im Bekanntenkreis sehr gut aufregen. Dennoch steht auch hier ein kultureller Gap im Mittelpunkt – die Sendung über die Millionärsfamilie lebt geradezu davon. Sie führt vor Augen, dass auch Reiche recht trivial sein können.

Dagegen ist Alicia Keys in weiten Schichten populär. Das kommt im Anspruch ihres Tweets deutlich zum Ausdruck – sie adressiert die Vielfalt ihrer Anhängerschaft. Die dahinter stehende Idee soll nach Möglichkeit niemanden ausschließen, was auch im die Diversität lobenden Kommentar zum Ausdruck kommt. Allerdings scheint in diesem Fall die polarisierende Wirkung des islamischen Schleiers eher kontraproduktiv. Mithin ist es in diesem Fall konsequent, Bild und Kommentar zu löschen, um möglichst wenig Anstoß zu erregen.

Aufmerksamkeit im Sinne der Aufmerksamkeitsökonomie[26] ist nicht immer ein Gewinn. Das schreiben auch Bleicher und Hicketier (2002). Zwar kann negative Aufmerksamkeit auch zerstörend wirken – in vielen Fällen insbesondere dort, wo polarisiert wird, geht es vor allem um Beachtung, diese ist mehr wert, als gar nicht beachtet zu werden. Das behauptet beispielsweise der umstrittene HipHop-Sänger Eminem.[27] Wir können also resümieren, dass nicht jeder Shitstorm ungelegen kommt – es gibt sogar Fälle, in denen er in eigenem Interesse inszeniert wird, um Aufmerksamkeit zu erzeugen. Oft finden sich positive Auswirkungen für den geschmähten, weil seine Anhängerschaft dadurch noch enger zu ihm steht.

Onlineentrüstungen haben viele Ursachen, diese entstehen oft daraus, dass sich in der komplexen Gesellschaft Widersprüche und kulturelle Konflikte aufstauen. Das liegt sehr nahe, wenn durch Medien und Tourneen Stars aufgebaut werden, die mit möglichst vielen kulturspezifischen Ansprüchen ihres Publikums kompa-

---

25 http://www.spiegel.de/panorama/leute/alicia-keys-us-saengerin-provoziert-mit-nikab-foto-a-1140958.html (31.03.2017).
26 Der Begriff wurde von Georg Franck (2007) geprägt, der Aufmerksamkeit als „Währung" in vielen Bereichen (insbesondere der Wissenschaft) ansieht.
27 http://www.spiegel.de/spiegel/a-625265.html (31.03.2017)

tibel sein müssen. Aber auch wenn das Interesse nicht so weit reicht, ist es kaum möglich, den Vorstellungen der Fans an bestimmte Werte und den Verhaltensanforderungen gerecht zu werden. Oft sind Symbole zwischen den Kulturen nicht miteinander kompatibel und sorgen so für Konflikte. Das Konfliktpotential wird durch das Internet sogar noch vergrößert: Durch die Internetkontakte können sich Spezialkulturen viel leichter entwickeln. In gegenseitigem Austausch werden diese ausgehandelt, und das geht auch über weitere Entfernungen hinweg. Wenn sich diese Kulturen als Kritik an bestehenden Verhältnissen entwickeln, können sie als „Gegenkulturen" angesehen werden.

2.4 Die Stärke des Sturms

Wie schon oben gesagt, nicht jedes laue Lüftchen ist gleich ein Orkan. Der Mobilisierungsgrad unterscheidet sich gewaltig. Manches ist kein Shitstorm, sondern eher eine Art von Mobbing. In manchen Fällen stehen auch nur Privatleute hinter den Schmähungen, die möglicherweise versuchen, eine Protestwelle in Schwung zu bekommen. Von der Beobachtung Betroffener aus gesehen, werden in der folgenden Skala für Shitstorms zwei Komponenten eingebracht: die Beziehungen, die zwischen den Kritikern bestehen, und das Echo in anderen Medien. Die Weitergabe der Information und das gleichzeitige Aufpeitschen der Emotionen auf der Seite der Protestler folgen vorhandenen Beziehungen. Diese Relationen in den sozialen Medien werden zu Kanälen, über die sich die Informationen verbreiten. Je mehr die Gefühle hochkochen, umso eher kann sich der Effekt über die Beziehungsleitungen verbreiten. Hierzu gesellt sich ein weiterer Effekt – je mehr sich eine Entrüstungswelle ausbreitet, umso mehr andere Medien bekommen davon Wind.

Die Shitstormskala, der folgenden Tabelle ist allerdings eher aus der Perspektive der Krisenkommunikation von Unternehmen zusammengestellt worden. Sie zeigt aber, dass sogar einzelne Protestmails Vorboten einer sich beschleunigenden und selbst nährenden Welle sein können. Wenn das der Fall ist, bedeutet das, dass es zu einem Übersprung zu kommen droht: Nicht mehr nur in einzelnen Communities kursieren die kompromittierenden Informationen – sie werden zwischen den Online Medien wie z. B. Twitter und Facebook hin- und her verschoben, erreichen andere soziale Medien, Blogs berichten darüber, bis schließlich auch klassische Medien aufspringen und der Verbreitung noch einen zusätzlichen Schub verleihen.

2.4 Die Stärke des Sturms

Tab. 3 Shitstormskala[28] von Graf/Schwede (2012)

Shitstorm Skala	Windstärke	Wellengang	Social Media	Medien-Echo
0	Windstille	Völlig ruhige, glatte See	Keine kritischen Rückmeldungen	Keine Medienberichte
1	Leiser Zug	Ruhige, gekräuselte See	Vereinzelt Kritik von Einzelpersonen ohne Resonanz	Keine Medienberichte
2	Schwache Brise	Schwach bewegte See	Wiederholte Kritik von Einzelpersonen. Schwache Reaktionen der Community auf dem gleichen Kanal.	Keine Medienberichte
3	Frische Brise	Mäßig bewegte See	Andauernde Kritik von Einzelpersonen. Zunehmende Reaktionen der Community. Verbreitung auf weiteren Kanälen.	Interesse von Medienschaffenden geweckt. Erste Artikel in Blogs und Online-Medien.
4	Starker Wind	Grobe See	Herausbildung einer vernetzten Protestgruppe. Wachsendes, aktives Follower-Publikum auf anderen Kanälen.	Zahlreiche Blogs und Berichte in Online Medien. Erste Artikel in Print-Medien.
5	Sturm	Hohe See	Protest entwickelt sich zur Kampagne. Großer Teil des wachsenden Publikums entscheidet sich fürs Mitmachen. Pauschale, stark emotionale Anschuldigungen, kanalübergreifende Kettenreaktion.	Ausführliche Blog-Beiträge. Follow-Up-Artikel in Online-Medien. Wachsende Zahl Artikel in klassischen Medien (Print, Radio, TV).
6	Orkan	Schwere See	Ungebremster Schneeball-Effekt mit aufgepeitschtem Publikum. Tonfall mehrheitlich aggressiv, beleidigend, bedrohend.	Top-Thema in Online-Medien. Intensive Berichterstattung in allen Medien.

---

28 http://www.feinheit.ch/media/medialibrary/2012/04/shitstorm-skala_2.pdf (23.02.2017)

Häufig findet man, dass sich in den sozialen Medien ein Shitstorm anbahnt. Dieser gewinnt von sich aus bereits ordentlich Kraft, wenn die geschilderten Regeln eingehalten werden. Richtig Fahrt nimmt er aber dann auf, wenn er von Massenmedien, etwa dem Fernsehen, Zeitungen oder den Onlinemedien der Verlage aufgenommen wird und so die Grenzen der Spezialkulturen überwindet.

Was der Fall ist, wenn die großen Medien aufspringen, das bezeichnet man als Agenda-Setting.[29] Die Aufmerksamkeit der Beteiligten wird von den Massenmedien beeinflusst (McCombs/Shaw 1972). Was wichtig ist und den Gesprächsstoff zwischen den Menschen in Arbeitspausen oder in der Freizeit bestimmt, wird durch die großen Medien bestimmt. Zwar wurde gezeigt, dass der direkte Einfluss der Medien relativ klein ist, allerdings kommt der Setzung von Themen eine große Bedeutung zu.

Der Einfluss von Massenmedien ist insofern kleiner als zunächst angenommen, da Wirkungen zunächst einmal sozial gefiltert werden (wie in den Untersuchungen zum two-step flow of communication[30] gezeigt). Diese Tatsache wird (trotz Kritik) als weitgehend bestätigt angesehen.[31] Die Medien beeinflussen also nur in geringem Ausmaß direkt, was wir denken und zu welchem Verhalten das führt (hierfür ist die Vermittlung durch den Einfluss des persönlichen Umfelds bedeutender). Die Medien und ihre Inhalte strukturieren die Themen – sie sind es, welche für uns bestimmen, was wichtig ist und was im persönlichen Netzwerk diskutiert wird (allerdings nicht unbedingt wie wir das tun).

Wenn ein Shitstorm durch Massenmedien wahrgenommen wird, so vergrößert sich seine Reichweite. Er wird also durch die weitere Öffentlichkeit verstärkt. Allerdings kann man auch sagen, dass eine Wahrnehmung erst erfolgt, wenn er schon eine gewisse Verbreitung erfahren hat. In den Internetzeiten ist es keineswegs mehr so, als würden vor allem das Fernsehen oder die großen Tageszeitungen das Geschehen und die Wahrnehmung von Themen alleine bestimmen. Einige Internetmedien besitzen eine so große Reichweite, dass diese wiederum die traditionellen Massenmedien beeinflussen. Dabei kommen beispielsweise einige der Top-Youtube Channels auf etliche Milliarden Video-Views und haben -zig Millionen

---

29 Eine genauere Bestimmung des Begriffs und des damaligen Forschungsstands findet sich u. a. bei Rössler (1997).

30 Dieses Konzept wurde in den 1940er Jahren u. a. von Paul Lazarsfeld entwickelt. Es besagt, dass die Menschen nicht direkt von Massenmedien beeinflusst werden. Dies geschieht vielmehr durch die besser informierten Meinungsführer. Das bedeutet, dass wenn Medien eine Wirkung entfalten, deren Inhalte praktisch immer durch eine soziale Filterung gegangen ist.

31 Es findet sich ziemlich viel Literatur zu dem Thema. Beispielsweise Stegbauer (2005).

2.4 Die Stärke des Sturms

Abonnenten.[32] Dagegen können zahlreiche traditionelle Sendungen im Fernsehen einpacken. Allerdings finden auch massenmedial aufbereitete Themen ihren Weg ins Internet. Die Mediensphären sind also nicht strikt voneinander abzugrenzen.

Während obige Tabelle beschreibt, was während eines Shitstorms passiert und wie sehr sich die Stärken von Protesten unterscheiden können, so hat diese doch nur geringen analytischen Wert. Wie es dazu kommt, was die Bedingungen für das Anschwellen des Protestes sind, darum geht es im weiteren Verlauf des Buches.

---

32 Siehe die Webseite (http://socialblade.com/), auf der Analysen zur Reichweite von Youtube und anderen sozialen Medien veröffentlicht werden.

Randbedingungen: Medieneigenschaften

3

Noch bevor das Internet populärer wurde, machte man sich darüber Gedanken, welche Auswirkungen es hat, wenn die Menschen Computer zur Kommunikation benutzen. Die damaligen Überlegungen findet man heute nur noch recht selten in der Diskussion. Gründe dafür sind, dass vieles nicht so schlimm kam, wie befürchtet. Die erfahrenen Benutzer sind weniger davon betroffen, als die unerfahrenen. Besonders ältere Menschen, die vor noch nicht so langer Zeit das Internet für sich als Kommunikationskanal entdeckt haben, holen nun Erfahrungen nach, welche frühe User schon vor mehr als 20 Jahren machten.

Früher wurden Bürowitze und Cartoons per E-Mail versendet, heute von den Älteren Videosequenzen per Whatsapp für die verschiedensten Anlässe. Diejenigen, welche von Anfang an dabei waren, haben bereits die Erfahrung gemacht, dass ziemlich viel Spam über Mailinglisten ging. Das führte meistens dazu, dass Regularien zur Nutzung solcher gemeinsamer Ressourcen eingeführt wurden. So wurden offene Foren und Listen mehr und mehr geschlossen. Jetzt konnten nur noch diejenigen, welche beispielsweise eine Mailingliste abonniert hatten, Nachrichten senden. An Webforen kann man heute nur noch teilnehmen, wenn man sich angemeldet hat – so lassen sich „Trolle" also Provokateure leicht zunächst von der Teilnahme ausschließen. Ferner wurden automatische Spamfilter eingeführt. Als Admin einer Mailingliste bin ich selbst auch einer der Filter von Spammails, die z.Zt. fast alle eine Adresse mit einer Topleveldomain der Ukraine oder EU besitzen. Daneben lässt sich beobachten, dass sich über die Zeit der Umgang mit den neuen Medien in vielen Teilen zivilisierte. Ein Großteil der Teilnehmenden hat es gelernt, sich korrekt zu verhalten und dieser Teil weiß mittlerweile auch, wo die Grenzen von computergestützter Kommunikation (insbesondere einem asynchronen Medium wie E-Mail) liegen. Das gilt vielleicht noch nicht für alle Älteren mit noch kurzer Medienerfahrung. Gleichzeitig ist das beobachtete Abflauen von Aufregung aber auch ein Hinweis darauf, dass es nicht zwangsläufig zu einem rüden Umgang kommen muss. Die Beteiligten orientieren sich aneinander

© Springer Fachmedien Wiesbaden GmbH, ein Teil von Springer Nature 2018
C. Stegbauer, *Shitstorms*, https://doi.org/10.1007/978-3-658-19955-5_3

– wenn es gelingt, einen gemäßigten Umgangston in den Auseinandersetzungen zu etablieren, können wahrscheinlich die gröbsten Schlachten vermieden werden; falls das nicht möglich ist, wird sich wohl die Verrohung der Auseinandersetzung aber noch weiter verstärken.

3.1 Fehlen des sozialen Kontexts

Einige der Probleme mit schriftlichen und nichtsynchronen Medien sind jedoch grundsätzlicher Art. Sie lassen sich zwar sozial und kulturell einhegen – sie sind aber nicht völlig wegzukriegen. Daher lassen wir einige Argumente von damals noch einmal Revue passieren und überlegen, inwiefern das Thema der Shitstorms damit zusammenhängen könnte.

In den 1980er Jahren, als der PC durch IBM eingeführt wurde und langsam die Schreibmaschinen ablöste, überlegte man sich, wozu dieses programmierbare Gerät außerdem nützlich sein könnte. In der Sozialwissenschaft war die damals noch vorherrschende Methode die Umfrageforschung, bei der einzelne Personen Auskunft über ihre Eigenschaften und Verhaltensweisen geben sollten. Man hatte bemerkt (Steinert 1984; Noelle-Neumann/Petersen 1986), dass die Ergebnisse sehr stark voneinander abweichen können, je nachdem, wer in der Befragung das Interview durchführt. Wenn ältere männliche Interviewer junge Frauen zur Frage der Straffreiheit bei Abtreibung damals in Österreich befragten, war das Ergebnis ein ganz anderes, als wenn im Interview eine jüngere Frau auf eine jüngere Frau traf. Die an der Naturwissenschaft orientierte Umfragemethode lieferte also offensichtlich falsche Ergebnisse[33]. Wie falsch diese Ergebnisse in Wirklichkeit waren, das war umstritten – klar war jedoch, dass sich die Antworten eigentlich immer in Richtung der erwarteten Meinung des Interviewers oder allgemeiner sozialer Normen anpassten.

Hieraus wurde die Idee entwickelt, insbesondere bei Fragen zu heiklen Themen, den Einfluss von Interviewern zurückzudrängen. Man experimentierte also mit

---

33 In Wirklichkeit sind die Ergebnisse aber gar nicht falsch – die Antworten werden in einer sozialen Situation produziert und sind Ausdruck genau dieser Situation. Sie unterscheidet sich eben durch die Konstellation der Beteiligten und der gegenseitigen Erwartungen. Meinungen sind also nichts fixes, was beim Befragten fest verankert wäre, sie variieren ja nach sozialer Konstellation, in der sie geäußert werden. „Wahre Werte" sind damit also nicht vorhanden und auch nicht messbar. Das gilt auch für die computerbasierte Befragung, denn das, was dort geäußert wird, unterscheidet sich von der „Wahrheit" der sozialen Situation.

dem Einsatz von Computern als Befrager. Dabei konnte ein großer Erfolg verbucht werden (Waterton/Duffy 1984, zitiert nach: Sproull/Kiesler 1991: 46): Wurden die Schotten mittels eines Computers befragt, gaben sie den Konsum von durchschnittlich 5,4 Gläsern Whisky pro Woche zu; im persönlichen Interview lag der Konsum deutlich niedriger, bei nur 3,4 Gläsern. Mit dieser Untersuchung konnte man schließlich erklären, wohin mehr als ein Drittel der inländisch in Schottland verkauften Whiskymenge verschwand. Ähnliche Unterschiede zeigten sich auch in weiteren Fragen. Der Schluss daraus: Man äußert sich anders, wenn einem kein Mensch gegenüber sitzt. Die Situation mit anderen Personen ist sozial reguliert. Das heißt, was man sagt, aber auch wie man sich verhält (Stegbauer 2016), hängt von den anderen ab, die ebenfalls anwesend sind. Das eigene Verhalten wird zu den anderen Anwesenden kompatibel gemacht, jedenfalls so weit, dass man als sozial verträglich gilt. Hierbei spielt das Verhalten und die Äußerungen der anderen ebenfalls eine Rolle – es wird situational eine spezielle Kultur ausgehandelt, an der sich praktisch alle orientieren.

Sind keine anderen Personen anwesend – nur ein technisches Gerät wie ein Computer –, so gibt es kein Verhalten, welches man antizipieren könnte: Man kann sich nicht abschauen, wie die anderen sich benehmen, es fehlt ein soziales Regulativ. Es sitzt einem niemand gegenüber, der auf eine Äußerung direkt reagiert. Anders ausgedrückt, die Interaktion mit einem Computer wirkt ein Stück weit enthemmend.

Die schriftliche Kommunikation per Computer besitzt darüber hinaus die Eigenschaft, gleichheitsbildend zu wirken. Sie kann dennoch Hierarchien, etwa in Organisationen (Stegbauer 1995) nicht außer Kraft setzen, so lassen Mitarbeiter wichtige Mails, die an Vorgesetzte gehen, noch einmal von Kollegen Korrekturlesen. Aber subtile Formen der Hierarchisierung setzt die Kommunikation über Texte außer Kraft. Während in Meetings (jedenfalls in den 1980er Jahren) Männer dominierten, lässt sich bei computergestützter schriftlicher Kommunikation kein Unterschied nach Geschlecht feststellen. Männer machen fünf Mal häufiger Entscheidungsvorschläge in Meetings als Frauen, bei asynchroner Textkommunikation ist dies dagegen ausgeglichen (McGuire et al. 1987).

Solche Unterschiede zwischen Gesprächssituationen bei gleichzeitiger Anwesenheit gegenüber asynchroner Kommunikation über Computer wurden vielfach den Eigenschaften der Medien zugeschrieben. Man kann Medien danach einteilen, wie reichhaltig die Kommunikation ist (Trevino et al. 1987); damit ist gemeint, wie viele Nebenkanäle sie besitzen. Sieht man die Person, mit der man kommuniziert? Kann man die Reaktionen wahrnehmen und beurteilen? Zur Absicherung der Kommunikation hat die Menschheit Gestik und Mimik entwickelt, mit der das Wort selbst noch einmal bestätigt wird. So wird direkt Redundanz durch Bekräftigung einer Aussage hinsichtlich des Ausdrucks vermittelt – auch die Bedeutung kann unmittelbar durch die Form der Mitteilung abgelesen werden. Verständnis wird beispielsweise durch Nicken signalisiert. Zudem dringt bei gleichzeitiger Anwesenheit viel mehr des Kontextes durch, in dem die Mitteilung steht. Bei Telefonaten kann sich das gesprochene Wort klarer und differenzierter ausdrücken als das, was aufgeschrieben wird. Unklarheiten können im Gespräch sofort beseitigt werden. Chattet man hingegen über das Internet, so ist das schon schwieriger. Bei dieser Form ist eine ganz direkte Kommunikation nicht möglich, da das Turn Taking, also der Sprecherwechsel, (Sacks et al. 1974) nicht verabredet und nicht abgestimmt werden kann. So kommt es häufig vor, dass man zeitlich versetzt genau aneinander vorbei kommuniziert (Beißwenger 2007). Noch ärger ist es bei asynchroner schriftlicher Kommunikation, wie man sie bei E-Mails und bei der Forenkommunikation, etwa auf Facebook etc. findet. Zwar hat man heute „Emoticons" zur Verfügung, welche dabei helfen können, das Geschriebene zu kontextualisieren, das ist aber nicht gleichrangig zum direkten körperlichen Ausdruck, welcher im direkten Gespräch immer zusätzliche Informationen bereithält. Asynchrone schriftliche Kommunikation ist in den beschriebenen Hinsichten also nicht gleichrangig mit den reichhaltigeren Möglichkeiten bei gleichzeitiger körperlicher Anwesenheit oder bei Telefonaten. In vielen Fällen ist das überhaupt nicht problematisch, denn die Beteiligten wissen um einander, sie kennen sich. Sie wissen, wer wie reagiert, wenn eine bestimmte Mitteilung kommt; ihnen ist bekannt bzw. es ist vereinbart, dass man sich neben häufigen Treffen auch noch zusätzlich schriftlich auseinandersetzt.

Wenn man um den Hintergrund der anderen nicht weiß, man keine Ahnung vom Kontext hat, dann häufen sich die Missverständnisse. Die Entscheidungsfindung verlängert sich deutlich, und es kommt zu Entscheidungen, die anders sind als die, welche bei richtigen Meetings zustande gekommen wären. Kiesler und Sproull (1992), haben solche Zusammenhänge untersucht. Ein weiterer Befund war, dass es oft zu „flames" kommt, wenn schriftlich über Computer kommuniziert wird. Genau zu verstehen, was die anderen sagen wollten und wie es genau gemeint war, wird schwieriger. Diese Problematik besteht noch mehr, wenn sich die Beteiligten nicht gegenseitig kennen, wenn sie die Kommunikation nicht „sozial integrieren" können (Stegbauer 1995) und der gemeinsame Kontext nur sehr schwach vorhanden ist. Genau das ist aber der Fall, wenn es zur Entrüstung im Internet kommt. Die Beteiligten der beiden Seiten kennen sich kaum persönlich, sie teilen sehr wenig gemeinsamen Kontext – es gibt zwischen den Kontrahenten keinerlei vorhergehende Beziehungen, welche den Streit im Zaum halten könnten.

Im Streit entstehen allerdings auch Bindungen, wie dies schon Georg Simmel (1908) als eine Form der negativen Reziprozität gesehen hat. Diese Art der Bindung macht es aber eher schlimmer als besser, weil Aktion dort Reaktion hervorruft, was eher weiter eskaliert, als sich von selbst irgendwann zu beruhigen. Im Gegen-

3.1 Fehlen des sozialen Kontexts

teil: Ohne gegen die soziale Regel der Reziprozität zu verstoßen, kann Streit nicht beigelegt werden.

Zur damaligen Zeit wurde viel über Eigenschaften der Kommunikation über Computer – insbesondere mit E-Mail geforscht, diskutiert und spekuliert. Normalerweise stellt man sich in der Kommunikation auf die anderen Anwesenden ein. Das gilt nicht nur für die Interviewsituation in der Demoskopie, in der sogar versucht wird, diesen Einfluss zurückzudrängen. Man achte nur einmal darauf, wie man mit der Verkäuferin auf dem Markt redet und im Vergleich dazu, wenn einem Polizisten etwas zu erklären ist oder wie im Seminar an der Universität diskutiert wird. Jedes Mal handelt es sich nicht nur um unterschiedliche kommunikative Genres – sondern auch um Anpassungsprozesse gegenüber der Situation und den Personen (mit ihren sozialen Positionen). Man benennt solche Anpassungsprozesse mit dem, aus der Linguistik stammenden Fachbegriff auch „alignment" (Pickering und Garrod 2004). Damit ist vor allem die Sprachanpassung gemeint – gegenseitiges Aufeinanderzubewegen geht aber viel weiter und betrifft auch das Verhalten der in der Situation Anwesenden (Stegbauer 2016).

Das geht prinzipiell auch im Internet (es wird hier ja argumentiert, dass das Phänomen des Shitstorms auf einem Zusammenprall unterschiedlicher Kulturen beruht), allerdings sind regulatorische Prozesse viel weiter zurückgedrängt, als dies in einer Situation mit physisch Anwesenden der Fall wäre. Mit anderen Worten: Es fehlt an sozialem Kontext – in sehr vielen Fällen – insbesondere dort, wo sich die im Internet begegnenden Menschen gegenseitig unbekannt sind.

Anders ist es dort, wo die die kommunizierenden Personen sozial in Beziehungen eingebettet sind (Granovetter 1985). In den meisten Fällen kennt man die Personen, mit denen man kommuniziert – sowohl die, mit denen man E-Mails austauscht, als auch die, mit den man bei Facebook „befreundet" ist. Man weiß oft etwas über die Verhaltensweisen der Anderen und über deren Kontext. Beides sorgt dafür, dass es zu einer sozialen Integration von Kommunikationsmedien kommt (Stegbauer 1995). Dann ist es nicht der Fall, was in dem berühmten Cartoon von Peter Steiner (1993), welches im New Yorker erschien, behauptet wird. Dort war ein Hund vor einem Computerbildschirm mit der Unterschrift „On the Internet, nobody knows you're a dog" abgebildet.

Tatsächlich findet auf Facebook bestimmt 90 % und mehr der Kommunikation mit solchen Leuten statt, mit denen man sonst auch viel zu tun hat und mit denen man tatsächlich auch außerhalb der Networking-Site befreundet ist. Deren Reaktionen sind noch wichtiger als die von Interviewern für Befragungen, die man ja meist gar nicht kennt und laut Methodenregeln für die Umfrageforschung auch nicht kennen sollte. Wenn nun Interviewer allein durch ihre äußeren Merkmale wie Alter,

Geschlecht und Aussehen schon einen großen Einfluss auf Meinungsäußerungen haben können, wie stark erst mag der Einfluss von Bekannten und Freunden sein?

3.2 Empathie nur beschränkt möglich

In den meisten Fällen kennen sich die Menschen, die miteinander kommunizieren. Wenn nicht, dann sind Hinweise auf den Kontext der Personen nicht vorhanden – und es entsteht dadurch eine gewisse Verhaltensunsicherheit, die beispielsweise im Briefverkehr zu zahlreichen Floskeln und eine hohe Standardisierung führten. Das wurde so weit getrieben, dass sogar DIN-Normen für Geschäftsbriefe entwickelt wurden.

Wenn es zu Entrüstungswellen kommt, dann haben wir es mit genau einer solchen Situation zu tun – die Adressaten sind sich in der Regel nicht persönlich bekannt. Ganz anders als im Freundeskreis verbindet den Provokateur kein direkter Kontext mit dem Gescholtenen. Er ist nicht einmal wie ein Interviewer im Befragungskontext physisch oder mit seiner Stimme am Telefon anwesend. Insofern fehlt das Regulativ des Gegenübers völlig. So erklärt sich auch der Unterschied, wenn etwa Politiker wie die Grüne Renate Künast ihre Beleidiger aus dem Internet persönlich besucht. Es handelt sich plötzlich nicht mehr um die aggressiven und beleidigenden Wutbürger, sondern um höfliche wohlsituierte Bürger, denen online offenbar der Gaul durchgegangen ist (Stuff 2016).[34] So gesehen regulieren sich Situationen mit mehreren Anwesenden gegenseitig.

Die Online Konstellation zeichnet sich durch ein fehlendes Gegenüber mit einer mangelnden situativen Regulierung aus. Dort sind die Menschen nicht in ein Netzwerk von Bekannten und Freunden eingebettet mit denen sie auch sonst etwas zu tun haben. Hinzu kommt eine scheinbare Anonymität, da man nicht von den anderen Beteiligten direkt gesehen wird. Wer sich von wo aus beteiligt, geht in der Masse unter. Enthemmung wird auf diese Weise erleichtert.

Außer der fehlenden gegenseitigen Regulierung kommt noch ein weiteres hinzu. Die Hassbürger kommen sehr oft aus einer anderen Schicht – sie haben wenig mit der Lebenswelt der durch die Medien bekannten Politiker oder Wirtschaftsunternehmen zu tun. Wenigstens ein bisschen Einblick ist aber notwendig, um das „Sich-an-die-Stelle-des-Anderen-Setzen" zu ermöglichen. In der Sprache der Soziologie wird dies „Reziprozität der Perspektive" genannt. Diese Art der Rezi-

---

34 http://www.bo.de/nachrichten/nachrichten/renate-kuenast-zu-besuch-bei-den-hassbuergern (14.02.2017); https://magazin.spiegel.de/SP/2016/44/147594770/index.html

prozität (Stegbauer 2002) ermöglicht es, zu erklären, inwiefern „das Verstehen" der Anderen möglich ist. Geschrieben haben hierzu zuerst Theodor Litt (1919; 1924); genauer erklärt wurde der Zusammenhang aber erst durch Alfred Schütz (1971). Um jemanden zu verstehen, versetzt man sich gedanklich an seine Stelle. All das, was von dieser Position aus erreichbar ist, wäre dann für jeden anderen ebenfalls erreichbar. Wenn nun die Lebenswelten von Beschimpften und Beschimpfern sehr weit voneinander entfernt sind, fällt dieser geforderte gedankliche Sprung sehr schwer. An die Stelle von Erfahrung wird dann eher ein Stereotyp gesetzt, welches nur noch ganz wenig mit der Wirklichkeit des Anderen zu tun hat. Das Stereotyp wiederum wird im Vorfeld von Shitstorms durch Vorurteile aufgeladen. Es handelt sich um die Oben, die Bonzen, diejenigen, die gegenüber einem selbst in Saus und Braus zu leben scheinen und dadurch überhaupt nichts mit einem selbst gemein haben. Solchen Personen gegenüber fällt Empathie besonders schwer – anders ist es, wenn so jemand vor einem steht – aus Fleisch und Blut – und einem dann Gewahr wird, dass die Differenz zu einem selbst nicht mehr so groß ist, wie gedacht.

3.3 Direkte Zugänglichkeit

Auch früher schon haben Bürger, wenn ihnen etwas nicht passte, Briefe an Politiker geschrieben. Das war um Einiges aufwändiger. Man musste die Schreibmaschine auspacken, Papier einlegen und losschreiben. Gerade für ungeübte Tipper war dies gar kein einfaches Unterfangen – und wenn ein Schreiben zu viele Tippfehler aufwies, konnte man es nochmal schreiben, oder es musste per Hand im Nachhinein korrigiert werden. Da Schreibmaschinenkenntnisse nicht überall so weit verbreitet waren (vielleicht hatte auch noch nicht einmal jeder ein solches Gerät in seinem Besitz), waren direkte Reaktionen von der Bevölkerung viel schwieriger zu bewerkstelligen. Eigentlich hatten es vor allem solche Personen und Gruppen leichter, die Übung im Umgang mit dem Verfassen von Texten und der damaligen Hardware hatten. Dadurch entstand natürlich auch eine Ungleichheit in der Möglichkeit, seine Meinung gegenüber der Politik oder Unternehmen auszudrücken. Einfache Leute, die kaum Erfahrung im Protestieren hatten, kamen nicht so einfach zum Zug – sie konnten sich nicht einfach Gehör verschaffen und wurden auch nur in geringerem Maße berücksichtigt. Im Großen und Ganzen hat sich dies auch nicht geändert – immer noch ist der Zugang zu Politikern sehr ungleich verteilt (Schäfer 2010; Bödeker 2012). Menschen mit niedriger Bildung und kleinem Einkommen beteiligen sich weit weniger an den Möglichkeiten, zivilgesellschaftlich-politisch zu handeln als solche, die über mehr Bildung und ein höheres Einkommen verfügen.

Noch viel stärker wird der Kontrast bei einem Vergleich mit der Bedeutung der Lobbyisten in Berlin und Brüssel. Es ist auch bekannt, dass dieser Einfluss gerne verschleiert wird; etwa was die Offenlegungspflichten für Nebeneinkommen von Abgeordneten angeht (Katzemich/Müller 2009; Leif/Späth 2006).

Zwar gab es auch in der Vorinternetzeit manchmal Kampagnen, die es leichter machten, sich einem Protest anzuschließen. So wurden von Gewerkschaften oder anderen politischen Organisationen gelegentlich schon vorgedruckte Postkarten verteilt. Diese musste man nur noch frankieren und absenden, um beispielsweise dem Bundeskanzler zu erklären, dass man mit einem bestimmten Vorhaben nicht einverstanden war.

Politikern eine Meinung mitzuteilen, ist heute für alle einfacher geworden. Einer der Gründe dafür ist, dass Bevölkerungskreise mittlerweile online sind, die vor einigen Jahren zu den Ausgeschlossenen gehörten. Man sprach früher von einem Mediengap – einer Lücke im Zugang zu Onlinemedien. Diese hat sich heute sehr stark verringert: So steigt der Anteil derjenigen, die das Internet nutzen, seit einigen Jahren eigentlich nur noch bei den Älteren an. Die Internetnutzung ist bei den über 70-Jährigen im letzten Jahr um 6 Prozentpunkte angestiegen (D21-Digital-Index 2016). Allerdings sind in dieser Altersgruppe bislang nur etwas über ein Drittel Internetnutzer. Ältere nutzen laut der D21-Studie das Internet täglich eine viel kürzere Zeit als jüngere Menschen. Hinsichtlich der Bildung fallen die Arten des Gebrauchs ebenfalls stark unterschiedlich aus: Die Vielfalt der Nutzung lässt nach, je älter jemand ist. Dasselbe gilt auch für das Wissen um das Internet und die Anwendungskompetenzen. Man kann dieselben Ungleichheiten auch hinsichtlich der Bildung finden: Je geringer die Bildung, umso weniger Kompetenzen sind vorhanden, und genauso wird dort das Internet viel weniger genutzt. Hierbei ist zu beachten, dass Alter und Bildung miteinander zusammenhängen. Jüngere sind deswegen im Durchschnitt formal höher gebildet, weil die Bildungsexpansion in den 1970er Jahren den breiten Zugang zu Bildungseinrichtungen erst ermöglichte. Das ändert aber nichts an der Tatsache, dass die Kompetenzen zum Umgang mit den Internetmedien entlang der Achsen Alter und Bildung sehr ungleich verteilt sind.

Trotz dieses Unterschieds ist es heute auch für die Schichten, die über eine geringere Bildung und ein höheres Alter verfügen, einfacher geworden, sich über das Internet zu beteiligen. Das heißt allerdings nicht, dass es genau diese Gruppen sind, welche bei Internetkampagnen vornewegschreiten. Das Argument ist, dass es auch diese Gruppe heute einfacher hat, sich an Protesten zu beteiligen. Dies betrifft am ehesten den Protest gegen Asylbewerber und Ausländer – und naturgemäß nicht

3.3 Direkte Zugänglichkeit

so sehr Shitstorms, die bestimmte, erst in den letzten Jahren populär gewordene Lebensweisen unterstützen, wie beispielsweise den Veganismus[35].

Die bekannten Politikerinnen und Politiker besitzen schließlich alle einen Facebookzugang; viele davon twittern. Oft lassen sich auch Ausschnitte ihres Wirkens auf Video finden und diese sind meist auf über Youtube abrufbar. Für jeden anderen nun, der Facebook benutzt, ist jeder Politiker, der dort sein Wirken darstellt, direkt erreichbar. Es ist kein Umweg über die Schreibmaschine und die Post mehr notwendig. Nahezu die gesamte Politik ist genauso einfach zugänglich wie etwa die eigenen Enkel auch. Wenn man dem Enkel etwas in sein Profil schreibt, warum nicht dann auch einer Politikerin? So einfach war es nie, eine solche Person zu erreichen und diese direkt für die Entscheidungen, die sie trifft, verantwortlich zu machen. Das gilt auch dann, wenn die Politiker über genügend Mitarbeiter verfügen, um die Facebookeintragungen von diesen erledigen zu lassen – auch die Briefe aus früheren Zeiten wurden meist nicht selbst beantwortet. Die über Facebook kundgetanen Meinungen des Publikums kommen jedenfalls im Mitarbeiterteam an und über wichtige Entwicklungen wird sich der Politiker oder die Politikerin schon informieren lassen.

Auch die Politiker heißen die genannten Social-Media-Plattformen willkommen. Sie erleichtern ihnen den Spagat zwischen politischer Bühne in den Hauptstädten und den Wahlkreisen. Zudem sind politische Veranstaltungen oft nicht sehr gut besucht – und dann vor allem von eigenen Anhängern. Es war also dringend notwendig, eine Möglichkeit des direkten Zugangs zu ermöglichen. Allerdings ist eine solche Offenheit auch ein Einfallstor für Diversität. Wobei der Begriff der Diversität nicht zuvorderst für Unterschiede in demographischen Merkmalen steht – es geht darum, dass hier ein Zugang für verschiedenste Meinungen und Interessen offen steht. Dies steht im Gegensatz zu den „üblichen" Besuchern von politischen Versammlungen, die eher gut gebildet sind und oft auch zur eigenen Anhängerschaft zu zählen sind.

Eigentlich, so argumentieren Netzwerkforscher, ist Vielfalt etwas, was man in Netzwerken anstreben sollte. Das ist allerdings das Gegenteil der „natürlichen" Entwicklung. Diese steht meist für Uniformität, die sich von selbst durch sog. Homophilieregeln herausbildet. Das bedeutet, dass diejenigen, welche anders sind, zurückgedrängt werden, sich also die Diversität verringert. Man weiß, dass Vielfalt dazu führt, mit neuen Ideen in Kontakt zu kommen. Neue Ideen sind die Voraussetzung für die Möglichkeit der Einführung von Innovationen. Das ist allerdings

---

35 Veganismus wird hier als Beispiel angeführt, weil dazu in der Konsequenz ein einheitliches Weltbild gehört, welches viel weiter geht, als nur individuell die Ernährung umzustellen.

nur möglich, wenn sich alle zivilisiert verhalten und keine großen hierarchischen Hürden zwischen den Menschen stehen.

Die Web- und Social-Media-Seiten von Politikern gelten vor allem der Präsentation ihrer Inhaber vor der Öffentlichkeit. Hier werden Aktivitäten dargestellt, und es wird versucht, die Arbeit der Politiker in ein gutes Licht zu rücken. Ferner sollen eigene Positionen, sowie die der Parteien über solche Medien dem Wahlvolk mitgeteilt werden. Allerdings gehört hierzu auch die Möglichkeit eines Rückkanals. Oft wird hier von „bottom up"-Kommunikation (Fraas et al. 2012: 116ff) gesprochen; und genau diese Möglichkeiten, von unten nach oben zu kommunizieren, werden in den sozialen Medien auch genutzt. Dabei findet sich ziemlich viel Kritisches, etwa wenn man die Kommentare zur wöchentlichen Videobotschaft der Kanzlerin anschaut. Was dort aber kaum vorkommt, ist die starke Entrüstung mit den wüsten Beschimpfungen, wie sie aus Shitstorms bekannt ist. Von daher scheint es eine „Pflege" der Kommentare dort zu geben – es ist von außen nicht ersichtlich, wie viele Kommentare gelöscht werden.

Was für die Politik gilt, trifft auch auf Unternehmen zu. Auch sie nutzen die sozialen Medien, um mit ihren Kunden in Kontakt zu kommen. Natürlich ist dies auch für die Firmen ein Einfallstor für möglichen Protest.

Aufladung und Entladung
Filterbubble, Echokammer und das Aufeinandertreffen verschiedener Kulturen

Die Eigenschaft, im „globalen Dorf" unter den eigenen engen Nachbarn zu bleiben, wurde oft thematisiert. Es ist eben nicht so gekommen, dass alle mit allen kommunizieren, wie es die Dorfmetapher Glauben macht. Meist bleibt man unter sich mit denjenigen, die man auch außerhalb des Internet trifft; ansonsten hat man es zumindest mit sehr ähnlichen Anderen zu tun. Hierfür werden verschiedene Effekte verantwortlich gemacht. Diese wurden mit den Begriffen „Echokammer" und „Filterbubble" belegt. Als Echokammer bezeichnet man den Zustand, dass Personen in einem bestimmten Bereich fast ausschließlich denselben Informationen ausgesetzt sind. Daraus folgt, dass diejenigen, die dort miteinander Umgang haben, sich hinsichtlich ihrer Meinung aneinander angleichen. Filterbubbles hingegen sind von der Wirkung her ähnlich, nur wird die Informationsselektion durch Algorithmen vorgenommen, die sich an dem Verhalten der Teilnehmer zuvor orientieren (Bakshy et al. 2016). Beide Effekte sind von Bedeutung; Untersuchungen, wie die von Bakshy et al. sehen sich sogar in der Lage, abzuschätzen, inwiefern sich die beiden Effekte der Echokammer und des Filterbubbles voneinander unterscheiden.

4.1 Echokammer

Mit diesem Begriff werden abgegrenzte Teile des Internet bezeichnet, in denen nur geringe Variationen an Informationen und Meinungen vorhanden sind. Es handelt sich beispielsweise um Gruppen auf Facebook, oft sind diese sehr homogen. Dort ist nur eine geringe Diversität vorhanden. Echokammern kann man als die Batterien ansehen, die für eine genügend große Ladung sorgen, damit es zu Ausbrüchen von Shitstorms kommen kann. Misst man die Beziehungsstruktur mittels gegenseitiger Likes von Personen untereinander, so lässt sich dieses auch empirisch nachweisen.[36] In einer Bachelorarbeit wurde die Beziehungsstruktur von Facebook-Seiten, die Verschwörungstheorien verbreiten, untersucht. Die Befunde besagen, dass die Kohäsion auf Seiten der Verschwörungstheoretiker weit höher ist, als in den anderen Bereichen der Medien. Zwischen diesen beiden „Lagern" finden sich auch nur wenige Verbindungen. Praktisch alle Facebook-Seiten der Verschwörungstheoretiker sind über gemeinsame Liker miteinander verbunden. Ferner sind hier kontinuierliche Zuwächse der Likes zu verzeichnen. Die Ergebnisse legen nahe, dass sich die Probleme noch weiter erhöhen werden. Die starke Verbundenheit der Verschwörungsgemeinde ist aber auch ein Indiz dafür, dass es hier Aktivisten gibt, die dabei hoch engagiert sind, ihre alternativen Inhalte zu verbreiten.

Das am Anfang dieses Kapitels gezeichnete Bild mit der Aufladung der Wutenergie kommt aber an gewisse Grenzen. Eigentlich passiert dort etwas anderes. Die fehlende Vielfalt ist notwendig für die Selbstbestätigung, auf der richtigen Seite zu stehen. Sie leitet die Wahrnehmung in die Irre, weil sie den Eindruck erweckt, alle anderen seien der gleichen Meinung wie man selbst. Das stimmt sogar; allerdings nur für den in dieser Lage überblickbaren sehr nahen Horizont. Andere Möglichkeiten der Interpretation der dort behandelten Sachverhalte werden unterdrückt.

Diese Unterdrückung ist teilweise von zentralen Akteuren bewusst herbeigeführt. Im Fall des von mir untersuchten Shitstorms, der die Preispolitik des Freilichtmuseums „Hessenpark" im Taunus gegenüber Flüchtlingsgruppen thematisierte, war das genau der Fall. Aufladungsstelle des Zorns war das Forum „Multikulti-Watch", an dem auch Prominente der Pegida Bewegung mitwirkten. Der Sachverhalt wurde oben schon benannt. Hier nochmals zur Erinnerung: Das Direktorium des Hessenparks hatte beschlossen, Flüchtlingen und ihren Betreuern freien Eintritt zu gewähren. Genau dieser Umstand wurde dort skandalisiert, und es wurde behauptet, dass „wir Deutschen" damit diskriminiert würden. Explizit wurde auf dem Forum gepostet, dass jeder Teilnehmer blockiert würde, der dieser Interpretation widerspricht. Wörtlich hieß es in dem Post: „Achtung, jeder der hier Diskriminierung gegen uns Deutsche in irgendeiner Weise rechtfertigt, gutheißt oder sogar bejubelt wird hier ohne Vorwarnung blockiert. Rassismus gegen uns Deutsche hat nichts mit "Integration! zu tun!"

Diese Selbstbeschränkung der Argumentationsvielfalt war von den Moderatoren verordnet. Niemand protestierte gegen die Einschränkung – im Gegenteil, es handelte

---

36 Josef Holnburger und Andreas Hartkamp taten dies in ihrer Bachelorarbeit. Hierzu findet sich auch ein Blogbeitrag – http://blog.holnburger.com/?p=301 (09.06.2017). Beitrag: Nachrichten aus dem Paralleluniversum: Wie sich Verschwörungstheoretiker auf Facebook vernetzen.

4.1 Echokammer

sich um den Beitrag mit den meisten Likes. 95 Personen unterstützten mit gehobenem Daumen diese Aussage (für eine genauere Analyse: siehe vorletztes Kapitel).

Geduldet werden dagegen viele andere Beiträge, sofern sie in irgendeiner Weise die skandalisierte Aussage des Forums unterstützen. Dabei nimmt man ohne weiteres auch Mitteilungen in Kauf, die sehr radikal oder sogar strafbar sind. Unter diesen Meinungsäußerungen sind auch volksverhetzende, eindeutig rechtsradikale Äußerungen, und es finden sich auch direkte Aufrufe zur Gewaltausübung gegen Flüchtlinge und das Museum.

Es kann nun sein, dass jemand mit der über Facebook verbreiteten Argumentation der „Diskriminierung der Deutschen" durch die Preispolitik des Hessenparks einverstanden ist. Vielleicht klickt diese Person auf den mit dem Bild und dem Kommentar verbreiteten Link. Wenn sie das tut, dann gerät diese Person auf die Facebook-Seite mit dem Namen Multikulti-Watch. Dort sind natürlich nicht nur die Kommentare zu den Eintrittspreisen zu finden, sondern derjenige, der dorthin gerät, kommt mit den Gedanken des gesamten rechten Spektrums in Kontakt. Dort erscheint es normal, dass „Gutmenschen" als Arschlöcher bezeichnet werden, Asylbewerber mit Hunden oder Ratten gleichgesetzt werden und man dazu aufruft, ein Heimatmuseum abzufackeln. Das ist der Kontext, in dem die Preispolitik des Freilichtmuseums skandalisiert wird. Durch die Nähe der Meldungen zueinander kommen die Besucher in Berührung mit einer ganzen Reihe von einander ähnlichen Meldungen, ja man kann sagen, dass die dort verbreiteten Kommentare ein größeres Spektrum rechter Ideologie abbilden. Durch den gemeinsamen Kontext entsteht eine Verbindung der populären Meldung über die Eintrittspreise zu vielen anderen Ideen dieses politischen Randspektrums.

Ferner erscheinen fast alle, die sich dort äußern, entrüstet. Sie beklagen nicht nur einfach, sie klagen an und haben auch gleich Lösungen parat, um sich die Welt nach ihrem Gusto zu gestalten. Hierzu gehören nicht nur Boykottaufrufe und die Forderung, alle Asylbewerber sofort aus dem Land zu weisen, es werden auch gleich die Verantwortlichen benannt (Bonzen und Politiker).

Was für ein einzelnes Forum gilt – und was dort explizit gesteuert wird, betrifft nicht nur beschränkte Diskussionszirkel. Ist dort jemand gefangen und interessiert sich zudem für andere ähnliche Themen, dann greifen Algorithmen, die dazu dienen, den Menschen das Leben zu erleichtern und dabei als Nebeneffekt andere Meinungen herausfiltern.

4.2 Filterbubble

Die Macher von Facebook haben erkannt, dass die vielen Teilnehmer, die über die Networking-Site ihre Freunde und Bekannten verwalten, mit der Zahl ihrer Freunde und deren Interessen absolut überfordert sind. Die von den Teilnehmern produzierten Daten sind das Pfund, mit dem Facebook wuchert, indem es hierdurch die Möglichkeit bekommt, Werbung viel zielgerichteter anzubieten. Das lässt sich teuer verkaufen. Das bedeutet aber, dass Facebook den Personen, die über diese Networking-Site mit ihren Freunden und Bekannten in Kontakt stehen, das Leben so leicht wie möglich machen muss. Das Networking-Unternehmen führt daher Mechanismen ein, welche in der Lage sein sollen, die für den jeweiligen Teilnehmer relevanten Informationen anzuzeigen. Das was Freunde schreiben, bekommt man irgendwann nicht mehr zu Gesicht, wenn nicht auch deren Beiträge kommentiert oder geliked werden. Der Algorithmus hilft auf diese Weise dabei, mit den vielen Informationen zurecht zu kommen. Er hat aber auch bedeutende Nachteile.

Der Begriff „Filterbubble" geht auf den Internetaktivisten Eli Pariser (2012) zurück. Er hatte festgestellt, dass er, nachdem er auf seiner Facebook-Seite einige Meldungen des eher demokratischen liberalen Meinungsspektrums positiv kommentiert hatte, kaum noch Nachrichten aus dem konservativen Bereich bekam. Ich habe etwa Mitte der 2000er Jahre an einer Podiumsdiskussion teilgenommen, in der es um die Zukunft des Internet ging. Damals habe ich argumentiert, dass Google sich als Suchmaschine deswegen durchgesetzt habe, weil sie so gute Ergebnisse liefert. Tatsächlich war es so, dass der Pagerank-Algorithmus (Brin/Page o. J.) viel bessere Ergebnisse lieferte als die Vorläufer. Der Grund dafür war, dass er sozusagen die Bewertungen vieler anderer Nutzer berücksichtigt. Eine Webseite wird nach dem Pagerank-Algorithmus dann als bedeutender eingestuft, wenn viele andere diese auf ihrer eigenen Seite verlinkt haben. Die Websuche beruht also auf einer Netzwerkanalyse aller für die Webcrawler zugänglichen Seiten des Internet. Allerdings – so meine Kritik, führe dies zu panoptischen Effekten, da jeder abhängig vom Suchbegriff dieselben Ergebnisse ausgegeben bekäme. Ein junger Informatikprofessor widersprach und fand die Suchmaschine gar nicht gut, weil sie eben keine persönlich zugeschnittenen Resultate liefere.

Das hat sich schließlich geändert, denn Ende 2009 gab Google bekannt, jetzt auch personalisierte Suche anzubieten.[37] Diese nun, so der Autor Pariser, führe

---

37 https://googleblog.blogspot.de/2009/12/personalized-search-for-everyone.html (22.03.2017). Laut Google lässt sich die Personalisierung aktiv abschalten, wenn man nicht bei Google eingeloggt ist, den privaten Surfmodus an seinem Browser einstellt und darüber hinaus die Einstellung im Browser deaktivieren, dass Suchanfragen von google.com

4.2 Filterbubble

dazu, dass Filterblasen entstehen. Ergebnis dieser Filterung ist, dass die Menschen in ihrer Meinungswelt gefangen sind und im Internet Barrieren entstehen, diese Welten zu verlassen. Das gilt nicht nur für Google, welches bei Suchanfragen in Deutschland auf einen Marktanteil von etwa 95 % kommt.[38] Auf einen annähernd beherrschenden Marktanteil kommt auch Facebook (75 % bei sozialen Medien)[39] und die meisten anderen Medien im Internet, in denen wir uns bewegen.

Die Unternehmen behaupten, ihre Anzeigealgorithmen seien nur zu unserem Besten, denn sie filterten schon die nichtrelevanten Ergebnisse heraus. Das, was wir zu Gesicht bekommen, ist genau auf uns zugeschnitten. Bei Facebook gilt das aber nicht nur für die Suche, sondern vor allem für das, was wir auf unserer eigenen Seite von den FB-Freunden erfahren. Diejenigen, deren Mitteilungen wir selten oder gar nicht liken, werden in den Hintergrund verbannt. Wir wissen also mehr von denjenigen, die besonders aktiv sind und deren Wirken wir aktiv begleiten. Wir bleiben also am engsten mit den „besten" Freunden verbunden – nur von diesen erfahren wir etwas – nur bei deren Äußerungen können wir liken, was wiederum dabei hilft, die Beziehung zu stärken. Die engen Freunde jedoch, das wissen wir aus der Forschung (McPerson et al. 2001), sind uns so ähnlich, dass wir nur selten auf abweichende Meinungen stoßen.

Warum bieten uns die Internetkonzerne solche spezialisierten persönlichen Informationen überhaupt an? Es sind mindestens zwei Gründe, die man anführen kann – beide hängen mit dem Geschäft zusammen. Wenn man zielgenaue Ergebnisse anzeigen kann, dann lässt sich auch die Werbung besser anpassen. Das bedeutet, dass die Werbeanzeigen eher zum Erfolg führen, was wiederum das Medium für Anzeigen attraktiver macht; hieraus lassen sich höhere Werbeeinnahmen generieren. Der zweite Grund ist, dass die Informationsflut im Internet so groß geworden ist, dass es gar nicht anders geht, als sich etwas zu überlegen, wie diese Flut eingedämmt werden kann. Es ist die Aufgabe der Internetmedien, uns Relevantes anzubieten, um langfristig für uns Nutzer attraktiv zu bleiben. Ansonsten könnte es sein, dass sogar ein so marktmächtiges Unternehmen wie Google untergeht. Wenn man bei Facebook oder Twitter in Informationen ertrinkt und vor allem dabei sehr viele nutzlos sind, dann wendet man sich von diesen Medien ab – und das muss aus

---

gespeichert werden. https://support.google.com/websearch/answer/4540094?visit_id=0-636257690650132095-1892036153&rd=1 (23.03.3017), so laut Google, die Anleitung, nicht verfolgt zu werden. Aber auch dann ist immer noch die geographische Suche aktiv – das bedeutet, dass man, je nachdem wo man sich befindet, angepasste Ergebnisse bekommt.

38 https://de.statista.com/statistik/daten/studie/167841/umfrage/marktanteile-ausgewaehlter-suchmaschinen-in-deutschland/(22.03.2017).

39 https://de.statista.com/statistik/daten/studie/559470/umfrage/marktanteile-von-social-media-seiten-in-deutschland/(23.02.2017).

Sicht der Betreiber natürlich vermieden werden. Es ist aber eben auch für den einzelnen User von Nutzen, denn der bekommt am ehesten die Informationen angezeigt, die er haben will.

Hier ergibt sich aber ein Problem, weil der Suchende die Alternativen gar nicht kennt. Vielleicht würden noch passendere Ergebnisse gefunden – oder bei umstrittenen Fragen, solche die zur Skandalisierung taugen, vielleicht auch kritische Einträge, welche dabei helfen, die Argumente gegeneinander abzuwägen. Die meisten Menschen vertrauen der Suchmaschine, so klicken 30 % auf den ersten angezeigten Eintrag und über 70 % geben sich mit den Ergebnissen der ersten Seite von Google zufrieden.[40] Ohne es zu wissen, surfen wir also gar nicht auf dem nach allen Seiten offenen Ozean im Internet, sondern wir befinden uns in einem kleinen und offensichtlich sehr abgegrenzten Binnenmeer mit extrem wenig Wind. Hinzu kommt auch noch ein dichter Nebel, der uns die nahe und begrenzende Küste verbirgt.

Mit anderen Worten – die Algorithmen, welche für die Annehmlichkeit sorgen sollen, uns genau das zu geben, was wir vermeintlich wollen, kommen nicht ohne Nebenwirkungen daher – sie entfernen uns von Aspekten und Meinungen, die der eigenen Weltsicht widersprechen. Auf diese Weise lassen sie uns in dem Glauben, dass unsere politische Einstellung, so wie wir miteinander umgehen und wie wir die Welt interpretieren, diejenige ist, die allen anderen ebenfalls gemein ist. Besonders krass ist dies dann, wenn Informationen über die Welt fast nur noch aus sozialen Medien bezogen werden – dann handelt es sich um vorgefilterte Nachrichten, die vor allem die Meinung des sozialen Umfeldes widerspiegeln. Vor allem unter Jüngeren nimmt der Konsum von Informationen aus den sozialen Medien zu. Allerdings sind es in Deutschland bislang noch relativ wenige Nutzer, für die soziale Medien die wichtigste Informationsquelle darstellen (nach einer Untersuchung des Reuters Instituts (Newman et al. 2016) sind es gerade einmal 6 %, was im Vergleich zu anderen Ländern eine noch sehr niedrige Rate ist). Gleichwohl steigt die Zahl derjenigen an, welche soziale Medien für den Nachrichtenbezug nutzen – in den USA seien dies 2016 bereits 62 % gewesen, vier Jahre davor erst 49 % so eine Umfrage des Pew-Instituts.[41] Während für die Gesamtbevölkerung zurzeit (2017) das Fernsehen noch die wichtigste Informationsquelle ist, gilt das nicht für die Jüngeren in Deutschland. Bei den 18- bis 34-Jährigen hat das Internet das Fernsehen bereits abgelöst. Die sozialen Medien spielen dabei eine große Rolle, allerdings nicht die einzige (Schmidt et al. 2017).

---

40 http://t3n.de/news/seo-klickrate-suchergebnisse-569777/(22.03.2017).
41 https://www.welt.de/newsticker/news1/article155728329/Facebook-als-Nachrichtenquelle-in-den-USA-immer-wichtiger.html (22.03.2016).

4.2 Filterbubble

Noch stärker wirkt, dass Informationen aus sozialen Netzwerken, da sie von Bekannten oder Freunden übermittelt werden, glaubwürdiger sind und eher im Gedächtnis bleiben, als beliebige Nachrichten, so eine Studie des Newssenders CNN, über die Schmidt (2010) berichtet. Die sichtbare Bewegung führt zu einer Gewichtsverschiebung von Nachrichten aus der Medienvielfalt außerhalb des Internet über Onlinemedien hin zu sozialen Medien. Das Ganze hat auch Folgen für die korrekt recherchierenden Qualitätsmedien – der Auflagenverlust der Zeitungen ist ein Zeichen dafür.[42] Der Bedeutungsverlust der Zeitungen und die wirtschaftlich bedingte Ausdünnung der Redaktionen bedeuten natürlich auch, dass es zu einer Verarmung der Informationsquellen kommt, die für eine Demokratie bedeutend sind. Darüber, dass das Internet (insbesondere dort, wo der User nichts direkt dafür bezahlt) wirklich die entstehende Lücke ausgleichen kann, ist Skepsis angebracht.

Onlinemedien sind für den Einzelnen aber auch deswegen gewichtiger, weil sie mit Beziehungen zwischen den Menschen verbunden werden. Sie bieten eine größere Orientierung und weniger Irritation. Das was dort passiert, ist die soziale Herstellung von Kultur. Es handelt sich darum, dass die Menschen sich aneinander sozial ausrichten. Sie tauschen ihre Einstellungen und Weltsichten auf sozialen Medien aus. Für sie ist es wichtig, mit ihren Bekannten übereinzustimmen, denn nur wenn der Dissens nicht zu groß wird, ist auch die soziale Integration in den Freundeskreis gewährleistet. Die Verwandten, Freunde und Bekannten – besonders aber diejenigen, mit denen man „eng" ist – sind in dieser Hinsicht die wichtigsten Menschen. Das sind aber auch diejenigen, deren Mitteilungen nicht weggefiltert werden. Den Kontakt zu diesen Menschen zu verlieren, würde Konsequenzen für den eigenen Platz in der Sozialität nach sich ziehen. Bei einem starken Dissens besteht aber eine Gefahr genau hierfür. Niemand möchte ausgeschlossen werden – gewährleistet wird die Integration u. a. dadurch, dass sich die Menschen aneinander anpassen und nur gering voneinander abweichen. Es ist aber nicht nur der soziale Druck, der dafür sorgt, dass dort keine große Vielfalt vorhanden ist, die behandelten Themen und die Reaktionen der anderen stellen insgesamt so etwas wie das Universum der Möglichkeiten für die Beteiligten dar.

Die gut gemeinten Algorithmen unterstützen dabei, dass es zu keinen Irritationen kommt und die Möglichkeit auszubrechen, gering bleibt. Als Teilnehmer in sozialen Netzwerken wissen wir nicht genau, was die Algorithmen tun. Damit sie nützlich sind, müssen sie erraten, was uns interessiert, dabei versuchen manche auch etwas

---

42 Die Gesamtauflagen der Tageszeitungen in Deutschland sind von 27,3 Millionen (1991) auf 15,3 (2016) zurückgegangen. https://de.statista.com/statistik/daten/studie/72084/umfrage/verkaufte-auflage-von-tageszeitungen-in-deutschland/(22.03.2017). Zudem geht die Vielfalt der Presseerzeugnisse ebenfalls zurück.

Zufall in die Empfehlungssysteme einzubauen. Hiervon berichten Pöchhacker et al. (2017) in einer Untersuchung der Entwicklung eines Empfehlungssystems für die Mediathek des Bayerischen Rundfunks, die damit auf den Vorwurf reagieren, diese Sorte von Algorithmen unterstütze die Blasenbildung. Dass Webseiten wie Facebook zur Verfestigung von Meinungen beitragen und dadurch auch Vorurteile bestätigt werden, ist für Kritiker ausgemachte Sache. Hier sind ja auch genügend Argumente in diese Richtung vorgetragen worden. Mittlerweile kündigte sogar der Facebook-Gründer Marc Zuckerberg an, bei der Entwicklung von Algorithmen in Zukunft mehr auf Vielfalt achten zu wollen.[43] Inwiefern das umgesetzt wird, welche Mechanismen dabei tatsächlich Verwendung finden und was das bei den Nutzern tatsächlich bewirkt, hierüber wissen wir nichts. Genaue Beschreibungen der verwendeten Filterprogramme werden sowieso nicht bekannt gegeben – sie gehören zu den Betriebsgeheimnissen. Das ist insofern fatal, weil diese eine Auswirkung darauf haben, was Medien eigentlich auch sein sollen: die „vierte Gewalt", welche Machtmissbrauch anprangert, in ihrer Gesamtheit für Meinungsvielfalt sorgt, die Politik kritisch begleitet und dadurch unsere Demokratie schützt. Egal wie herum man es wendet – die Algorithmen der Entwickler bestimmen darüber mit, in welcher Weise viele Menschen die Welt wahrnehmen.

4.3 Gründe für geringe Diversität

Für uns alle gilt, dass geringe Vielfalt der Normalzustand ist. Der Einzelne ist hinsichtlich der Online-Öffentlichkeit einer sehr eingeschränkten Diversität ausgesetzt. Das bedeutet aber, dass es viele unterschiedliche Diskussions- und Chatforen geben muss, die verschiedene Weltsichten bedienen. Dennoch stellt sich als Ergebnis eine Aufsplitterung der Öffentlichkeit (z. B. Habermas 2006) ein. Weitergedacht heißt dies, dass es zu einer Verarmung des Spektrums an Inhalten kommt, mit denen wir in Berührung kommen. Das ist besonders deswegen bemerkenswert, weil das Internet insgesamt für das Gegenteil davon steht: nie war eine größere Vielfalt und Menge an Informationen quasi von überall her zugänglich als heute.

Wie bei vielen sozialen Prozessen auch außerhalb des Internet ist eine der Ursachen dafür in der Strukturation zu suchen. Danach hat nicht jeder dieselbe Chance, zufällig mit einer bestimmten anderen Person zusammenzutreffen. Und auch hier ist die Situation ziemlich paradox – kann man doch über das Internet

---

43 http://www.spiegel.de/netzwelt/web/facebook-mark-zuckerberg-schreibt-ueber-die-zukunft-der-welt-a-1135086.html (24.03.2017)

4.3 Gründe für geringe Diversität

prinzipiell einen großen Teil der Weltbevölkerung erreichen. Dennoch hängt die Wahrscheinlichkeit, dass man im Internet eine bestimmte Person trifft, davon ab, wo man lebt, wie alt man ist, in welcher Lebensphase man sich befindet und wie der Tag in Arbeit und Freizeit eingeteilt ist. Wenn man nur diese Faktoren zusammen nimmt, kommt bereits eine große Menge der Internetteilnehmer nicht mehr als Kontakte in Frage. Neben diesen „harten" Faktoren findet man noch eine ganze Reihe weicherer Faktoren, wie Einstellungen, Werthaltungen, präferierte Kultur, Bildung und so etwas, welches die Beziehungsbildungsmöglichkeiten noch weiter einschränken. All das wird in der soziologischen Forschung als Homophilie bezeichnet. Das bedeutet, dass es nicht zufällig ist, wen wir als Freunde gewinnen können. Hinzu kommt, dass wir mit den Freunden auch die Interessen teilen, dass zur Freundschaft gemeinsame Aktivitäten (Homans 1960) oder ein gemeinsamer Fokus (Feld 1981) gehören. Mit Aktivitäten und Fokus sind aber auch gemeinsame Interessen verbunden.

Das, was man gemeinsam macht, strukturiert auch, worüber man sich informieren möchte. Das bedeutet, dass die Regeln der Strukturation „quasi hintenherum" auch im Internet wirksam sind. In der Kommunikationsforschung führt dies dazu, dass man Informationen eher beachtet, wenn sie von Freunden kommen und hier noch ganz besonders jene, die den eigenen Auffassungen am besten entsprechen. Diese Regel bezeichnet man als „selective exposure" (Knobloch-Westerwick/Meng 2011). Es wird also vor allem das angeschaut, was mit den eigenen Einstellungen kompatibel ist. Zwar klickt jeder für sich selbst – das Interesse ist aber geformt durch die sozialen Kreise, zu denen man gehört und der Position, die man dort ausfüllt. Das bedeutet, dass die Einstellungen von Freunden und Bekannten ebenfalls Einfluss auf die eigenen Attitüden besitzen. Die Kontakte in der Networking-Site präferieren Ähnliches wie man selbst – es kommt also auch zu einer Art von sozialen Homogenisierung. Es entsteht – so kann man es ausdrücken, ein sozial homophiler und durch geringe Diversität gekennzeichneter Filterbubble. Dieser ist nur begrenzt selbst ausgesucht, da er auf den beschriebenen sozialen Gesetzmäßigkeiten beruht. Es liegt also nicht ohne weiteres in der Hand des Einzelnen, dort auszubrechen. Auch dieser Wirkmechanismus ist sozusagen „intransparent" – jeder hat das Gefühl, sich nach eigenen Interessen zu verhalten – allerdings folgt dies den beschriebenen Regeln für das Kollektiv. Genau so entstehen auch relativ separierte spezielle Kulturen bzw. diese bestehen bereits in den Gruppen, mit denen die Menschen auch außerhalb des Internet verkehren. Durch die sozialen Medien werden aber viele Haltungen der Freunde und Bekannten noch deutlicher sichtbar – auch in Bereichen, über die bisher kaum gesprochen wurde. Beispiel: wenn ich mit Fußballkameraden mich zum gemeinsamen Sport treffe, teilen wir zwar vor- und nach den Trainingseinheiten auch Privates mit. Deswegen weiß ich noch nicht ganz genau von jedem über die Beziehung zu einer politischen Partei Bescheid, auch wenn gelegentliche Äußerungen zu einer Vermutung führen. Wenn nun dieser Kamerad immer Statements von Parteileuten der SPD auf Facebook teilt, gewinne ich ein genaueres Bild.

Die Steigerung des Wissens um die Vorlieben der Freunde ist eine Sache. Die andere ist, dass das, was diese interessiert, für uns eben auch eine größere Bedeutung hat. Der soziale Selektionsmechanismus ist stärker als das individuelle Interesse, so argumentieren auch die beiden Forscher Messing und Westwood (2014). So wie der Einzelne auch als ein Produkt seiner Beziehungen angesehen werden kann, ist auch das Interesse sozial geformt. Auch das ist aus der eigenen Position heraus nicht direkt sichtbar, denn der Einzelne ist vornehmlich die Instanz des Erlebens. Die auf uns einwirkenden sozialen Gesetzmäßigkeiten sind dies nicht – diese „schlagen" hinter unseren Rücken zu. Sie sind der Wahrnehmung im Alltag zu großen Teilen entzogen. Zudem sind wir es gewohnt, Verhalten möglichst rational (Weber 1922) und nicht durch Beziehungen geformt zu verstehen und auch zu begründen. Wenn wir Gründe für das Zuspätkommen liefern (Tilly 2006), dann müssen diese zwar kompatibel mit der Beziehung zu der Person sein, gegenüber der diese Begründung angegeben wird. Aber die Beziehung selbst kann aus sozialen Gründen kaum als Ursache für die Verspätung angegeben werden. Wer könnte schon direkt sagen: „Du bist mir nicht wichtig genug, damit ich mich bemühe pünktlich zu kommen". Eine solche Argumentation wäre das wahrscheinliche Ende der Beziehung. Von daher kommt das eigentlich nicht in Betracht. Das liegt auch daran, dass nur wenige explizit machen, wie sie genau zu jemand anderem stehen (White 1992: 106 ff). In der Regel lässt man Beziehungen offen für unterschiedliche Interpretationen. Daher sind die Relationen zwischen den Menschen immer auch eine Quelle der Unsicherheit, die sogar in sehr engen Partnerschaften zu dem Phänomen der Eifersucht führt. Begründungen werden also nicht in den Relationen zu den uns umgebenden Personen gesucht. Hierdurch wird deren Bedeutung unterschätzt und individuelle Handlungsmuster werden überschätzt, weil interpersonell zweckrationale Erklärungen am ehesten verständlich zu machen sind (Weber 1922) und dadurch die Interpretation des individuellen Handelns aufgrund von Interessen auch zu so etwas wie einer Ideologie geworden ist.

Den Facebook-Nutzern ist durchaus bekannt, dass ihre eigenen Interessen denen ihrer Facebook-Freunde ziemlich ähnlich sind (Ovens 2017). Die Bedeutung des Sozialen bei der Auswahl der beachteten Inhalte ist größer als die des Algorithmus, so stellen Bakshy et al. (2016) fest. Sie können auch zeigen, dass ein Großteil der Freunde dieselben politischen Präferenzen teilt, wie man selbst. Das bedeutet allerdings nicht, dass die Informationen, welche die Teilnehmer in ihrem Newsfeed angezeigt bekommen, tatsächlich so homogen sind, wie es oft erwartet wird. Eigentlich verfügen sowohl die Liberalen, als auch die Konservativen in der Untersuchung von Bakshy et al. über Freunde in beiderlei Lager. Dennoch werden Informationen bevorzugt, die der eigenen Meinung eher entsprechen. Der Algorithmus, mit dem der Newsfeed gesteuert wird, hängt an vielen Faktoren. Hierzu gehört auch, wie oft man mit bestimmten Freunden dort in Kontakt ist und wie oft man auf bestimmte Links zu anderen Webseiten in der Vergangenheit klickte. Nachdem, was wir über den Algorithmus wissen, scheint er die Bedeutung der Präferenzen der engeren Freunde also noch weiter zu vergrößern.

Ein weiterer Wirkmechanismus soll am Beispiel „Interesse an Politik" erklärt werden (er gilt aber auch für andere besondere Interessengebiete): Die politische Präferenz der Freunde und Bekannten wird dann bedeutend, wenn sich Teilnehmer besonders stark für den Bereich der Politik interessieren. In diesem Fall wird die soziale Auswahl der „Freunde" forciert und hier schlägt damit auch der Algorithmus deutlicher durch. Hier kann es sein, dass Haltungen zu bestimmten Fragen nicht miteinander kompatibel sind und sich das dann auch auf die Auswahl der Beziehungspersonen in den sozialen Medien auswirkt. Wenn wir es aber mit Menschen zu tun haben, die sich nicht für Politik interessieren, spielt es keine große Rolle, welche Präferenzen die Freunde im Umkreis haben. Dort bleibt das Bild über die politischen Ansichten der Freunde eher diffus. Es ist auch nicht wirklich von Bedeutung, da es zu keinen Auseinandersetzungen führt. Vereinzelte Meinungen sind dann weniger identitätsbildend.

Die Konstrukteure von algorithmischen Filtermechanismen versuchen eigentlich nichts anderes, als diesen „normalen" sozialen Selektionsmechanismus zu unterstützen. Beides – die soziale Selektion von Inhalten und der Verstärkung des Auswahlmechanismus wirken mit an der Reduktion von Meinungsvielfalt, die für den Einzelnen auf Facebook vorhanden ist. Die verringerte Vielfalt jedoch geht mit einer Täuschung einher: die Teilnehmenden bekommen einen falschen Eindruck vom Meinungsspektrum der sozialen Welt, weil sie vor allem die Haltungen ihrer „Freunde" in der Blase wahrnehmen.

Strukturbedingungen für Shitstorms 5

Obgleich es so etwas wie Aufladezentren für die Entrüstung gibt, welche die Beteiligten in hohem Maße beeinflussen können – hiervon wurde bereits berichtet – reichen diese nicht aus, um eine starke Beschimpfungswelle auszulösen. Hierzu sind noch weitere Komponenten notwendig. Es handelt sich um dieselben Strukturen, die auch beim viralen Marketing benötigt werden. Um ein Produkt oder eine Aktion bekannt zu machen, werden dort systematisch Informationen gestreut. Nicht jedermann ist zu Anfang einer solchen Kampagne interessant für das Marketingunternehmen. „Systematisch" bedeutet, dass bestimmten Personen ein höheres Gewicht bei der Verbreitung von Informationen zugerechnet wird. Der Beginn einer Aktion im viralen Marketing ist sehr wichtig. Man will, dass sich eine Information gezielt herumspricht.

5.1 Zentralität

Um möglichst viel Wirkung bereits zu Anfang zu erzielen, müssen also Personen angesprochen werden, die über mehr Einfluss verfügen, als andere. Wer sind nun die Einflussreicheren? Sie zeichnen sich durch eine größere Reichweite aus, als die „Normalos". Sie kennen mehr Menschen – sie sind mit vielen verbunden. Im Internet sind dies häufig Blogger. Bei Bloggern handelt es sich oft um engagierte Einzelpersonen. Es kann sich bei den Reichweitengrößen aber auch um Foren handeln, die Entrüstungsaufladungen produzieren – das kann aber nicht alles sein. Die Einzelpersonen mit großer Reichweite sind für die Verbreitung mindestens ebenso wichtig.

Den ersten ganz wichtigen Schritt nennt man im Marketingjargon „Seeding". Es wird etwas ausgesät, das dann wachsen und gedeihen soll. Das, was die Agenturen gelernt haben, wissen heute sicherlich auch die Populisten – ihnen ist klar, wie man eine Kampagne durchführt. Bestenfalls so, dass keiner merkt, dass es sich um eine Werbeaktion handelt. Warum nun sind einige Teilnehmer besser dafür geeignet? Welche Argumente lassen sich finden, um zu zeigen, dass wenige Knotenpunkte ausreichen, um ein Gerücht, eine Nachricht von alleine im Internet „gängig" zu machen?

Wir brauchen dazu einige Zutaten – etwas Wissen aus der Netzwerkforschung und aus der Diffusionstheorie. Erstere zeigt auf, warum bestimmte Beziehungsstrukturen bedeutsamer als andere sind; letztere gibt einige Hinweise auf die Verbreitungsmuster.

Beginnen wir mit der Netzwerkforschung: Hier hat man verschiedene Zentralitätsmaße entwickelt. Das wichtigste davon ist gleichzeitig auch das einfachste. Es handelt sich um das sogenannte „Degree"-Maß (auf Deutsch „Gradzentralität). Das klingt kompliziert – tatsächlich handelt es sich aber lediglich um eine Zählung von Kontakten. Eine Person besitzt dann eine höhere Zentralität, wenn sie mehr Verbindungen hat als andere.

Das Maß hat, neben seiner Einfachheit, auch den Vorteil, für große Datensätze berechenbar zu sein, weil nicht das gesamte Netzwerk einbezogen werden muss. Allerdings gibt es auch noch einige etwas komplexere Varianten (so etwa die Eigenvektorzentralität, Bonacich 1972) bei dem auch miteinberechnet wird, wie zentral die Knoten sind, mit denen jemand in Verbindung steht.

Wenn man also beispielsweise für Internetforen auszählt, wer mit wie vielen Personen in Kontakt kommt, so findet man fast immer ähnliche Verteilungen – die nicht mit denen übereinstimmen, die wir Sozialwissenschaftler früher als nahezu überall gültig gelernt haben. Mit wenigen Ausnahmen sind bei Umfragen Gauß'sche Normalverteilungen allgegenwärtig. Diese zeichnen sich dadurch aus, dass sie einen aussagekräftigen Mittelwert aufweisen – die anderen Werte verteilen sich dann einigermaßen gleichmäßig um den Mittelwert herum. Dieses Maß ist extrem wichtig für die Theorie der Umfrageforschung, weil hieran die gesamte Teststatistik hängt. Die Normalverteilung wird benötigt, um die Bedeutung eines Messergebnisses in einer Umfrage einzuschätzen. Hierzu kann man sich auch Normalverteilungen konstruieren, wenn diese gar nicht in der Grundgesamtheit gegeben sind.[44] Ich will das hier nicht weiterdiskutieren, weil es vom Thema wegführt. Das Argument ist, dass die Verteilungen, die wir hier finden, ganz anders gestrickt sind.

---

44 Beispielsweise, indem man „theoretisch" aus einer Grundgesamtheit ganz viele Stichproben zieht. Dann bekommt man eine Normalverteilung des Mittelwerts der vielen Stichproben – das hat aber nur wenig mit der Normalverteilung eines Merkmals in der Grundgesamtheit (beispielsweise der Bevölkerung) zu tun.

5.1 Zentralität

Ob man nun die Anzahl der Sexualkontakte nimmt (Liljeros et al. 2001), die Anzahl der „Freunde" auf Facebook oder die der Follower von Internetblogs: immer ist die Verteilung sehr schief. Sie weist viele Teilnehmende mit wenigen Kontakten auf – und wenige mit sehr vielen. Solche Verteilungen nennt man auch skalenfrei oder man bezeichnet sie als „Power Law"-Verteilungen, also Potenzverteilungen. Das kommt daher, dass oft ein Potenzwert für die Kennzeichnung der Steigung der Geraden in einer Abbildung zu seiner Charakterisierung angegeben wird. Die Werte werden in einem logarithmisch skalierten Diagramm eingetragen.

Die Personen (Knoten) mit ganz vielen Verbindungen werden als besonders wichtig erachtet. Wenn man herausfinden kann, um wen es sich handelt, reicht es aus, diese Menschen zu beeinflussen, um eine große Wirkung zu entfalten. Der Grund dafür ist, dass diese eine immense Reichweite aufweisen und damit viele andere beeinflussen können – so die Theorie.

Die Personen mit vielen Kontakten sind aber in den sozialen Medien noch aus einem weiteren Grund sehr bedeutsam. Wenn ihre Mitteilungen dort von den anderen als interessant angesehen werden, tauchen sie auf vielen Seiten etwa bei Facebook als Meldung auf. Personen, die hingegen nur über wenige Kontakte verfügen, erreichen natürlich viel weniger andere User. Dies ist noch nicht alles – diejenigen mit einer großen Reichweite verringern die Diversität von Nachrichten und den vielen Personen, die auch Mitteilungen produzieren. Die Bedeutung der Reichweite resultiert daher, dass die Meldungen dieses Kreises viel höhere Chancen haben durchzudringen – wenn das der Fall ist, verlieren die anderen proportional an Bedeutung. Ein kurzes Rechenbeispiel kann das illustrieren: Hat ein Teilnehmer 1000 Folger und postet etwas, was von 10 % aufgegriffen wird, so werden 100 Personen mit der Nachricht „infiziert"; gibt hingegen jemand etwas weiter, der nur mit 100 Personen in Kontakt steht, so kann er höchstens 10 Personen anstecken. Das Potenzgesetz der Verteilungen besagt aber, dass es typisch ist, dass solche (und weit extremere) Unterschiede hinsichtlich der Zahl der Freunde und Folger entstehen. Das Resultat ist eine Art von Verdrängung, was auf Kosten der möglichen Vielfalt geht. Durch ihre hohe Reichweite sind sie mitverantwortlich für den Eindruck, dass nur bestimmte Meinungen vorherrschen. Das geht sogar so weit, dass die anderen Beteiligten dem Eindruck erliegen, die Mehrheit vertrete diese besondere Meinung. Das bedeutet, dass Personen mit vielen Kontakten sich auch in der Position der Meinungsführer wiederfinden. Diese können tatsächlich viel eher zu einer Meinungsänderung beitragen (Lerman et al. 2015).

Bewirkt wird die Meinungsänderung dann durch die beiden folgenden Effekte: Erstens, dass man sich prominenteren Teilnehmern anschließt. Denn ihnen wird als Meinungsführer eine höhere Kompetenz zugeschrieben. Ein in der Medienforschung bekanntes Stichwort dazu ist „two-stage flow of communication". In der klassischen Kommunikationswissenschaft beschreibt man dies als „Bandwagon Effekt" (Lazarsfeld et al. 1944). Damit ist der Mechanismus gemeint, dass bei Wahlen der wahrscheinliche Gewinner noch zusätzlichen Zulauf bekommt. Mitläufereffekte kann man gut an der Fanstruktur von Fußballvereinen erklären. Fan für einen bestimmten Verein wird man, weil man in der Nähe wohnt und die anderen um einen herum dieselbe Leidenschaft teilen oder man wird es wegen genau dem benannten Mitläufereffekt: viele Fans folgen dem FC Bayern, weil er Erfolg hat. Es laufen also viele Menschen dem „Wagen mit der Band" hinterher. Das gilt auch für Prominente im Internet, wo diese durch diesen Effekt zusätzlich an Bekanntheit gewinnen. Ähnliches ist auch aus der Wissenschaft bekannt, wo dies als Matthäus-Prinzip bezeichnet wird (Merton 1968b). Obgleich das bessere Argument gelten soll, orientiert man sich an wenigen besonders bekannten Wissenschaftlern, die dadurch ihre zahlreichen Anhänger noch bedeutender werden.

Die Angebote im Internet – insbesondere die für Social Media – aber auch in anderen Bereichen, etwa bei den Betriebssystemen, werden von wenigen Unternehmen dominiert. Wie es dazu kommt, kann zum Teil mit dem Modell des „Preferential Attachment" erklärt werden. Wie kann man das Prinzip erklären? Stellen wir uns den Zustand vor, bevor das Internet entstand – damals gab es keine Unterschiede. Am Anfang hatten alle dieselben Ausgangsbedingungen[45]. Keiner ist bedeutender als ein anderer – alle sind gleich gut. Experimentell wurde das Entstehen von Unterschieden von Salganik et al. (2006) am Beispiel eines Musikportals untersucht. Auf einer für das Experiment angelegten Internetseite wurden verschiedene Musikstücke zum Anhören und Herunterladen bereitgestellt. Die Nutzer dieses Portals hatten zunächst keine Orientierung, welches Stück sie sich anhören sollten. Hinweise darauf konnten aber eingebaut werden, indem etwa Downloadzahlen oder -rankings angezeigt wurden. Das war entscheidend für die Entwicklung von Unterschieden in der Popularität. Zwar spielte die Qualität ebenfalls eine Rolle – wenn aber mindestens eine durchschnittliche Qualität erreicht war, entschied allein die Prominenz.

An diesem Beispiel kann man sehen, wie der Effekt des Preferential Attachment funktioniert. Die Teilnehmer haben zunächst keine Orientierung. Ein erster dockt an einem anderen an – so ergibt sich bereits ein kleiner Unterschied. Dieser macht es wiederum etwas wahrscheinlicher, dass diese minimale Differenz bereits einen Hinweis darauf gibt, woran sich der Nächste orientieren wird. Wenn dieser sich auf die Wahl des Vorgängers einlässt, vergrößert sich die Differenz noch weiter. Dieser Effekt schaukelt sich hoch, sodass Prominenz nicht unbedingt Güte

---

45 Natürlich stimmt das so auch nicht ganz, denn damals gab es auch schon Unterschiede zwischen den Akteuren – es handelt sich also lediglich um eine Modellannahme.

5.1 Zentralität

zum Ausdruck bringt – es ist vielmehr das Ergebnis einer Regel, mit der soziale Orientierung (oder Struktur) dort hergestellt werden kann, wo ansonsten kein Muster erkennbar war.

Diese Regel führt also dazu, dass eine große Ungleichheit entsteht und Prominenz zu so starken Unterschieden führt. Während man in „natürlichen" Umgebungen nur mit einer bestimmten Anzahl Menschen in Kontakt kommen kann, ist das in der Social-Media-Umgebung ganz anders. Hier kann man auch mit denjenigen in Kontakt treten, die sehr bekannt sind. Allerdings bleibt der Kontakt dann asymmetrisch – man wird Folger eines oder mehrerer Prominenter.

Da man nicht mit beliebig vielen Personen in Kontakt stehen kann – die Aufnahme von Kontakten ist mühsam – mehr noch aber die Pflege von Beziehungen und die Rezeption der Äußerungen der Personen oder der Institutionen, muss eine Ungleichheit der Verteilung entstehen. Anders wäre es, wenn man nur mit persönlich bekannten Personen in Kontakt bliebe – dann wären die Netzwerke aller Beteiligten ungefähr gleich groß – durch den Prominenzeffekt entsteht aber erst die Ungleichheit.

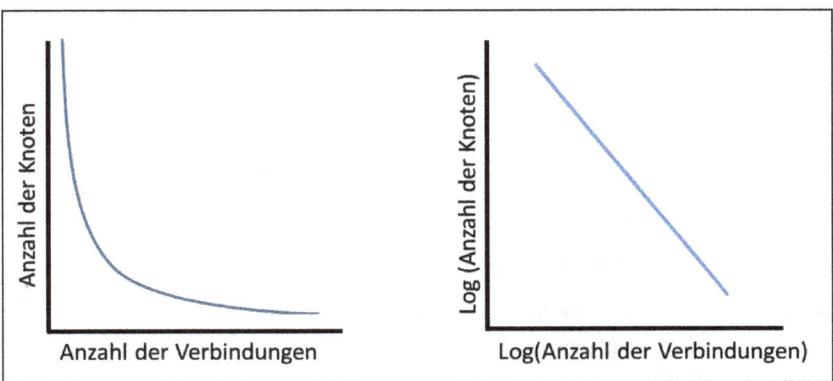

Abb. 1 Beispielabbildung – nichtlogarithmierte und logarithmierte Skala eines skalenfreien Netzwerks (orientiert an Barabási/Bonabeau (2004: 65)

Im Ergebnis führt das dann zu sogenannten skalenfreien Netzwerken (siehe Beispielabbildung). In solchen Netzwerken verfügen einige Wenige über sehr viele Verbindungen, während die Masse auf sehr viel weniger Beziehungen zugreifen kann. Es ist nicht nur der Einfluss, es ist auch der Effekt, dass die Prominenten auf weitere Zuwächse hoffen können, während die normalen weiter zurückfallen. Ihnen wird durch diese Gesetzmäßigkeit zwar nichts genommen, wie im Matthäus-Zitat in der Bibel behauptet, aber relativ im Verhältnis zu den Prominenten verlieren sie doch. Im Sinne der Netzwerkforschung sind die wenigen Knoten, auf die sich die Bekanntheit besonders stark verteilt, zentrale Knoten. Sie sind es nach dem Maß der Gradzentralität, weil dort die Zahl der Kontakte gemessen wird. Sie dürften auch in anderer Hinsicht zentral sein, weil sie unterschiedliche Bereiche von Netzwerken aufgrund ihres so starken Herausragens miteinander verbinden – ihnen kommt also hinsichtlich der schnellen Verbreitung in unterschiedliche Netzwerkbereiche eine besondere Rolle zu.

Stephen Wolfram untersucht regelmäßig Verteilungen von Freunden im Internet – hier etwa die der Freunde (von den Personen, die ihm ihre Daten zur Verfügung stellen). Nur wenige Facebookteilnehmer verfügen über sehr viele Kontakte, wobei Facebook nicht mehr als 5.000 Freunde akzeptiert. An diese Zahl kommen aber nur sehr wenige Teilnehmer heran.

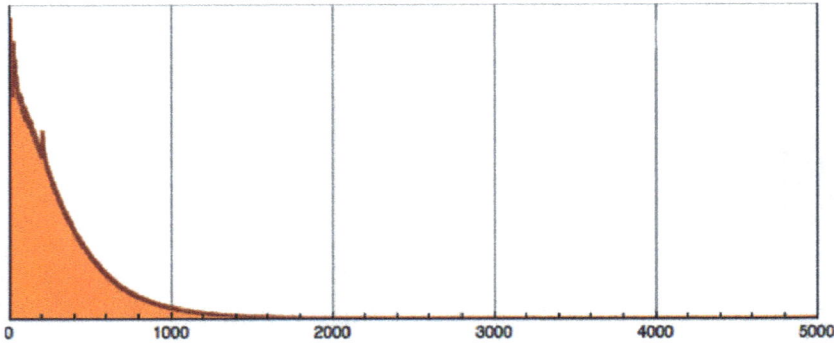

Abb. 2 Verteilung der Anzahl von Freunden auf Facebook
Quelle: http://blog.stephenwolfram.com/2013/04/data-science-of-the-facebook-world/ (02.06.2017)

Ähnliche Netzwerkstrukturen finden sich in vielen Bereichen des Lebens. An solchen Netzwerkkonstellationen ist sehr interessant, dass diese sehr ausfallsicher sind. Das bedeutet, man kann zufällig Konten (sogar ziemlich viele) herausnehmen, ohne dass sich die Struktur bedeutend verändert. Wenn man allerdings die zentralen Knoten identifizieren kann und diese aus dem Netz entfernt, dann verändert sich die Konstellation sofort: Verbindungen zu den verschiedenen Enden des Netzwerkes sind dann nicht mehr vorhanden, sie lassen sich nicht mehr erreichen und das Netz bricht zusammen.

Was bedeutet das nun für die hier behandelte Frage der Shitstorms und Hatemails? Ungleiche Verteilung von Beziehungen bedeutet auch ungleiche Chancen, andere zu beeinflussen. Nur diejenigen, welche über große Netzwerke verfügen, werden auch von vielen wahrgenommen. Die Reichweite dieses Personenkreises ist einfach größer. Das ist aber noch nicht alles. Hinzu kommt noch Aktivität. Auf einen Knoten mit großer Anhängerschaft wird man aufmerksam durch eine seiner Eigenschaften. Das ist die Aktivität. Wenn jemand durch die Regel des Preferential Attachment in die Rolle des Prominenten gerät, dann erwarten die Freunde und Folger auch etwas von ihm. Sie erwarten Mitteilungen und Informationen. Tatsächlich ist der Anteil derjenigen, die sich aktiv im Internet beteiligen, relativ konstant und niedrig. „Passive" Lurker sind immer in der Mehrheit (Stegbauer/Rausch 2001). Es sind nicht mehr als 14 %, die überhaupt Inhalte im Internet produzieren, so eine Untersuchung von Forrester aus dem Jahre 2010 (Schmidt 2010). Nach dieser Studie sind es immerhin knapp ein Drittel der User die überhaupt Bewertungen, wie likes abgeben oder etwas in ihre Statuszeile auf Facebook schreiben. Insgesamt findet sich ein deutliches Ungleichgewicht hinsichtlich der Beteiligung – eine starke Zentralität der Bereitstellung einerseits, aber auch der Beachtung andererseits.

Im Kontrast dazu ist die Masse mit wenigen Beziehungen verhältnismäßig still – und wenn dort jemand etwas äußert, so bekommt diese Person eine geringere Anzahl an Rückmeldungen, da das Potential dafür „geliked" zu werden oder dass die Nachricht geteilt wird, sehr viel niedriger ist. Wenn jemand aber seltener Response erhält, ist er weniger geneigt, weiter zu machen. Das bedeutet, dass auch die Aktivität der anderen, durch Rückmeldungen etwas ist, was die „Reichen" noch reicher macht und diese für die Armen noch weniger erreichbar werden.

Dadurch ergibt sich aber noch ein weiterer Effekt – die Aktiven werden überproportional wahrgenommen. Diese prägen das Bild, das ein Benutzer beispielsweise von Facebook über die Weltanschauungen der anderen Menschen seiner Online-Umgebung erfährt. Hierbei hat also nicht jeder eine genau begrenzte Anzahl an Stimmen wie bei der Bundestagswahl, sondern diejenigen, die sich sehr häufig und stark einmischen, bestimmen das Bild. Von ihnen gehen die wahrnehmbaren Einstellungen aus. Diese Haltungen werden dominierend. Wenn nun so etwas wie Stimmungen eingeschätzt werden sollen, dann kann man sich nur an dem orientieren, was man hört oder von seinen Freunden und Bekannten im Internet liest. Sichtbar werden dabei vor allem die Inhalte der Hyperaktiven. Sie sind daher eher prägend als die anderen, die nur selten das Wort ergreifen.

Wenn das nun so ist, dass sich Unterschiede hochschaukeln, dann dürften Personen und Forumsbetreiber ein großes Interesse daran haben, möglichst prominent zu werden. Das ist möglich, indem sie als Aktivisten tätig werden. Es gibt Personen, die im Netz „hyperaktiv" sind. Kennengelernt habe ich das beispielsweise bei Wikipedia (Stegbauer 2009), wo ein einzelner Teilnehmer auf mittlerweile weit über eine Millionen Artikeledits kommt. Im Durchschnitt handelt es sich bei ihm um 250 Beiträge pro Tag. Der Wikipedianer mit den zweitmeisten Beiträgen kommt nur auf ein Viertel dieses Teilnehmers und das ist auch schon unvorstellbar viel. Wer kann sich so intensiv mit dem Thema beschäftigen, dass er es schafft, an 250 Beiträgen am Tag zu arbeiten?[46] Zunächst einmal deuten die großen Unterschiede darauf hin, dass das Engagement ebenfalls ungleich verteilt ist. Jemand, der sich sehr außergewöhnlich engagiert, bekommt auch mehr hin.

Das heißt, es sind Aktivisten erforderlich, welche die Informationen mitverteilen, die zur Entrüstung führen. Wenn die Folger dadurch den Eindruck bekommen, dass die anderen (die meisten, fast alle), ebenfalls mitmachen, fällt es nicht schwer, sich auch zu beteiligen.

Wenn das dazu führt, dass die Beteiligten meinen, die anderen um sie herum seien Anhänger einer bestimmten Position, greift der zweite Effekt. Diesen kann man als Homophilie bezeichnen. Er führt zu einer Homogenisierung von Meinungen. Diese Homogenisierung ist umso stärker, je größer die Bindung zu den bedeutenden Vertretern einer bestimmten Position ist. Dies lässt sich durch die Regeln der strukturellen Balancierung erklären. Die Theorie der strukturellen Balancierung (und auch deren Operationalisierungen für empirische Untersuchungen) zerlegen die Beziehungen in Dreierkonstellationen. Die interne Konstellation in solchen Beziehungen entscheidet über die Haltung zu einem Objekt (hier einer bedeutenden Einstellung). Das zwingt die Beteiligten zur Entscheidung zwischen einer bestimmten Einstellung und dem Fortbestehen von Beziehungen. Bleibt jemand bei Einstellungen, die nicht mit denen seines Umfeldes harmonieren, droht der Verlust von Beziehungen. Besonders in politischen Dingen kann man davon ausgehen, dass für die Masse die Einstellungen variabler sein mögen als die persönlichen Beziehungen, von denen wir als Menschen doch sehr abhängig sind.

Man kann allerdings auch annehmen – und das gilt noch mehr für Beziehungen, die im Internet gepflegt werden, dass es nicht nur bestimmte, vereinzelte Beziehungen sind, die den Umschwung von Meinungen ausmachen. Es sind vielmehr Wahrnehmungen und Gefühle über die Einstellungen der anderen, die entscheidend sind. Man kann diese auch als kognitive soziale Kultur (Stegbauer 2016) bezeichnen. In der Netzwerkforschung spricht man häufiger über die kognitive soziale Struktur (CSS – cognitive social structure). Da die Kultur aber für die Haltbarkeit von Be-

---

46 Es handelt sich um einen Vandalismusbekämpfer in der Wikipedia. Er identifiziert möglichen Vandalismus durch selbst geschriebene Programme.

ziehungen eine wichtige Rolle spielt, ist auch die Wahrnehmung von Haltungen der anderen um uns herum für Beziehungen von Bedeutung.

Um eine durchschlagende Wirkung zu entfalten, müsste man auch noch darauf achten, dass die Kontakte über eine gewisse Diversität verfügen – also nicht nur in einer einzigen Spezialkultur zu finden sind. Das wird bei einigen Akteuren, die Shitstorms anzetteln vielleicht etwas schwierig – aber richtig Fahrt nimmt eine Entrüstungswelle nur auf, wenn das dort behandelte Thema nicht nur die wenigen „Radikalen" interessiert, sondern auch andere anspricht. Die anderen gehören nicht eigentlich dazu, vielleicht haben sie eine gewisse Affinität zu denjenigen, von denen der Sturm entfacht wird – sie werden vor allem vom Thema angesprochen.

5.2 Diversität

Um nun möglichst weite Kreise erreichen zu können, benötigen die Menschen, über welche die Ausbreitung verläuft, Kontakte mit einer gewissen Diversität. Die Vielfalt der Verbindungen muss so groß sein, dass sie in viele unterschiedliche Kreise hineinreicht. Die Anzahl der Kontakte ist also eine notwendige, wenngleich auch keine hinreichende Bedingung dafür, einen breiten Shitstorm zu entfachen.

Gelingt es nicht, in weitere Kreise vorzudringen, dann bleibt die Wirkung beschränkt – der Wutausbruch kommt über einen „Quasi-Shitstorm", also eine Folge von Hatemails, nicht hinaus. Die Kritik zündet nicht so recht, sodass der Aufschrei auf der Shitstorm-Skala nur eine geringe Windgeschwindigkeit erreicht. Das kann für die Betroffenen immer noch unangenehm sein, insbesondere, wenn in ihren Social-Media-Bereich Hassnachrichten gepostet werden oder es zu Bedrohungen kommt, dennoch bleibt der Ausbruch eher „lokal" begrenzt. Dann wird zwar Müll auf den Seiten des jeweiligen Ziels abgeladen, aber die Wirkung geht kaum über sehr begrenzte und speziell motivierte Kreise hinaus.

Personen mit ihren Instrumenten, den sozialen Medien, seien es Facebook-Gruppen, persönliche Seiten, Twitter, Instagram oder Blogs sind also für eine Kampagne dann umso wertvoller, je mehr unterschiedliche soziale Kreise sie erreichen. Der von Georg Simmel (1908) stammende Begriff der sozialen Kreise wird später näher behandelt. An dieser Stelle kann man sagen, dass die Individualität von Menschen soziologisch dadurch herausgebildet wird, dass ihr Kontakt zu unterschiedlichen sozialen Kreisen bei jeder Person einmalig ist. So wie es Personen gibt, welche über sehr viel mehr Kontakte als andere verfügen, gibt es auch Personen, die sehr viele unterschiedliche Beziehungen aufweisen.

Man sollte aber nicht bei Personen stehenbleiben – oft sind es Aggregationen von Personen oder Institutionen wie Newsletter, spezielle Veröffentlichungen oder auch Diskussionsforen, welche für andere so attraktiv sind, dass sie die Nachrichten und Meinungen von dort verfolgen. Die Reichweite in unterschiedliche Kreise ist auch der Grund dafür, dass Massenmedien für die Wirkung von solchen Wellen einen bedeutenden Einfluss haben. Über sie kann man in Bevölkerungskreise eindringen, die ansonsten für die sozialen Medien kaum erreichbar wären. Diese Kreise erfahren erst durch die Massenmedien von der Entrüstung. Es ist aber noch mehr – sie „adeln" in gewisser Weise die Aufregung, weil man den Sturm dort für so beachtenswert hält, dass man drüber berichtet.

Wann bringt ein Massenmedium etwas über einen Shitstorm? Wenn entweder das Thema oder die Wirkung für weitere Kreise von Interesse ist. Die Wirkung steht vor allem dann im Fokus, wenn Personen oder Institutionen vom Sturm erfasst werden, denen der Beobachter kaum zugetraut hätte, zum Ziel zu werden oder wenn diese so heftig getroffen werden, dass das Ergebnis über jedes Maß hinausschießt. Man kann den Zusammenhang auch anders ausdrücken: Berichtet wird, wenn entweder eine bestimmte Sturmstärke erreicht wird oder wenn es extrem radikal zugeht.

Während eine extreme Radikalität auch in kleineren und spezielleren Kreisen erreichbar sein mag, ist die andere Bedingung daran geknüpft, dass das Skandalisierungsmoment über diese Kreise hinaus auf fruchtbaren Boden trifft. Es muss sich um ein Thema handeln, welches die Grenzen schmaler Kreise überwindet und in vielen unterschiedlichen Kreisen auf Widerhall trifft. Wir haben es an dieser Stelle mit einem nicht ganz einfach zu erreichenden Übersprung zu tun. Einerseits entsteht Wutaufladung in einem begrenzten Bereich großer Einförmigkeit. Die Erregung dieser begrenzten Masse reicht vielleicht, um ein laues Lüftchen entstehen zu lassen. Das kann schlimm genug sein, denn diese Gruppen sind oft radikal – von ihnen geht sicherlich auch jede Menge Hass aus. Aber das reicht noch nicht aus, um einen Sturm zu entfachen. Wenn dies gelingen soll, muss die Botschaft aus einer begrenzten Gruppe, in der viele Aktivisten vertreten sind, heraus und auf fruchtbaren Boden weiterer Kreise fallen.

Das kann man ganz gut an den in diesem Buch behandelten Beispielen erklären. Bei der Erregung um die Hamburger Miniaturwunderwelt lässt sich das genauso zeigen, wie beim Hessenpark-Shitstorm. Im Falle der Miniaturwunderwelt hatten die Betreiber auf Facebook einen Hassbrief veröffentlicht. Dieser wendete sich gegen den freien Eintritt für Arme, weil dadurch auch syrische Flüchtlinge die Chance hatten, die Freizeiteinrichtung zu besuchen. Die Besucher der Miniaturwunderwelt, die sich aufgrund des Hassbriefes empören, sind divers genug, um die einseitige Provokation abzuschmettern. Typische Ausflügler, welche die Lokalität aufsuchen, sind Familien mit Kindern, aber auch Modellbaufans. In diese Einrichtung kommen die Leute aus einem weiten Umkreis. Hierunter mögen auch Sympathisanten des Briefeschreibers sein, aber die Mehrheit, insbesondere derer, die die Aktivitäten des Wunderlandes auf Facebook verfolgen, hat etwas für die Einrichtung übrig. Da die Freude an einer Modellwelt quer zu politischen Einstellungen liegt, ist hinsichtlich der Haltungen der Besucher eine große Vielfalt gegeben. Darunter sind genügend Menschen, welche eine „Gegenkampagne" unterstützen und diese Aktivität auch über soziale Medien und darüber hinaus weitertragen. Die Veröffentlichung über die Enthüllung des Briefs und die Skandalisierung in Massenmedien sorgt für eine weitere Verbreitung in noch diversere Kreise hinein.

Damit aus der Empörung ein Sturm wird, müssen sich zwar nicht alle Bevölkerungskreise beteiligen, für die Aktivisten ist es aber notwendig, ihre Empörungsbasis weit über ihre eigenen Kreise hinaus zu verbreiten. Das wird auch am Shitstorm gegen das Freilichtmuseum Hessenpark deutlich. Ausgangspunkt war hier das fremdenfeindliche Facebook-Forum „Multikulti-Watch". Dort werden laufend Enthüllungen über angebliche Taten von Asylbewerbern und Ausländern berichtet. Das reicht aus, um die Aktivisten in ihren Ansichten zu bestätigen – es ist aber zu wenig, um eine wirklich größere Masse in Wallung zu bringen. Das Ummünzen eines Vorteils für Asylbewerber in eine Benachteiligung für alle anderen („uns Deutschen"), war eine Gelegenheit zur Mobilisierung. Die vordergründige Verletzung des Gleichheitsgrundsatzes war Argument genug, Empörung über die eigentlichen Unterstützerkreise dieses Facebook-Forums hinaus zu befördern. Man kann feststellen, dass die Welle vor allem Menschen mit mittlerer oder geringerer Bildung erfasste (siehe Analyse unten). Darunter sind auch ziemlich viele radikale Äußerungen, aber keineswegs sind alle Empörten Anhänger genau jener politischen Richtung, von der die Enthüllung ausging. Die Thematisierung der Zurücksetzung eines Bevölkerungsteils als eine Verletzung des Gleichheitswertes, reichte aus, um viele Menschen zu mobilisieren. Diese sind keineswegs unbedingt Anhänger von fremdenfeindlichen Parteien, um der Argumentation der AfD-nahen Aktivisten zu folgen. Auch bei diesem Shitstorm ist es den Enthüllern gelungen, weitere Kreise zu erreichen, auch wenn die Entrüstungswelle dann durch noch größere Diversität gestoppt wurde. Die Gegenbewegung setzte erst ein, als der Hessenpark selbst auf die Welle aufmerksam machte und große Medien über den Vorfall berichteten.

Wir halten fest – die Aufladung von Wut geschieht zwar in kleineren Kreisen, die für eine gewisse ideologische Gleichheit sorgen. Hier herrschen die Gesetze der Homophilie. Widerspruch wird an dieser Stelle nicht geduldet. Die Einförmigkeit lässt kaum alternative Interpretationen zu. Mit der Schmalheit des Spektrums lässt sich zwar der engere Kreis mobilisieren, allerdings reicht dann das Potential solcher Zentren kaum aus, um eine große Welle aus sich heraus zu erzeugen. Um einen Sturm zu entfachen, muss die Empörung genau jene vereinheitlichten, ideologisch weitgehend geschlossenen Zentren verlassen und weitere Unterstützerkreise suchen. Das gelingt vor allem dann, wenn allgemeine Werte verletzt werden und es noch dazu möglich ist, eine Betroffenheit zu konstruieren (die beispielsweise Neid erzeugt).

5.3 Die Verbreitung des Sturms

Wie können weitere Bevölkerungskreise erreicht werden? Wie läuft eine Entrüstungswelle ab? Ein Teil der Fragen wurde bereits beantwortet. Allerdings lassen sich ein paar weitere Informationen anfügen, die das Bild abrunden. Hierbei hilft uns die Diffusionstheorie ein Stück weiter. Der Diffusionsforscher Everett Rogers (1983) stellte schon in den 1960er Jahren fest, dass der Verbreitungsverlauf von technischen Innovationen immer dem gleichen Muster folgt. Allerdings erstreckt sich die Einführung von Neuerungen – folgt man den Beispielen bei Rogers – teilweise über hunderte von Jahren. Es kann also sehr lange dauern, bis sich eine Innovation durchsetzt.

Das ist bei einem Shitstorm ganz anders – die Verbreitung erfolgt hier rasend. Gleichwohl können wir von Rogers Diffusionsverbreitungsideen etwas lernen. Ein Sturm beginnt immer mit wenigen, die sich gemäß der Abbildung als „Earlier Adopters" bezeichnen lassen. Es sind die Vorreiter, welche als erste eine Neuerung annehmen. Im Falle des Shitstorms handelt es sich um diejenigen, welche sich eine neue Information zuerst zu Eigen machen und diese in ihren eigenen Kreisen weitergeben.

Solche Personen, die sich früh etwas aneignen, gehen ein vergleichsweise hohes Risiko ein. Wenn ihnen nicht genügend andere folgen und es das Neue nicht in die „Take-Off"-Phase schafft, dann scheitert die Innovation. Das ist im Falle von Technik insofern misslich, als die frühen Innovatoren dann ihre Investitionen abschreiben können. Insofern benötigt die Theorie von Rogers an dieser Stelle auch eine besondere Motivation, die sich der Amerikaner – wie sollte es auch anders sein – im Argument des Eigeninteresses sucht. Es seien diejenigen, welche besonders von einer Innovation profitierten, die sich zuerst darauf stürzten. Später Hinzukommende können da schon wesentlich sicherer sein, dass die Einführung der Neuerung gelingt – besonders diejenigen, die der technischen Neuerung hinterherlaufen und zu den „Later Adopters" gehören.

5.3 Die Verbreitung des Sturms

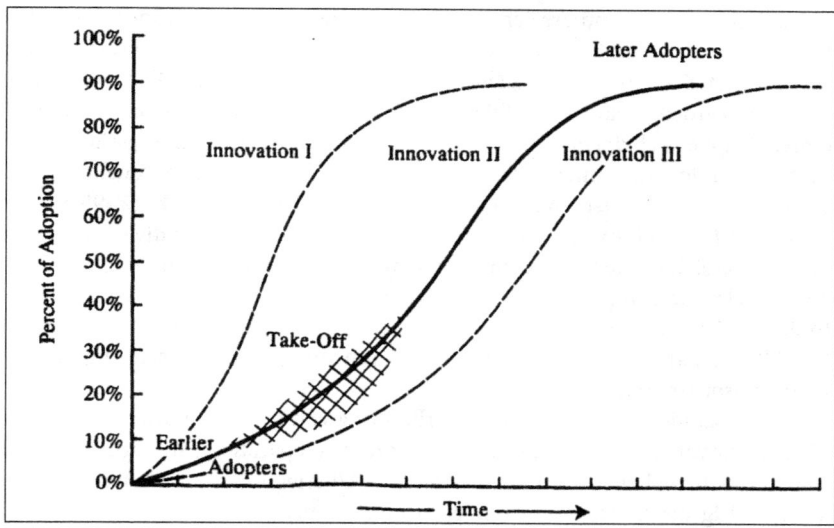

Abb. 3 Diffusionsprozess (aus Rogers 1983: 11)

Was für Technik gilt, kann auch helfen, die Verbreitung von Empörung im Internet zu interpretieren. Hinsichtlich der Weitergabe von Enthüllungen erscheint das Risiko für die Protagonisten der ersten Stunde nicht so hoch zu sein. Zumindest erleiden diese bei Nichtzünden der Information keinen direkten materiellen Schaden. Sie sind es aber, welche als erste diejenigen beeinflussen, welche die nur intern kommunizierende Blase verlassen. Von diesen wird die Skandalisierung vorangetrieben.

Wenn die Blase verlassen wird, entsteht aber ein Risiko. Dieses besteht nicht aus fehlender Gefolgschaft, sondern in der Kompatibilität mit den Meinungen des Umfeldes im neuen Kontext. Die Protagonisten gehen das Risiko ein, mit der sich selbst zu Eigen gemachten Information eine Meinung zu vertreten, die nicht derjenigen der Freunde im eigenen Bereich entspricht. Wenn die Informationen und die Haltung dazu nicht mit den anderen übereinstimmen, so kann dies zur Folge haben, dass man aneckt. Die Anforderung an die Information, damit sie weitergegeben wird, ist also, dass sie in den jeweiligen sozialen Kreisen auf Zustimmung stößt, zumindest aber keine direkte Ablehnung erfährt.

Das bedeutet aber, dass die Enthüllung bedeutend genug sein muss, damit die Saat im sozialen Umkreis der Weitergebenden auf fruchtbaren Boden fällt. Das Aktivitätsmuster der User ist in allen sozialen Netzwerken recht ähnlich; genauso wie die Verteilung von Beziehungen. Aktive Teilnehmende verfügen über mehr

Folger/Freunde etc. und erreichen hierdurch eine größere Prominenz. Mit den Worten einer strukturalistischen Sichtweise gesprochen, gehören diese Protagonisten zu einer Art Zentrum der sozialen Medien. Sie sind diejenigen, über die Inhalte verbreitet werden. Zwar stimmt folgender Vergleich nicht 100 %ig, dennoch kommt dieser Gruppe auch die Funktion von Meinungsführern zu. Meinungsführer sind besser als andere informiert – sie beschäftigen sich eher mit Primärquellen – und sie sind in der Lage dieses Wissen an die anderen weiterzugeben (Katz 1957; Katz/Lazarsfeld 1962). Eine solche Weitergabe kann nur erfolgen, wenn die Aktiven dies tun. Erfolgreich ist die Verbreitung erst dann, wenn die anderen diese Informationen als relevant genug erachten, um sie ebenfalls anderen zugänglich zu machen. In diesem Prozess läuft die Information immer wieder auf Aktivisten, welche im Verhältnis zu andern zentral sind und dadurch von größerer Bedeutung für den Diffusionsprozess sind.

Was zusätzlich für eine schnelle Verbreitung von Inhalten notwendig ist, das können wir von den Forschungen zu six degrees of separation (Milgram 1967 und de Sola Pool/Kochen 1978) und den neueren Überlegungen zu diesem Problem lernen. Milgram hatte in den 1960er Jahren versucht, die Alltagsbeobachtung, dass wir oft in entfernten Ländern, manchmal sogar in anderen Kontinenten, zufällig auf Leute treffen, mit denen wir gemeinsame Bekannte haben, zu erklären. Er wollte wissen, über wie viele Stationen wir mit den anderen Menschen auf der Welt verbunden sind. Hierzu versendete er an Adressen im mittleren Westen, in Nebraska und Kansas eine Mappe und die Aufgabe, jeweils eine Zielperson an der Ostküste in Boston und Cambridge zu erreichen. Die Besonderheit war, dass die Personen erreicht werden sollten, indem die Mappe an solche Leute weitergegeben wurden, die auf Vornamensbasis bekannt waren (also Verwandte, Freunde oder Bekannte). Die Untersuchungen zeigten, dass überraschend wenige Zwischenstationen notwendig waren, um die Zielpersonen zu erreichen – so jedenfalls das veröffentlichte Ergebnis dazu. Allerdings kamen nur sehr wenige der ausgesendeten Briefe bei den Endpersonen an. Judith Kleinfeld (2002), welche die Untersuchungen von Milgram noch einmal kritisch aufarbeitete, schreibt von gerade einmal 5 %. Egal, die Untersuchung, die nur 800$ gekostet haben soll, wurde weltberühmt. Jetzt endlich – so war das Gefühl, konnte man erklären, wieso es auf Reisen zu so unwahrscheinlichen Kontakten kommt. Vielleicht hat es auch eine Rolle gespielt, dass die Überlegung, mit den anderen Menschen auf der Welt über kurze Wege verbunden zu sein, dem Gefühl der Entfremdung durch die Massengesellschaft und der Massenindustrie entgegenwirkt. Im Verlaufe weiterer Untersuchungen (so berichtet Kleinfeld) konnte dann auch gezeigt werden, dass es durchaus Barrieren gab, die nicht so einfach zu überwinden waren – beispielsweise derjenigen zwischen schwarzer und weißer Bevölkerung, die offenbar nur wenige Bezugspunkte

5.3 Die Verbreitung des Sturms

verfügte, was die Erfolgswahrscheinlichkeit weiter einschränkte. Die Empirie zeigt also Hindernisse – Beziehungslücken auf, die offensichtlich nur schwer zu überwinden sind. Kleinfeld weist auch darauf hin, dass die Idee einer kleinen Welt eine Art „urbaner Mythos" geworden sei. Immerhin wurde ein später preisgekröntes Theaterstück „Six Degrees of Separation" von John Guare geschrieben; diese wurde sogar verfilmt – und leider mit dem etwas dämlichen deutschen Titel „Das Leben ein Sechserpack" versehen.

Der Mathematiker Duncan Watts (2003) hat das Problem in seiner Dissertation erneut aufgegriffen und damit abermals große Aufmerksamkeit erzielt. Über seine Idee, die in einem Modell umgesetzt wurde, klärt die folgende Abbildung 4 auf. Die kleine Welt ist danach eine Mischung aus einem „regulären" Netzwerk und einem Zufallsnetzwerk. Reguläre Netzwerke sind eigentlich diejenigen, die einem als Netzwerkforscher am vertrautesten sind. Wenn man danach fragt, wer wen kennt, dann spielt der soziale Nahraum eine besondere Rolle – wir kennen unsere Nachbarn (es sei denn wir leben in einer anonymen Großstadt). Die allermeisten der Freunde und Bekannten wohnen nicht weit von einem selbst entfernt. Hierfür gibt es eine Menge von Hinweisen in der klassischen Soziologie (z. B. Festinger et al. 1959; Homans 1960). Die Stadtforschung (Wellman 1996) spricht davon, dass sich 2/3 der Kontakte im sozialen Nahraum befinden – die modernere Netzwerkforschung (Butts 2002) behauptet, dass es noch mehr sind. Die Erklärungen dafür sind leicht gefunden. Den direkten Arbeitskollegen läuft man öfters über den Weg, was auch für Nachbarn gilt. Wohnen die Menschen weiter entfernt, dann bedeutet das, dass es schwierig wird, Kontakt zu halten und meistens gibt es keinen automatisierten Rhythmus, in dem man sich regelmäßig über den Weg läuft. Man könnte noch eine ganze Menge weiterer Argumente anführen, etwa die Bedingungen der Strukturation (Giddens 1988), nach denen sich derselbe Raum auch noch nach einer Zeitstruktur aufteilen lässt. Eine zusätzliche Bedingung dafür, dass man sich „zufällig" trifft.

Diesem sozial begründeten Modell der regulären Kontakte in der Abbildung 4 auf der linken Seite, wird auf der ganz rechten Seite ein Zufallsnetzwerk gegenübergestellt. Hier gibt es keine Begründung und Beziehungen werden dort rein zufällig eingefügt. Ein solches Modell ist jedoch auf den ersten Blick schon unrealistisch. Auf der Modellebene haben beide Ideen ihre Berechtigung: So wie das Bild links ausschaut, stellt sich die Soziologie die Welt vor, so wie das Bild rechts ist, hat man ein Modell, mit dem man Abweichungen vom Zufall messen kann.

Die Innovation von Watts war es nun, beide Modelle zu kombinieren und dem regulären Netzwerk ein paar zufällige Verbindungen (Kanten) hinzuzufügen und damit die Möglichkeit einzubeziehen, dass einige Personen über Beziehungen auch über lange Distanzen hinweg verfügen. Die Face-to-Face-Kontakte lassen stark nach, wenn fünf Meilen überschritten werden (Mok/Wellman 2007), allerdings verfügten die Menschen auch in der Zeit vor dem Internet über einige Beziehungen, die über weite Distanzen reichten – jedenfalls in Toronto, wie die Untersuchung von Mok und Wellman zeigt. Es ist also plausibel anzunehmen, dass zum regulären Netzwerk, welches quantitativ die bedeutendste Rolle spielt, auch ein paar, die Lokalität überschreitende Beziehungen hinzukommen. Auf diese Weise können auch weite Distanzen zwischen verschiedenen Lokalitäten schnell überbrückt werden. Wenn der übergreifende Kontakt die andere Seite erreicht, können Informationen wieder über die Nachbarn laufen – dann ist aber der sehr lange Weg (nur über Nachbarn) sehr stark abgekürzt worden.

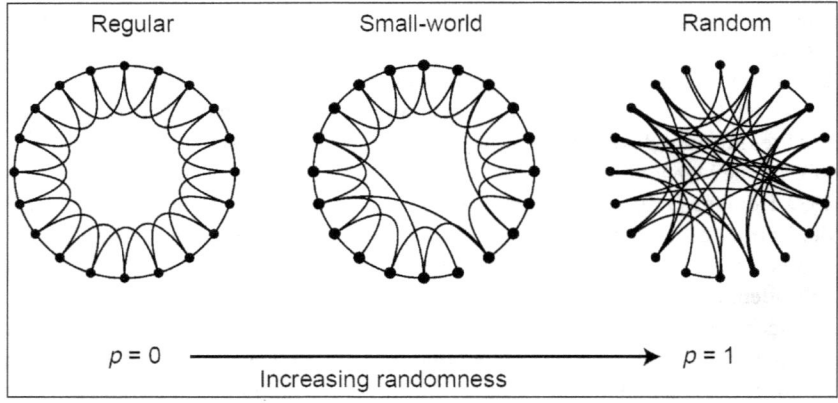

Abb. 4   Das Modell von Watts und Strogatz (1998: 441) erklärt, wie über wenige Schritte auch entfernte Personen erreicht werden können. Von links nach rechts steigt die Zahl der zufällig eingefügten Verbindungen

Man hat lange gedacht, dass sich durch das Internet (hierzu Stegbauer 2008) entscheidende Änderungen hinsichtlich der Beziehungen ergeben würden und z. B. die Distanzen dabei gar keine Rolle mehr spielen würden. Tatsächlich sind Kontakte über das Internet, etwa Facebook immer noch ganz überwiegend lokal kodiert, im Grunde so, wie es in der Vorinternetzeit der Fall war (Backstrom et al. 2010). Dies entspricht im abgebildeten Modell der linken Seite. Dabei ist es kein Widerspruch, dass entferntere Kontakte durch soziale Medien wie Facebook zugänglicher geworden sind. Dennoch haben durch Austauschprogramme und wirtschaftliche Verflechtungen in der globalisierten Welt auch übergreifende Beziehungen zugenommen. Das bedeutet, dass einige über das Lokale hinaus reichende Kontakte

5.3 Die Verbreitung des Sturms

hinzugekommen sind – dafür stehen im mittleren Modell die Linien, die aus der lokalen Nachbarschaft hinaus reichen.

Denken wir uns nun das Watts/Strogatz-Modell zusammen mit der Notwendigkeit einer schnellen Verbreitung von Inhalten, um die Wucht eines Shitstorms in ganz kurzer Zeit entfalten zu können, dann ergibt sich daraus, dass zweierlei Typen von Kontakten dafür benötigt werden. Zum einen sind es viele enge Beziehungen, die nicht unbedingt Nachbarn im geographischen Sinne umschließen; vielmehr entsprechen die Relationen auf der linken Seite des abgebildeten Modells denjenigen, die sich ideologisch nahe sind. Zum anderen müssen zu diesen regulären Kontakten noch weitergehende Kontakte hinzugefügt werden, wie in der Mitte abgebildet.

Um also eine große Menge an Kontakten schnell zu erreichen, sind Brückenbeziehungen in entfernte Lokalitäten notwendig. Bei den Forschungen zu „six degrees" – kommt es besonders auf solche Personen an, die in der Lage sind, mit ihren Beziehungen große Distanzen zu überbrücken – also ist auch hier wiederum eine größere Diversität gefragt. Reine „locals" (Merton 1968b) spielen zwar auch eine Rolle; allerdings könnte sich, wenn die Welt nur aus „locals" und ihren Nachbarn bestünde, ein Shitstorm nicht in der Geschwindigkeit ausbreiten, mit der sich der Online-Feuersturm tatsächlich verbreitet. Es bedarf also ergänzend „cosmopolitans", damit das Feuer nach kurzer Zeit an vielen Ecken der sozialen Welt aufflammt.

Die Brückenbeziehungen, die für eine schnelle Verbreitung von Informationen im Falle eines Shitstorms sorgen, müssen nicht nur in geographisch entfernte Gebiete reichen – beschleunigend würden auch solche Verbindungen wirken, die soziale Gruppen miteinander verbinden, die ansonsten über wenige Kontakte verfügen. So wie die Milgram-Experimente zeigen, dass in den USA zu Beginn der 1970er Jahre kaum Kontakt zwischen Schwarzen und Weißen bestand, finden sich in allen Gesellschaften Segregationen, die Barrieren darstellen, die teilweise schwieriger zu überwinden sind, als geographische Distanzen. Neben der geographischen Reichweite müssen die Inhalte auch geeignet sein, ideologische Barrieren zu überwinden. Nur wenn es möglich ist, auch hinsichtlich ihrer Einstellungen weitere Kreise zu erreichen, kann es zu einer größeren Entrüstungswelle kommen. Alternativ müssten die Informationen so gestaltet sein, dass sie bisher in diesem Punkt noch nicht Entschiedene vom Gegenstand der Aufregung überzeugt.

Es werden also einflussreiche „locals" im Sinne von geographisch und sozialgruppenbezogener Homogenität, die viele Kontakte haben, benötigt. Genauso notwendig sind für die schnelle Verbreitung „cosmopolitans", die in der Lage sind, die Enge des Lokalen (im Sinne von Überzeugungen, aber auch des Raumes) zu überwinden. Bedeutende Personen finden sich auf beiden Seiten der Zweiteilung, die Merton (1968a) vorgenommen hat – allerdings ist für schnelle Ausbreitung der kosmopolitische Typ bedeutender als der andere, der mit seinen dichten lokalen

Beziehungen, die die Informationen im lokalen eher homogenen Bereich verankert, welche durch den „Weltbürger" über große Strecken verteilt werden.

Um also das Entstehen einer weiten Empörungswelle zu ermöglichen, sind zwei unterschiedliche Typen von Beziehungsmustern gefragt: Zum einen eine Menge von Personen, die über viele Kontakte verfügen und zum anderen ist es nötig, auch „Grenzgänger" anzusprechen. Damit sind diejenigen gemeint, deren Beziehungshorizont über eine einzige Gruppe hinausreicht. Es müssen Personen sein, die Kontakte zu unterschiedlichen Gruppen in den benötigten Mix einbringen können. In unseren Untersuchungen zum Internet sind uns immer wieder ganz unterschiedliche Beteiligungsmuster aufgefallen. Am deutlichsten sind jene zentralen Akteure, die ja auch in der Literatur immer als am bedeutendsten angesehen werden, wenn es darum geht, Einfluss auszuüben. Am anderen Ende der Mitmachskala befindet sich aber eine andere Gruppe. Es handelt sich um die sogenannten Lurker. Das sind Personen, die gar nicht aktiv in die Diskussion auf Internetforen eingreifen. Wir hatten damals festgestellt (Stegbauer/Rausch 2001), dass sich diese „Gruppe" immer in der Mehrheit befindet. Es gab keine einzige von den Mailinglisten, die wir untersuchten, in denen das anders war. Die Schweigenden bildeten immer die Mehrheit – und zwar eine sehr große Mehrheit. Damals wurde diskutiert, ob diese Gruppe ein quasi schmarotzendes Dasein führt, weil sie nicht als Aktive die Mailinglistengruppe an sich weiter voranbringt. Die Lurker sind an den Inhalten, die dort verhandelt werden, interessiert, aber sie selbst leisten keinen eigenen Beitrag. Wenn sie sich nicht aktiv beteiligten, so wurde damals gesagt, dann handele es sich bei den Lurkern eben um sehr schüchterne Menschen, die sich nicht getrauten, etwas öffentlich zu äußern.

Wir konnten aber andere Interpretationen anbieten, die mit dem Shitstormphänomen durchaus etwas zu tun haben. Wir haben gezeigt, dass Lurker im Durchschnitt allenfalls ein klein wenig schüchterner sind, als die aktiv Beteiligten. Das war dadurch möglich, dass wir untersuchen konnten, ob sie – wenn schon nicht aktiv in den von uns untersuchten Listen – in anderen Foren des Internet eine handelnde Rolle spielten. Tatsächlich war das oft der Fall. Eine Durchsicht über die anderen Foren, in denen die Lurker aktiv waren, zeigte uns aber, dass diese thematisch sehr weit von den von uns untersuchten wissenschaftlich-philosophischen Inhalten entfernt waren. Das führte uns zu der Interpretation, dass es sich bei Lurkern eigentlich oft um Grenzgänger handelt, deren zentrales Interesse sich gar nicht so sehr um die Inhalte der abonnierten Mailinglistenthemen dreht. Wenn es also darum geht, thematische Distanz aufzuweisen, so ist die Gruppe derjenigen, die sich eher am Rande für die Inhalte der Liste interessiert, offensichtlich sehr bedeutend. Sie sind vielleicht auch mit der dort verhandelten Thematik nicht ganz so vertraut, als dass sie es sich vorstellen könnten, die Diskussion dort anzuführen.

5.3 Die Verbreitung des Sturms

Hinzu kommt noch ein weiteres: Dadurch, dass Lurker immer die große Mehrzahl stellen und diese offensichtlich über Beziehungen in diverse andere Bereiche verfügen, handelt es sich um eine Gruppe, die vielleicht nicht als einzelne, wohl aber in ihrer Gesamtheit in der Lage sind, Inhalte auch in entferntere Gebiete des Internet zu übertragen. Da die Lurker offensichtlich nicht ihr Hauptinteresse in den damals von uns untersuchten Gruppen hatten, können wir allerdings auch annehmen, dass sich nur wenige und nur bestimmte Informationen eignen, zwischen den unterschiedlichen Bereichen übertragen zu werden.

Geeignet für die Übertragung sind vor allem Informationen, die zu den Inhalten anderer Foren eine gewisse Nähe aufweisen. Wenn das nicht der Fall ist, dann muss es sich um sehr relevante Informationen handeln, um in ein thematisch entferntes Gebiet zu gelangen. Die zu übertragenden Sachverhalte dürfen also nicht zu speziell sein.

Soll nun aus einer lokalen Empörung mehr als ein laues Lüftchen (bzw. Quasi-Shitstorm) werden, soll der Wind, der durch die besonders aktiven Insider bereits entfacht wurde, zu einem Sturm anwachsen, dann müssen die nicht und geringer Aktiven dazu gebracht werden, etwas zu tun – und die Enthüllung muss zwischen unterschiedlichen, eher gegeneinander abgeschlossenen Gebieten des Internet übertragen werden. Die Information muss über die Grenzen von Mitgliedschaftsbereichen hinausschwappen und möglichst viele so weit erregen, dass sie aktiv werden.

Während die Übertragung nur eine Schwelle darstellt, so gibt es noch eine andere Mobilisierungshürde, die überwunden werden muss. Die Lurker wurden in unserer hier zitierten Forschungsarbeit als eine Position bezeichnet – eine zurechenbare Gruppe, mit der Eigenschaft, sich in dem beobachteten Forum nicht zu beteiligen. Ein Zeichen dafür war, dass es vielen schwer fiel, nach einer Zeit des Schweigens endlich aktiv zu werden und etwas in die Liste zu schreiben. Der Positionswechsel musste meist begründet werden. Es waren Statements, wie: „Ich habe nun so lange zugehört und wusste nicht, wie ich mich einbringen sollte, aber zu diesem Thema, muss ich mich endlich auch einmal zu Wort melden." Shitstormauslösend sind so große Empörungen, die es zum Beispiel fertig bringen Lurker zum „Delurking" zu motivieren, so könnte man es auf eine Formel bringen. Einen Hinweis darauf, dass dies auch bei Twitter-Shitstorms der Fall ist, liefern Mamba et al. (2015). Die Forscher konnten zwischen den Beteiligten am Shitstorm kaum Beziehungen vor der Empörungswelle finden – und durch das Mitmachen daran entstanden auch keine neuen Beziehungen. Das bedeutet nicht, dass die Teilnehmer nicht in Foren dabei waren – sie sind dort aber nicht als Aktive in Erscheinung getreten. Das könnte bedeuten, dass ein solcher Sturm in größerem Umfang ansonsten Stumme (also Lurker) zu einem Meinungsausbruch hinreißt.

Tatsächlich sind die Massen, die durch einen richtigen Shitstorm mobilisiert werden, so groß, dass dies gar nicht von der immer sehr geringen Anzahl an Aktivisten zu stemmen wäre. Nur wenn es gelingt, auch die ansonsten eher trägen und schweigenden Personen mitzureißen, entsteht ein Sturm.

Fassen wir zusammen: Die Bedingungen, einen Sturm zu entfachen, sind vielschichtig. Es müssen Personen beteiligt sein, die über eine große Zentralität im Sinne von vielen Beziehungen verfügen, und es gehören Personen dazu, welche über möglichst diverse Kontakte verfügen und in diesem Sinne ebenfalls zentral sind. Beide Eigenschaften sind notwendig, um einen Shitstorm zu entfachen. Diese Perspektive wird durch die Lurker ergänzt, die insgesamt gesehen aufgrund ihrer Masse und der Diversität der Bindungen sogar noch wichtiger sein können, als die wenigen zentralen Aktivisten. Erst wenn es gelingt, auch die (zwar geringer aktive, dafür aber größere) Masse anzusprechen, wird die Bewegung schnell genug und groß genug, um von einem Shitstorm reden zu können.

5.4 Verschieben von Raum-Zeit-Beschränkungen führt zur Balkanisierung

Oft wurde über Eigenschaften des Internet geschrieben. Insbesondere in den Anfangsjahren in den 1990ern. Eine dieser Eigenschaften ist, dass dort viele soziale Räume vorhanden sind, welche sich nicht an die Verwobenheit von physischem und sozialem Raum (Leopold von Wiese 1933) halten. Außerhalb des Internet stellt der physische Raum zusammen mit der Verkehrs- und Telekommunikationsinfrastruktur so etwas wie die Bedingungen der Möglichkeit, miteinander zu kommunizieren. Wenn man, um mit anderen zu diskutieren, längere Strecken zurücklegen muss, so stellt dies eine große Barriere für den gegenseitigen Austausch dar (Stegbauer 2011). Es dauert eine Weile, bis man mit anderen auf nicht-digitalem Wege in Kontakt kommt, und natürlich sind auch Kosten damit verbunden, wenn Reisen notwendig sind, um Menschen zu erreichen, mit denen man sprechen will.

Obwohl Diskussionen miteinander auch zu einer Meinungsangleichung – zumindest in kleinen Gruppen[47] – führen, sind lokale Punkte oft durch eine größere Diversität gekennzeichnet. Das betrifft vielleicht nicht so sehr das private Umfeld alleine, sondern die in der Moderne vielfältigen Beziehungen, die man eingeht

---

47 Das gilt nicht für große Gruppen, die sich außerhalb des Internet treffen. Dort können im Gegensatz zu Kleingruppen mit max. 8-12 Teilnehmern unterschiedliche Standpunkte behauptet werden (Rauch 1983).

5.4 Verschieben von Raum-Zeit-Beschränkungen

(siehe den Abschnitt über die Kreuzung sozialer Kreise). An vielen Stellen in der Arbeitswelt wird auf Diversität geachtet. So gilt für arbeitsteilige Gruppen, dass Spezialisten mit unterschiedlichen Kenntnissen zusammenarbeiten. Die Professuren an Universitäten beispielsweise werden durch das Komplementaritätsprinzip zugewidmet. Diese Regel soll gewährleisten, dass Universitäten ein Fach in seiner Breite abbilden und sich nicht nur auf eine Spezialität konzentrieren. Da Wissenschaftsdisziplinen dazu neigen, sich immer stärker in Unterdisziplinen auszudifferenzieren, ist innerhalb der Fächer an Universitäten meist ein großes Spektrum an Spezialisten vorhanden. Dadurch, dass diese in den Fachbereichen inhaltlich (etwa in der Lehrplanung), hinsichtlich von Verbundforschung und auch in der Administration miteinander kooperieren müssen, diffundiert auch solches Wissen im Kollegium, welches in den jeweiligen Spezialdisziplinen nicht vorhanden ist. Man kann gut einsehen, dass dieses Strukturprinzip dazu führt, dass Fachdisziplinen nicht zu weit auseinanderdriften. Die Einheit von Fächern hängt also daran, dass man vor Ort gezwungen ist, sich über die Grundlagen der eigenen Disziplin auseinander zu setzen. Das Internet nun, so wird behauptet (Alstyne/Brynjolfsson 1996), führe dazu, dass die Wissenschaftler kaum noch gezwungen sind, sich mit den Kolleginnen und Kollegen vor Ort auseinanderzusetzen. Sie könnten, so die Behauptung, hauptsächlich nur noch mit den weltweit eng begrenzten Spezialcommunities in Kontakt stehen. Dadurch wäre ein großer Teil der Kommunikationsressourcen aufgebraucht. Die Einheit von Fachgebieten würde dadurch in Frage gestellt.

Das, was Alstyne und Brynjolfsson behaupten, gilt natürlich nicht nur für die Spezialentwicklungen im Wissenschaftsbereich. Genauso richtig ist die Idee für Spezialkulturen, die Mode, für Weltanschauungen und spezifische politische Standpunkte. Die Anhänger eines seltenen politischen Standpunkts, nehmen wir mal als Beispiel, die einer radikalen Bewegung, haben nun die Möglichkeit, im Netz mit Gleichgesinnten zusammen zu kommen. Ohne die Erdung durch andersdenkende, mit denen diese Personen vor Ort verbunden sind, lassen sich im Internet Beziehungen zu Ähnlichen aufbauen; „Erdung" deswegen, weil man den Andersdenkenden vor Ort nicht in gleichem Maße ausweichen kann. Man ist über den Raum mit den anderen verbunden – man trifft sie regelmäßig, weil sie zur Familie gehören, dieselbe Schulklasse besuchen oder im selben Verein Sport treiben. Im Internet kann man einer solchen Diversität entgehen, da nur das Interesse entscheidend ist und nicht die vor Ort verfügbaren Personen mit ihren Ansichten.[48]

---

48 Man passt sich zwar vor Ort auch gegenseitig hinsichtlich der Einstellungen an, aber die Spezialszene ist dort nicht unbedingt vorhanden. Der Internetkontakt zu anderen Angehörigen derselben Szene in anderen Städten und Kontinenten stabilisiert die Spe-

Die beiden Autoren Alstyne und Brynjolfsson nennen den Effekt, welcher der grenzlosen Kommunikation geschuldet ist, „Balkanisierung". Spezielle Kulturen können sich auf diese Weise noch weiter auseinander entwickeln und die gemeinsamen Schnittmengen mit anderen Kulturen verringern sich, so die Vorstellung. Vieles spricht für die Überlegungen zur Balkanisierung. Allerdings ist auch das Internet nicht völlig grenzenlos – insbesondere findet man überall in Diskussionsforen interne Strukturen, welche gerade nicht für eine Grenzenlosigkeit sprechen. Trotzdem sind Beschränkungen des geographischen Raums ein Stück weit verschoben – genug, um viele mit ähnlichen Ansichten im Internet zusammenzubringen. Insofern finden wir in den Überlegungen der beiden Forscher eine Begründung für die Entstehung voneinander abgeschotteter sozialer Räume, in denen sich sehr spezielle Ansichten entwickeln können.

---

zialkultur unabhängig vom Ort, an dem sich der Einzelne befindet. Da es im Internet eine so große Vielfalt an Informationen gibt – findet sich auch etwas für abgelegene Spezialitäten. Das Besondere (auch wenn es selbst Vielfalt ablehnt) profitiert also davon, dass es Diversität gibt.

Der Shitstorm
Das Aufeinandertreffen unterschiedlicher Kulturen

Wenn ein Shitstorm ausbricht, geht meist alles sehr schnell. Der Gegner wird vom Protest überrannt. Allerdings ist das Ziel der Entrüstung nicht immer völlig schutzlos dem Angriff ausgeliefert. Oft verfügen die Angegriffenen über Verbündete, welche die Verteidigung übernehmen. Das ist insbesondere dann der Fall, wenn es sich bei dem Grund für den Angriff um etwas handelt, was in der Gesellschaft wirklich umstritten ist und die angegriffene Person oder Institution selbst genügend Freunde und Anhänger aufweisen kann, die sich für diese in die Bresche werfen. Um das zu bewirken, ist eine Polarisierung notwendig. Das von den Angreifern monierte Handeln wird ja deshalb thematisiert, weil es für einen Konflikt steht, der mit Werten also der Kultur verbunden ist. Damit etwas konflikthaft wird, benötigt es mindestens zwei Seiten (Befürworter und Gegner). In einem Fall, wenn die Befürwortung des Wertes zwar in weiten Kreisen auf Zustimmung stößt, dies aber nicht zu einer Mobilisierung führt, wird der Widerstand gegen einen Werteverstoß gering sein.

In einem solchen Fall können die Befürworter den Gegnern nicht viel entgegen setzen. Eine große Macht erhält der Shitstorm auch durch seine Geschwindigkeit. Wenn sich die Stimmung unter den am Sturm beteiligten sehr schnell auflädt, kann die Verteidigung kaum mithalten. Einige solcher Fälle wurden untersucht – nicht immer läuft die Sache gleichermaßen ab, aber zahlreiche Ähnlichkeiten sind zu finden.

Widerstand findet sich vor allem, wenn die Shitstorms politisch motiviert sind. Dann sind die Werte, die gegeneinander gehalten werden, auch ideologisch abgestützt. Ideologie ist immer dann im Spiel, wenn eine Sache nicht ganz eindeutig ist, wenn sie nicht dem Common Sense entspricht. Wenn Interpretationen und Verhaltensweisen in einer Kultur ganz eindeutig sind, werden sie stillschweigend beachtet und bedürfen auch keiner expliziten Begründung. Allerdings gibt es auch immer umstrittene Dinge, seien es Werte, Normen, Verhalten oder Symbole für etwas – sie sind dann nicht „gesettelt" (Swidler 1986); sie benötigen eine Rechtfertigung. Das, was umstritten ist, kann als Uneindeutigkeit in kulturellen Fragen begriffen werden. Verschiedene Gruppen haben ihre eigenen Kulturen entwickelt, die oft mit Interessen einhergehen. Diese geraten miteinander in Konflikt – „Werte" stehen symbolisch meist für mehr als das, was der Wert selbst ausdrückt.

In solchen Zeiten der Auseinandersetzung muss die Gegnerschaft zu einem Verhalten, welches als Fehlverhalten gebrandmarkt wird, begründet werden. Begründungen dafür finden sich in Ideologien, einer Art Sammlung von Leitbildern verschiedener Gruppen. Nach Ann Swidler (1986: 279) kann man Ideologie als ein Glaubens- und Ritualsystem betrachten, welches einheitliche Antworten auf Probleme sozialen Handelns anstrebt. Ideologie ist, so beschreibt es Swidler, eine Phase auf dem Weg zur Entwicklung eines Systems kultureller Bedeutung. Diese endet, sofern sie sich durchsetzt, in einer Tradition. Wenn wir auf Traditionen schauen, so werden diese für selbstverständlich und nicht mehr begründungsbedürftig angesehen. Sie erscheinen als kulturelle Überzeugungen und Praktiken, die nicht mehr hinterfragt werden. Sie bedürfen auch nicht einer rationalen Begründung (Weber 1922: 27), denn es handelt sich um „eingelebte Gewohnheit". Was auf dem Weg dorthin geschieht, das kann man durchaus als kulturelle Konflikte bezeichnen. Die Auseinandersetzungen drehen sich um Werte, aber auch um Interessen und nicht zuletzt haben sie auch etwas mit Macht zu tun. Macht auch im Sinne von Max Weber (1922: 50) als der Chance, den eigenen Willen auch gegen Widerstreben durchzusetzen – im Falle von Shitstorms geht es etwa darum, dass bestimmte Entscheidungen revidiert werden, bestimmte Äußerungen zurückgenommen werden oder Personen durch Behauptungen so beschädigt werden, dass sie um ihr Amt kommen oder ihre höhergestellte Position verlieren.

Zurück zu Swidler: Werte und Verhaltensnormen sind also in Bedeutungssystemen gebunden und nicht vereinzelt. Weiter können wir festhalten, dass niemals alle Ideologien zu Traditionen werden. Das ist deshalb gar nicht möglich, weil verschiedene Ideologien um Bedeutung wetteifern. Shitstorms sind eben genau Ausdruck dieses Wettbewerbs zwischen Ideologien und damit Kulturauseinandersetzungen.

Schauen wir auf ein Beispiel: Anhänger der veganen Ernährungsweise lehnen tierische Produkte ab. Das bedeutet auch, dass Metzgereien, die Wurst herstellen, und diese dann auch noch an Kinder verteilen, überhaupt nicht mit dem Glaubens- und Ritualsystem dieser Kultur vereinbart werden können. Im normalen Leben kommt es sehr häufig vor, dass wenn ein Elternteil mit Kind eine Metzgerei betritt, dem Kind eine Scheibe Wurst gereicht wird. Nichts anderes hat ein Werbespot für eine Bank mit einem bekannten Basketballer gezeigt. Allerdings ist die Eltern-Kind-Metzgersituation eine, in der in bestimmter Hinsicht die Tradition verwurzelt ist. Es gibt ein unausgesprochenes Einverständnis, die Wurst zu überreichen und zu akzeptieren. Die Kritik daran ist aus der Perspektive der Metzgerei aber nicht sichtbar, denn kaum jemand, der zu Fleischprodukten eine ideologische Gegnerschaft aufgebaut hat, wird eine Fleischerei mit seinem Kind betreten.

6 Der Shitstorm

> **Kasten** Der Wurstkrieg: Wie ein Werbespot einer Bank einen Shitstorm auslöst
>
> Ein Stück Wurst als „Extraleistung" für ein Bankkonto und der Auftritt des Basketballstars Dirk Nowitzki erregen zunächst Veganer. Die Abbildung zeigt die ersten Äußerungen. Sie kamen nach Schellpeper (2013) von einer kleinen Gruppe von Veganern. Diese warfen der Bank vor, keine Rücksicht auf Minderheiten wie Vegetarier und Veganer zu nehmen und zu suggerieren, dass Fleischkonsum „groß und stark" mache. Der von der ING-DiBa geschaltete Werbespot enthalte Werbung für Fleischkonsum und unterstütze die Massentierhaltung. Der Shitstorm wurde unter den Veganern angefacht, spielte sich aber auf der Facebook-Seite der Bank ab. Das Ziel sei es gewesen, eine Absetzung des Werbespots durchzusetzen.
>
> > **Steffi Hamburg** ▶ ING-DiBa
> > Was haben Sie sich denn bei Ihrer Kampagne mit Dirk Nowitzki in der Schlachterei gedacht? Ich find das mehr als unpassend! Da haben Sie wohl "vergessen", dass Sie auch Kunden haben, die Fleisch ablehnen!!!
> > 16:01, Jan 2
> >
> > **Chri Dö** ▶ ING-DiBa
> > Ich als Nicht-Fleischesser finde ihre neue Werbung mit Dirk Nowitzki in der Metzgerei mehr als unmöglich :-((Ich erwarte von solch einem Unternehmen schon, dass auch mal über den Tellerrand geschaut wird und wir als "Randgruppe"!! auch bei Werbung berücksichtigt werden !!
> > 16:09, Jan 2
>
> Der Konflikt weitete sich schnell aus. Dabei stritten sich auch Veganer und Vegetarier untereinander über die richtige Lebensweise. Gleichzeitig traten aber auch Fleischesser auf und verteidigten die Tradition. Es fanden sich auch Freunde der Bank ein, welche sich auf die Seite des Kreditinstituts stellten. Nach kurzer Zeit ging es eigentlich nur noch um den Streit zwischen den verschiedenen Ernährungs- und Lebensphilosophien und nicht mehr um die Bank und den eigentlichen Werbespot.
> Der Shitstorm wurde durch Medienberichterstattung sehr bekannt, was weitere Kunden zur Verteidigung der Bank auf den Plan rief. Mit der Zeit verschlechterte sich das Diskussionsniveau, sodass die Bank nach 14 Tagen keine neuen Kommentare mehr zuließ. Es waren 15.000 Kommentare in der Zeit zusammengekommen – mit einer recht großen Ungleichheit hinsichtlich des Engagements (70 % der Kommentare kamen von 20 % der Nutzer).
> Aus Public Relations Perspektive betrachtet, scheint der Vorfall für die Bank gar nicht so schlecht ausgegangen zu sein: Es wurden eigene Anhänger sichtbar und sogar mobilisiert, das Unternehmen zu verteidigen und der Werbespot wurde weit häufiger angesehen, als dies ohne Skandalisierung der Fall gewesen wäre. Durch die neutrale Haltung in der Diskussion wurde das Image der Bank nicht beschädigt, vielmehr bekam sie durch die Berichterstattung in zahlreichen Medien eine besondere Aufmerksamkeit geschenkt.
>
> Der Vorfall wurde von Schellpeper (2013) dokumentiert und analysiert. Hieraus stammen auch die Zitate und Hintergründe dieses Kastens.

Anders ist es beim Werbespot – dieser wird mit seiner Verbreitung in den Medien außerhalb der dargestellten Ladensituation in einen anderen Kontext gestellt. Dadurch ist er dem kulturellen Selbstverständnis des Ortes mit den „üblichen" Beteiligten enthoben. Das macht ihn angreifbar, weil plötzlich eine andere Kultur ebenfalls darauf zugreifen kann. Diese andere Kultur erhebt Ansprüche auf den gesellschaftlichen Bereich, auf den der Spot abzielt – es wird eine Erwartung an das Verhalten der Bank formuliert. Diese möge sich auch der Minderheit gegenüber „politisch" korrekt zeigen.

Zudem werden durch den vielverbreiteten Werbespot zahlreiche Personen erreicht, die vermutlich ansonsten eine solche Situation nicht selbst erlebt hätten. Was man hier findet, ist, dass eine Tradition, wenn sie entkontextualisiert wird, auf Ideologien prallt – Ideensysteme, deren Anhänger sich sicher sind, auf der richtigen Seite zu stehen. Die neue Ideologie, welche von den Veganern vertreten wird, ringt um Anerkennung. Man kann sagen, dass es sich um einen Konflikt handelt, bei dem mit der Tradition gebrochen werden soll – an die Stelle des „Extras", wenn Kinder in eine Metzgerei kommen, wird die Ablehnung gegen den damit verbundenen Lebensstil gesetzt.

Ansonsten diskutieren die Veganer in relativ geschlossenen Bereichen des Internet vor allem untereinander. Dabei versichern sie sich gegenseitig, dass ihre Einstellung und Handlungsweise die einzig richtige sei, um Tierqualen zu unterbinden, Ernährungskrisen zu vermeiden, den CO_2 Ausstoß zu vermindern und damit den Planeten zu retten. Sie geben sich auch Hinweise darauf, wie man am besten die Ideen im Leben umsetzt, wo man Ersatzprodukte für tierische Lebensmittel oder für den Gebrauch von anderen Erzeugnissen aus Tieren, beispielsweise Leder, herbekommt.

Solche Diskussionen finden im eigenen Zirkel statt, in dem zwar auch nicht alle gänzlich derselben Meinung sind, aber hinsichtlich ihrer Hauptgegner findet man dort am leichtesten einen Konsens. Durch den Austausch auf solchen Plattformen im Internet wird deutlich, dass die anderen, mit denen man dort in Kontakt kommt, im Grunde derselben korrekten Meinung sind. Zweifel, die einem kommen mögen, wenn man alleine darüber nachdenkt oder gar mit Leuten diskutiert, die nicht auf derselben Seite stehen, lassen sich so zurückdrängen. Das, was dort gemeinsam entwickelt wird, ist ein System von Weltanschauungen und Lösungen für Fragen und die Verdrängung von Widersprüchen. Es handelt sich um die Konstruktion eines Ideologiesystems. Dieses entwickelt eine eigene Kultur mit Werkzeugen dafür, wie man mit all den Schwierigkeiten umgeht – und die darüber hinaus diejenigen herabsetzt, welche die eigene Weltanschauung ablehnen. In diesem Bereich der sozialen Medien findet die Aufladung statt, bei der Abneigung und Wut erzeugt wird.

Wenn nun ein Anlass gegeben ist, so kommt es zu einer Entladung, beispielsweise in einem Shitstorm. Dann wird die eigene geschützte Kultur mit einer anderen Kultur konfrontiert. Die geringe Diversität aus diesem geschützten Bereich der Veganer trifft ebenfalls auf eine geringe Diversität der Bankkunden. Die Einförmigkeit auf beiden Seiten (Veganer und Bankkunden) unterscheidet sich in ihren Dimensionen allerdings sehr (auch wenn es vegane Bankkunden geben mag). Die Nutzer der Facebook-Seite der Bank sind sehr einheitlich hinsichtlich ihrer Kundenbeziehung zum Geldhaus. Die Bank richtet eine Kundenplattform ein, um diese zu präsentieren und mit Kunden in Kontakt zu kommen. Dabei können die Bankkunden hinsichtlich des dort mit dem Shitstorm einschlagenden Themas sehr divers sein – bezüglich der auf der dortigen Plattform verhandelten Themen ist die Vielfalt normalerweise aber sehr gering.

Das Aufeinandertreffen erhöht die Diversität dort mit einem Schlag. Es kommen Argumente zusammen, die erst einmal kaum etwas miteinander zu tun haben. Es prallen damit ganz unterschiedliche Auffassungen aufeinander. Es erscheint plötzlich ein Kulturkonflikt, der nur einen Anlass brauchte, um auszubrechen. In solchen Auseinandersetzungen geht es darum, wer die Kulturhoheit gewinnt und welcher politischen Gruppierung das nützt. Die Rücknahme des Werbespots würde einen großen Erfolg bedeuten, es wäre ein Zeichen für die Veränderung des bislang gültigen Ernährungskonsenses, der Fleischkonsum für so normal hält, dass man auf die Gefühle von Vegetariern keine Rücksicht nehmen muss. Eine Änderung dieser stillschweigenden Vereinbarung wäre auch ein Hinweis auf einen Wandel im Ernährungsbereich; für die Anhänger der fleischlosen Ernährung bedeutete dies einen Etappensieg.

Aber da sind ja noch die Schützer der „alten" Werte. Zunächst einmal trifft der Shitstorm auf eine „homogene" Welt. Durch die massenhafte Entrüstung wird diese Welt kurzfristig gestört. Im Moment der Entrüstung stehen nämlich auch (noch) keine Verteidiger der alten Ordnung und ihres Ausdrucks in Form der Webseite bereit. Die Beschützer benötigen eine Weile, um sich zu formieren; aber nicht immer finden sich Verteidiger, die sich den Angreifern in den Weg stellen. Bei öffentlichen Einrichtungen ist dies aber öfters der Fall. Wenn sich nicht eine Gegenbewegung gruppiert, treffen die Anwürfe ihr Ziel unbehindert.

In dieser Phase des Shitstorms wird der Meinungskontext einer Webseite zu einem Thema, einer Person oder Institution regelrecht umgedreht. In diesem Moment ist wiederum Homogenität vorhanden, auch wenn diese nur sehr kurzfristig eine gewisse Stabilität erreicht. Da Shitstorms, wenn sie heftig sind, nur kurze Zeit dauern, bricht diese „Protesthomogenität" sehr bald von alleine zusammen.

Manchmal ist es aber möglich, den Zusammenbruch mit Solidarisierungen und Argumenten, wie im untersuchten Fall des Hessenparks, zu verhindern. Sobald sich Widerstand gegen den Orkan einstellt, hat die Entrüstung kurzfristig nichts mehr mit der „Echokammer" oder der „Filterblase" gemein. Dann prallen die unterschiedlichen Kulturen unvermittelt aufeinander.

Meist dauert es eine Weile, bis sich der Widerstand ordnen kann. Wenn sich der Proteststurm sehr schnell entfaltet, handelt es sich, sobald die Gegenposition formiert ist, bereits um Rückzugsgefechte. Während dieser Phase besteht eine gewisse Heterogenität an Meinungen. Dieser Abschnitt dauert aber ebenfalls nicht sehr lange, weil eigentlich keine Seite Interesse an einer wirklichen Diskussion hat. Es geht nicht darum, jemanden mit Argumenten zu überzeugen – wichtiger ist es, den Protest herauszuschreien.

Man kann auf einer solchen Bühne kaum jemanden überzeugen. Wozu findet die Auseinandersetzung dann überhaupt noch statt? Nun – es kann sich beispielsweise um Solidarisierungsbekundungen gegenüber der angegriffenen Institution handeln. Im Moment des Angriffs hat diese die Solidarisierungen sehr nötig, denn der Shitstorm verunsichert die Beteiligten. Besonders wenn es um politisch motivierte Angriffe geht, sind diese oft mit Einschüchterungsversuchen verbunden. Im Hessenparkfall (aber nicht nur da) wird vor Mordandrohung gegenüber den Mitarbeitern nicht zurückgeschreckt; auch finden sich Phantasien, man müsse das Museum in Brand stecken. Besonders Politikerinnen berichten von sexuellen Phantasien und Vergewaltigungsdrohungen (Domscheit-Berg 2016), die einschüchtern sollen. Individuelle Drohungen sind eher Beiprodukt von Shitstorms – der auch moralische Grenzen überschreitende Sturm sorgt vielmehr für ein Abschmelzen von zivilisatorischen Vereinbarungen. Benimmregeln, welche auch für Hemmungen hinsichtlich individueller Bedrohungen sorgen, werden in Phasen der Hochemotionalität zurückgedrängt. Diese Beobachtung kann zur Imitierung des Verhaltens durch Einzelne oder Gruppe führen, die dann zu solchen Mitteln mit verheerenden Auswirkungen auf den Stil der demokratischen Auseinandersetzung führen.

Angesichts dessen, dass es kaum Möglichkeiten gibt, die Gegner zu überzeugen, könnte man der Meinung sein, dass es müßig ist, gegenzuhalten. Das ist aber nicht der Fall: Zwar sind die Gegenargumente gegenüber den Angreifern weniger bedeutend, sie spielen aber eine große Rolle gegenüber der zu schützenden Institution. Ferner sind diese wichtig für diejenigen, mit denen man selbst übereinstimmt. Für diese Gruppe ist es wesentlich, sich gegenseitig zu bestätigen. Wenn man gewahr wird, dass die anderen dieselben Argumente teilen, entsteht die Gewissheit, auf der richtigen Seite zu stehen. Die Argumente sind Teil des Aushandlungsprozesses, um eine gemeinsame Haltung zu formieren. Werte werden nur vor einer Veränderung bewahrt, wenn sie aktiv in solchen Situationen geschützt werden.

Die Fronten werden dadurch sehr transparent. Die Beteiligten besitzen dann meist nur noch die Wahl zwischen den beiden Seiten. Man kann nun Partei ergreifen entweder für die Angreifer, die sich entrüsten und hierfür Begründungen liefern, oder man fühlt sich den Verteidigern zugehörig, die sich genauso untereinander an Gegenargumenten stärken können.

Es sind aber nicht nur Argumente, die dort genannt werden. Es sind Weltsichten und Interpretationen, die aufeinanderprallen. Je stärker sie miteinander konfrontiert werden, umso klarer trennen sie. Es wird dabei mit Symbolen gearbeitet. Solche Symbole werden manchmal von professionellen Werbern kreiert: Das Kind, welches glücklich über eine Scheibe Wurst ist, wie in dem Spot für eine Bank mit dem Basketballer Dirk Nowitzki. Die Scheibe Wurst steht aus Sicht der Vegetarier für einen Lebensstil, den sie aus ethischen Aspekten sowie ökologischen Gründen ablehnen. Wurst ist also ein Symbol. Werthaltungen und die gemeinsame Symbolerzeugung sind typische Merkmale von Kulturen (Swidler 1986). Bei der Auseinandersetzung geht es nicht wirklich um diese Scheibe Wurst; es geht grundsätzlich um Wurst oder nicht Wurst – also um eine kulturelle Sache. Die Entrüstung gegen die freundlich gemeinte Konvention bei Metzgern, dem Kind etwas Gutes tun zu wollen, wird zu einer Wertfrage, also zu einem kulturellen Protest.

Das Miniaturwunderland in Hamburg hatte einen rassistischen Brief erhalten, weil es für zwei Tage eine Aktion durchgeführt hatte, bei der alle keinen Eintritt zahlen mussten, die sich das nicht leisten konnten. Davon konnten 18.000 Menschen profitieren.[49] Darunter waren auch einige Asylsuchende, wie in Zeitungen berichtet. Dies nun brachte einen Briefschreiber auf. Die Verantwortlichen des Wunderlands entschlossen sich daraufhin, den Brief auf ihrer Facebook-Seite zu veröffentlichen. Die Folge war, eine massive Unterstützungswelle für das Wunderland auf Facebook mit etwa 20.000 Teilungen und mehr als 5.000 Kommentierungen, die sich gegen den „Hassbrief" richteten. Unter den Argumenten fand sich das Bild des Flüchtlingskindes, welches dem Elend knapp entkommen war und nun aufgrund dieser Aktion einen schönen Tag erleben durfte.

Hier sind zwei Solidaritätszitate von der Facebook-Seite des Miniaturwunderlands Hamburg. Sie sind Teil der Auseinandersetzung über einen rassistischen Brief, der an diese Institution gesendet wurde:

„Also wenn ein Kind nur für ein paar Stunden bei euch, die sicherlich teils abscheulichen Bilder verdrängen kann und glänzende Augen bekommt, kaufe ich jetzt sofort für diesen Zwerg eine Karte....."

---

49 http://www.spiegel.de/panorama/gesellschaft/hass-botschaft-an-das-miniatur-wunderland-a-1136037.html (27.02.2017).

„Woran merkt man den extrem schlechten Gemütszustand und den ausufernden Mangel an Empathie am blau-braun verkackten Rand dieser Gesellschaft? Sie gönnen nicht einmal den Kindern aus Kriegsgebieten ein bisschen Freude am Leben. Was für schlechte Menschen."

Natürlich ist das Bild der Kriegskinder ebenfalls ein Symbol, welches erzeugt wird. Dieses ist sehr eindringlich – das muss es auch sein, damit es wirkt. Es lässt sich gut weitergeben und es ist sogar viel stärker als die Story vom freien Eintritt selbst, weil es mit einer Emotion, die praktisch jeder nachvollziehen kann, verknüpft wird. Mit solchen Kommentaren wird ein Interpretationsangebot geliefert, welches dabei hilft, sich mit dieser Seite zu solidarisieren. Relativierungen und Kritik an solchen Interpretationen werden dort kaum geduldet. Wenn man sich der Kritik an dem rassistischen Brief anschließt, so finden sich gleich die dort veröffentlichten Interpretationsangebote mit ein.

Die Interpretationsangebote und die Symbole, die mit Geschichten verknüpft werden, bewirken mehr als eine einfache Kritik an dem Brief und eine Solidarisierung mit der Ausstellungseinrichtung; sie vereinheitlichen ein Stück weit die Sichtweisen der Teilnehmenden. Mit anderen Worten: Sie erzeugen hierdurch Kultur. Darin werden sie unterstützt durch den Eindruck, dass praktisch alle anderen auf derselben Seite stehen wie man selbst. Tatsächlich vorhandene Differenzen, die Diversität der Argumente wird durch die mittels Symbole erzeugten Bilder vermindert.

Eigentlich handelt es sich nicht wirklich um eine „Erzeugung von Kultur". Vielmehr geht es um die Anwendung verschiedener kultureller Tools auf ein konkretes Ereignis. Das bedeutet, dass an Symbole, Bilder, Geschichten und Verhaltensweisen angeschlossen werden kann, die bei vielen der Beteiligten bereits vorhanden sind. Sie werden durch die aktive Beteiligung oder durch das Lesen der Mitteilungen aktualisiert und auf einen konkreten Fall hin gedeutet. Das hier vorzutragende Argument nun ist, dass in diesem Sinne Kultur ein kollektives Produkt ist. Dieses Produkt zwingt die Beteiligten zu einer Parteinahme. Zwar ist Kultur nicht wirklich einheitlich, denn sonst bedürfte sie nicht ständiger Neuinterpretation und Neuaushandlung. Aber sie ist auch nicht wirklich beliebig – sie muss eine gewisse Einheitlichkeit besitzen, damit sie wiedererkennbar ist.

Das bedeutet, dass Kultur (hier im Sinne der erzeugten Mikrokulturen) ein Stück weit Diversität reduzieren muss. Sie muss einen Teil ihrer Widersprüchlichkeiten ausklammern. Dabei werden allerdings Kollateralschäden in Kauf genommen. Im Kontext der Solidaritätsbekundungen zum Miniaturwunderland gehören dazu insbesondere kritische und differenzierte Äußerungen.

6.1 Gegenseitigkeit

Erklärbar ist dieses polarisierende Verhalten durch die Regel der Gegenseitigkeit, der Reziprozität. Diese gilt, wie Georg Simmel schon 1908 ausführte, auch im Streit. Wenn jemand ausfällig wird und zu Beschimpfungen greift, dann muss man sich als Gegner dieser Haltung nicht mehr an Benimmregeln halten; mehr noch: es muss mindestens Gleiches mit Gleichem vergolten werden. Eigentlich fordert die Auseinandersetzung sogar eine Steigerung, damit der andere es endlich versteht. Es ist in dieser Situation schwierig, einfach zu stoppen. Wenn der Gegner das letzte Wort behält, dann gilt dieses womöglich. Also kann man das nicht zulassen. Einlenken unter Gesichtswahrung ist praktisch unmöglich.

Die Reziprozitätsregel, die zu den elementaren sozialen Formen zählt (Stegbauer 2002), lässt sich nicht einfach hintergehen. Von Spieltheoretikern wird die Gegenseitigkeit als eine der Grundregeln angesehen, welche zu Kooperation (oder eben ihrem Gegenteil) führt. Die verhaltensexperimentelle Simulation des „tit for tat" zeigt dies. Die Regel der simulierten Kooperation ist: „Beginne kooperierend und tue danach genau das, was dein Gegenüber zuletzt tat". Zumindest in der Simulation war diese Strategie diejenige, die sich gegenüber allen anderen durchsetzte (Axelrod 2005). Wenn das nicht nur für das Experiment, sondern tatsächlich für den gegenseitigen Umgang miteinander zutrifft, dann können wenige Provokateure das Klima der Auseinandersetzung vergiften. Sie sind in der Lage, die gegenseitige Anerkennung, den Respekt zu tilgen, weil sie von konstruktiver Diskussion zu Konfrontation umschalten. Die Reziprozitätsregel nun „zwingt" alle anderen dazu, sich auf die Beschimpfungen einzulassen und darauf genauso wie die Provokateure zu reagieren. Anders als in einer konstruktiven Diskussion sorgt die Konfrontation für eine Polarisierung – eine Brücke zwischen den Streitenden zu bauen, ist nun kaum noch möglich. Das gilt dann weder für die Anerkennung von Argumenten des Gegners, noch für die Akzeptanz der Person.

Den Streit in einer solchen Situation beizulegen wird nun ganz schwer, denn das ist nur möglich, wenn die elementare soziale Regel verletzt wird. Bei dieser Verletzung geht es nicht nur um die Anerkennung der Person des Gegenübers, auch die Argumente müssen geachtet werden, damit die erfolgte Abwertung relativiert werden kann. Der Streit kann also nur überbrückt werden, wenn zunächst einmal eine Seite gegen die Gegenseitigkeitsregel verstößt und den Gegner akzeptiert, obwohl er für Verletzungen der Person und der Position verantwortlich ist. Das ist keine kleine Hürde, die zu nehmen ist, zumal der Nachgebende sich verletzlich zeigt, was wiederum eine potentielle Angriffsfläche für die Gegner bietet. Im nächsten Schritt muss der ehemalige Gegner das Entgegenkommen würdigen, indem er das Friedensangebot annimmt und vielleicht sogar noch einen Schritt weiter auf den

Gegner zugeht. Da das gegenseitige Entgegenkommen nach einem Streit ein nur sehr schwer zu überwindendes Hindernis darstellt, werden auf internationaler Ebene Verhandlungen über eine Beilegung meist nur hinter verschlossenen Türen geführt. Selbst das ist meist nur unter Vermittlung Dritter und nicht mit gegenseitigem Kontakt möglich (zumindest was große Konflikte in den Weltregionen angeht).

Die diskutierte Schwierigkeit, klein bei zu geben, finden wir aber auch schon im ganz kleinen privaten Kreis, wenn in den Streit nur zwei einzelne Personen verwickelt sind. Wir kennen solchen Streit mit unseren Partnern/innen, den Kindern, Eltern oder unter Freunden. Das ist aber noch gar nichts gegenüber einer öffentlichen Auseinandersetzung, wie sie im Internet stattfindet. Es handelt sich dort um einen Streit auf offener Bühne. Dieser wäre noch ganz leicht zu überstehen, wenn es sich nur um ein anonymes Publikum handeln würde. Meist sind aber noch dazu die „eigenen Leute" anwesend. Aufhören, argumentativ unterlegen sein – das kommt einer öffentlichen Bloßstellung gleich, also etwas, was als sehr peinlich empfunden wird. Die argumentative Niederlage wird gleichzeitig als eine persönliche Niederlage gedeutet – welche die Position im „eigenen Kreis" gefährdet. Es scheint dann so zu sein, dass wer sich nicht argumentativ durchsetzen kann, auch keine Anerkennung verdient hat.

Öffentlich ist die Bloßstellung, weil (potentiell) sehr viele andere diese Niederlage beobachten können. Vielleicht wäre das noch erträglich, wenn einen niemand kennt. Wenn man aber zu den exponierteren „Shitstormern" gehört, dann ist man zumindest bei einigen der anderen Protestler bekannt. Womöglich würde ein Aufhören oder ein Anerkennen der besseren Argumente von den Bekannten sogar als Verrat gedeutet. Es kann auch sein, dass diese die Begebenheit zurück zu den Gleichgesinnten tragen. Wenn also die anderen Mitglieder derselben Partei vom Meinungsumschwung erfahren, dann birgt dies die Gefahr des Verlusts der dort eingenommenen Position. Das Ansehen unter den eigenen Leuten würde darunter leiden.

Personen und ihre Kultur hängen miteinander zusammen. So gesehen kann man die Menschen nicht nur als „Träger" ihrer Kultur verstehen – ja die Menschen werden von der Kultur sogar als solche erst geformt (Mische 2011). Wobei Kultur in unserem Zusammenhang nicht als etwas völlig Starres angesehen wird, sondern als etwas, was sich in Auseinandersetzungen verändert. Schauen wir uns einmal in einem Gedankenexperiment an, was bei einem Streit passiert. Es prallen ganz gegensätzliche Auffassungen aufeinander. Das lässt sich mit Hilfe von einigen Überlegungen modellieren (in der Sozialwissenschaft redet man von struktureller Balancierung). Streit findet sich dort, wo zwei Personen eine unterschiedliche Einstellung zu einem Objekt oder einer anderen Person haben. Bei dem Objekt kann es sich um die umstrittene Asylpolitik handeln, ein großes Bauprojekt, die Wurst, die groß und stark macht, oder etwas anderes, was Uneinigkeit erzeugt.

Wenn die Buchstaben A und B nicht für einzelne Personen, sondern für Gruppen stehen, dann sind alle innerhalb der Gruppen positiv untereinander verbunden, die Mitglieder der Gruppe A sind derselben Meinung untereinander. Diese divergiert aber mit der Meinung von Gruppe B , die aber intern einheitlich ist.

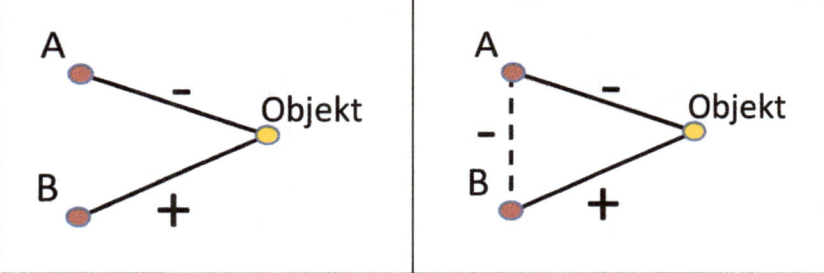

Abb. 5 Balancierungsregel: Die Buchstaben A und B symbolisieren Personen (oder auch Gruppen), das Objekt symbolisiert einen Streitpunkt

Die Personen A und B vertreten ganz unterschiedliche Auffassungen in ihrer Haltung zu einem Objekt. Aufgrund dieser kaum zu überbrückenden Unterschiedlichkeit entsteht eine Beziehung zwischen den beiden, die von der Meinung zum Objekt abhängt. In diesem Fall, in dem der eine Verfechter (sagen wir eines großen Bauprojektes) ist und der andere dieses leidenschaftlich ablehnt, entsteht zwischen den Personen A und B ein negatives Verhältnis.

Das bedeutet aber, dass die Beziehungen zwischen den Menschen zumindest teilweise von ihren Einstellungen zu anderen Dingen abhängen. Jetzt erweitern wir diese Idee, die ursprünglich auf Fritz Heider (1946) zurück geht und später von anderen fortgeführt wurde. A steht nicht für eine einzelne Person, sondern für eine Gruppe von Menschen, die sich im Internet zusammen gefunden haben und leidenschaftlich für eine bestimmte Sache eintreten. Bei B mag es genauso sein, nur dass dort das genaue Gegenteil angestrebt wird. Tatsächlich sind diejenigen, die einen Shitstorm auslösen, zunächst noch gar nicht so geschlossen auf einer Seite, aber das entwickelt sich in der Folge. Nach der Theorie spaltet die Einstellung zu dem Objekt die beiden Gruppen. Diese können auch nicht zueinander finden, denn kommt es zum Konflikt, ist es nicht mehr der Einzelne, der einen Meinungsumschwung herbeiführen könnte. Innerhalb der Gruppen funktioniert das genauso wie in obiger Abbildung 5, nur dass hier andere Vorzeichen einzutragen sind. Das erklärt die nun folgende Abbildung 6.

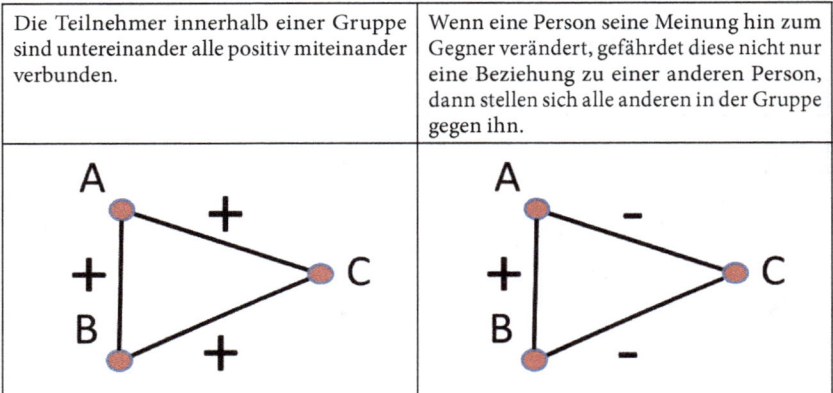

Abb. 6 Transitivität zwischen Personen – die Buchstaben symbolisieren nun Personen innerhalb der sich unverträglich gegenüberstehenden Gruppen

Die Menschen in den beiden Gruppen, die sich aufgrund ihrer Beziehung zu einem Objekt feindlich gegenüberstehen, sind untereinander positiv verbunden. Eine solche gegenseitige positive Verbundenheit (zwischen mindestens drei Personen) wird übrigens in der Netzwerkforschung „simmelian tie" (Krackhardt 1998) genannt. Es handelt sich um eine Beziehung, bei der kaum noch eine Entwicklung erwartet wird, sie hat sozusagen ihr Endstadium erreicht. Was passiert nun, wenn jemand aus der Gruppe seine Meinung zu dem Streitobjekt ändert? Damit ändert sich nicht nur seine Meinung, sondern es werden auch alle Beziehungen zur eigenen Gruppe in Mitleidenschaft gezogen. Die anderen in der Gruppe, zu der diese Person gehört, wenden sich ab, die Beziehungen werden negativ. Das ist der Grund dafür, dass die Gruppen starke und sehr einheitliche Formationen bilden können – Abweichung bedeutet Entzug der Freundschaft und nicht nur der zu einer Person, sondern zu allen in der Gruppe, der man sich zugehörig fühlt. Nichtkonformität kann also in bestimmten Situationen mit Ausschluss und Verlust der sozialen Integration bestraft werden. Soziale Integration ist uns allen sehr wichtig; es muss Menschen geben, bei denen wir anerkannt sind und uns aufgehoben fühlen. Das ist der Grund dafür, dass Meinungsgruppen über eine so hohe Stabilität verfügen und bei Shitstorms und öffentlicher Hasskommunikation eine starke und kaum auflösbare

6.1 Gegenseitigkeit

Polarisierung besteht. Diskussionen, die auf eine Veränderung der Überzeugungen hinzielen, sind dort kaum möglich zu führen – im Gegenteil, sie erzeugen eher weitere Verhärtungen.

Bei einem Shitstorm, soviel wird damit klar, handelt es sich nicht nur um eine Auseinandersetzung zwischen vereinzelten Personen, die aufgrund einer skandalauslösenden Information für sich selbst aktiv werden. Die Personen stehen für Beziehungsnetzwerke, in die sie integriert sind. Die Macht dieser Netzwerke ergibt sich aus den Relationen, die für Menschen unverzichtbar sind. Die soziale Integration ist einer der wichtigsten Motoren menschlichen Verhaltens überhaupt. Die anderen helfen einem, in der Spur zu bleiben – sie sind der Resonanzboden für eigenes Verhalten und die Identität, welche sich aus der Anerkennung und dem Platz in der Gruppe ergibt. Die Gefahr eines Ausschlusses aus der Gruppe, der Gemeinschaft, dem sozialen Kreis, wie auch immer man das soziale Gebilde nennen möchte, bedeutet also sehr viel für die Beteiligten. Die in einer Auseinandersetzung vertretene Meinung ist Teil einer Identität; wenn man nun in der Auseinandersetzung verliert, scheint diese bedroht zu sein. Der Streit findet nicht nur zwischen den exponierten Kontrahenten statt – es sind unterschiedliche Gruppen mit differierenden Auffassungen darin verwickelt. Wo zwei Personen noch in der Lage wären, die soziale Regel der Gegenseitigkeit im Streit zu durchbrechen, ist das vor dem Hintergrund der zahlreichen Gegner nahezu unmöglich.

Das führt dazu, dass dort, wo der Sturm wütet, viel Porzellan zerschlagen wird.

Zwar legt sich der starke Sturm recht schnell, weil er an Dynamik verliert, denn die meisten zu mobilisierenden Gruppen sind sehr zügig erreicht. Danach verliert sich das Interesse. Nach einer Zeit kommt wieder ein neues Ziel auf die Agenda. Aber auch wenn die starke Welle verebbt, schwelt der Streit weiter, eine Besänftigung ist kaum zu erwarten. Es wird bereits Munition für das nächste Zusammentreffen gesammelt – der nächste Ausbruch dürfte nicht lange auf sich warten lassen. Ob dieser nun dasselbe Objekt trifft, ist damit nicht gesagt – möglich ist ein neuer Angriff dort, wo beidseitige Feindschaften schon länger bestehen, etwa bei bestimmten Politikern, die sich regelmäßig mit extremen Gruppen anlegen.

Schauen wir uns das an einem Beispiel an. Es stammt von der von der Facebook-Seite des 2017 amtierenden Justizministers Heiko Maas. Dieser ist ein scharfer Kritiker der AFD und anderer rechter Organisationen. Dort wird er wohl auch deswegen immer wieder kritisiert. Nach dem Weihnachtsmarktanschlag 2016 von Anis Amri am Breitscheidplatz in Berlin bekundete die Bundesregierung Trauer. Hierzu veröffentlichte der Minister ebenfalls ein Statement auf seiner FB-Seite. Hier der Wortlaut:

„Die Tat trifft nicht nur Berlin mitten ins Herz, sie trifft uns alle. Unser Mitgefühl ist bei den Angehörigen und Freunden der Opfer. Wir hoffen, dass den Verletzten so gut wie möglich geholfen werden kann. Wir müssen alles tun, um diese abscheuliche Tat sorgfältig und vollständig aufzuklären. Der Generalbundesanwalt hat ein Ermittlungsverfahren eingeleitet. Wir stehen über den Generalbundesanwalt im permanenten Austausch mit den Sicherheitsbehörden."

Diese Sätze gaben den Anlass auf der Facebook-Seite des Politikers zu protestieren. Es kam zu Vorwürfen, wie dem, der Politiker selbst sei – aufgrund der offenen Asylpolitik im Sommer 2015 – der Fahrer gewesen u. ä.

Um exemplarisch zu zeigen, wie eine solche Auseinandersetzung verläuft, habe ich diese kodiert. Von mir wurde eine Kommunikationsbeziehung konstruiert, wenn eine Person in der Nachricht direkt angesprochen wird oder wenn in der Diskussionssequenz auf ein Argument direkt eingegangen wird. Die Netzwerkanalyse der Diskussion umfasst etwa drei Stunden nach dem das Statement des Ministers gepostet wurde. Sie zeigt die Struktur der Auseinandersetzung. Hieraus kann man Rückschlüsse auf deren Verlauf ziehen.

Während man sich in der Echokammer unter Seinesgleichen befindet und den Eindruck gewinnt, dass alle dieselbe Meinung teilen, so handelt es sich hier um das genaue Gegenteil davon. Von Anfang an gibt es Befürworter der Haltung des Ministers und den anderen Regierungsangehörigen. Hinzu kommen die Kritiker, die provozieren wollen und gar kein wirkliches Interesse an einer Diskussion haben. Hier geht es vielmehr um Schmähung, Beleidigung und Zurücksetzung des politischen Gegners.

6.1 Gegenseitigkeit

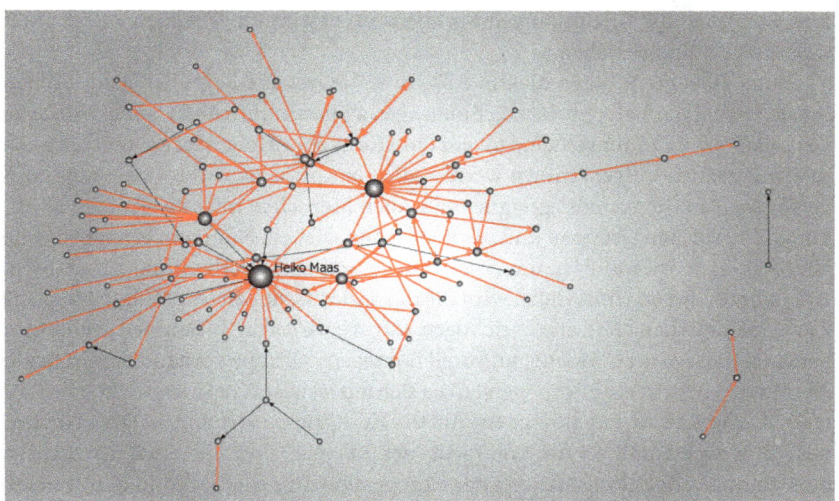

Abb. 7 Shitstorm auf der FB-Seite des Justizministers Heiko Maas (Auswertung von 281 Statements, die innerhalb von drei Stunden nach einem Statement des Ministers auf seiner Seite eingetroffen waren)

Anmerkungen:
Rote Kanten (dicke Linien) – Antagonismus in der Auseinandersetzung
Schwarze Kanten – Neutralität oder Unterstützung
Die grauen Knoten (Punkte) stellen Identitäten dar, also wahrnehmbare Personen.
Je größer die Degreezentralität (Degreezentralität: Anzahl der Kommunikationsbeziehungen) um so größer die Darstellung der Knoten. Die Pfeile zeigen die Richtung der Kommunikation an (wer wird in der Diskussion benannt).

Die Abbildung zeigt, dass Herr Maas am häufigsten angesprochen wird (dieser tritt aber nicht selbst in Erscheinung). Die vielen roten Kanten verweisen darauf, dass kaum jemand Unterstützung für ein Statement oder Argument erhält. Die nur wenigen schwarzen Kanten zeigen befürwortende oder neutrale Posts an. Meist werden die anderen Teilnehmer beschimpft. Auch die Verteidiger des Justizministers beschimpfen die Kritiker. Die Atmosphäre in der Auseinandersetzung eskaliert so stark, dass kaum differenziert argumentiert werden kann und selbst potentielle Unterstützer der Politik der Regierung von Regierungsanhängern angefeindet werden.

Trotz der wüsten Auseinandersetzung wird aber auch eine gewisse Form gewahrt: Fast alle Beiträge annotieren die Person, gegen die sie sich richtet. Während oft die Bundesregierung oder die SPD angegriffen wird, führt diese Form des Beschimpfens dazu, dass die Beleidigungen vor allem auf bestimmte Personen ausgerichtet sind, die Stellung beziehen.

Zum Glück greift die in diesem Abschnitt dargestellte Regel der strukturellen Balancierung nur bei sehr starken Bindungen an bestimmte Auffassungen und die Gruppen, die dahinter stehen. Soll ein Shitstorm ein Erfolg werden, müssen auch solche Personen mitgenommen werden, die über nicht so starke Überzeugungen verfügen. Das Thema muss geeignet sein, auch Menschen mit schwächeren Beziehungen zu solchen Gruppen und Ideologien anzuziehen. Nur dann erreicht es jene Viralität, die notwendig ist, um eine schnelle und weite Verbreitung zu erfahren. Allein unter diesen Umständen wird die in kleinen Gruppen fest gefügte Meinung zu einer Kraft, die sich zu einem richtigen Sturm entwickelt. Zusammen genommen bedeutet dies, dass eine kleine kulturell homogene Gruppe vorhanden sein muss. Aus dieser entsteht eine Propaganda, die sich auf weitere Kreise auswirkt. Die weiteren Kreise sind aber nicht sehr eng mit der Kerngruppe verbunden. Das bedeutet, dass diese auch anfälliger für Argumente der „Gegner" sind. Sie lassen sich nicht so einfach in das Beziehungskorsett der Kerngruppe drängen und sind damit freier, zwischen verschiedenen Meinungsidentifikationsmöglichkeiten auszuwählen.[50]

6.2 Situation und Abfolge der Nachrichten

Jede Sozialität weist Ordnungselemente auf. Das gilt auch für Momente, in denen scheinbares Chaos herrscht. Dann ist die soziale Ordnung nicht immer auf den ersten Blick erkennbar. Eine Regel der Kommunikation ist, dass eine Nachricht auf die andere folgt (Sequentialität). Wenn alle gleichzeitig reden (oder im Falle eines Shitstorms schreiben), kann Verständigung nicht zustande kommen. Es sieht zumindest so aus, als ginge es beim von vielen getragenen Protest eigentlich gar nicht darum, verstanden zu werden oder zu diskutieren. Vielmehr möchte man sich aufgrund des (vermeintlichen) Skandals, erst einmal Luft verschaffen.

Die massenhafte Beteiligung und die dabei geäußerte Kritik sind aber nicht völlig ohne Struktur. Sie erzeugt eine Situativität, die zumindest eine Orientierung an anderen Teilnehmenden erlaubt. Inhaltlich kann dies bedeuten, dass hervortretende Kommentare bestärkt werden oder dass man seine Argumente den anderen anpasst.

---

50 Einen ähnlichen Effekt hat Whyte (1996, 1943) für die Street Corner Society beschrieben. Dort mussten insbesondere die Leader und die Kernmitglieder der Gang die Gruppennormen strikt durchhalten; diejenigen, welche nicht zum Kern gehörten, waren viel freier in ihrem Verhalten.

Wenn beispielsweise im Fall des Hessenparks zahlreiche Teilnehmer den Umstand kommentieren, dass man sogar für Hunde Eintritt zahlen müsse, Asylbewerber aber frei gestellt seien, so liegt es nahe, sich selbst auch dazu zu äußern. Ähnliches gilt für die Form: wenn die anderen über die Stränge schlagen, dann ist es im Grunde jedem erlaubt. Es handelt sich um eine Art von Alignment hinsichtlich der Sprache (Pickering/Garrod 2004) und des Verhaltens (Stegbauer 2016). Damit ist gemeint, dass sich die Teilnehmenden gegenseitig aneinander anpassen. Man kann zwar annehmen, dass dort, wo die Auseinandersetzung dialogisch erfolgt, noch weitere Anpassungsleistungen erbracht werden, als in Situationen, in denen viele Menschen, ohne einen direkten Zusammenhang aufzuweisen, einfach losschimpfen. Aber selbst dort sind Anpassungen etwa hinsichtlich des „Hundethemas" zu finden. Man imitiert die anderen hinsichtlich der Themen und des Verhaltens.

Wenn die schlimmste Sturmphase vorbei ist und die Verteidigung sich formiert, dann kommt es zu Diskussionen, in denen auch Argumente ausgetauscht werden. Die gegenseitige Anpassung schließt auch die Entwicklung von Routineausdrücken in Situationen und die gegenseitige Überwachung der Sprache mit ein (Pickering/Garrod: 170).

6.3 Positionierung der Teilnehmer

Jede Sozialität ist positional gegliedert. In den Hochzeiten der Positionen- und Rollentheorien ging man davon aus, dass die Position das Verhalten bestimmt (Dahrendorf 2010 [1959]; Linton 1967). In den letzten Dekaden wurde diese Auffassung zunehmend zurückgewiesen. Dies geschah beispielsweise, indem die Möglichkeit der Distanzierung von der eigentlichen Rolle betont wurde (Goffman 1973). Eigentlich – so der Tenor späterer Arbeiten – unterliegt die Rolle einer sozialen Konstruktion, zumal sich die Gesellschaft ständig verändert. Ein „Lernen" eines bestimmten Status und das darauf folgende Rollenhandeln sind also in vielen Bereichen gar nicht möglich.

Beispielsweise ist das Verhalten von Lehrern vor ihren Schulklassen sehr unterschiedlich, obwohl alle die gleiche Position einnehmen. Genau dies ist der Inhalt vieler Schülergespräche. Trotz der großen Verhaltensdifferenzen zwischen den Lehrern, ist wichtig, dass die Position immer erkennbar bleibt (DiMaggio 1992).

Was sich für Schulklassen mit den Positionen der Lehrer und der Schüler gut illustrieren lässt, gilt auch für das Internet. Hierauf haben wir in unseren eigenen Forschungen immer wieder hingewiesen. Tatsächlich gilt dies für Mailinglisten (Stegbauer 2001), es lässt sich aber auch in Chats aufzeigen (Stegbauer/Rausch

2006). Wir konnten herausfinden, dass es immer wenige Aktivisten sind, welche die Inhalte moderieren und bestimmen. Die Masse der Teilnehmenden sind diesbezüglich eher inaktiv. Ein Muster, welches immer wieder vorkommt. Auf dieselbe Weise ist auch die Online-Organisation der Wikipedia gegliedert: Hier lassen sich Positionen hinsichtlich der Funktionen unterscheiden – diese sind in Teilen formal vorgesehen, etwa die der Administratoren oder der Sichter (diese geben Beiträge von nichtangemeldeten Teilnehmern frei oder verwerfen diese). Es finden sich aber auch weniger formal codierte Positionen, wie die der Begrüßer, die sich um neue Teilnehmer kümmern. Näher an unserem Thema sind die Trolle, die Spaß an der Provokation haben und immer Öl in die häufig vorhandenen Auseinandersetzungen gießen. Hierfür können Trolle von Admins für eine bestimmte Zeit ausgeschlossen werden (Stegbauer 2009).

Speziell für Shitstorms haben Bauer et al. (2016) nun ein Klassifikationsschema entworfen. Darin werden je nach Funktion der Teilnehmenden unterschiedliche Positionen beschrieben. Zwar finden sich bei verschiedenen Shitstorms durchaus auch Unterschiede, die Analyse geht aber in die richtige Richtung. Die Unterschiede sind Ergebnis von „Aushandlungsprozessen"; nicht immer sind alle von den Autoren (Bauer et al.) beschriebenen Positionen vertreten und nicht immer in gleichem Umfang. In der genannten Arbeit werden zum Teil schon benannte Positionen aufgeführt: Streiter, Diskutierer, Streber, Diplomat, Troll, Spaßvogel und Lurker. Aus ihrer Warte und mit dem Interesse der Sprachanalyse erachten die Autoren sowohl die Streiter als auch die Trolle für besonders bedeutend in einem Shitstorm. Dabei sind die Streiter diejenigen, welche die Auseinandersetzung führen – die Trolle stacheln die antagonistischen Parteien noch weiter an. Ein Merkmal der Trolle ist, dass deren Beiträge nicht immer ganz ernst gemeint sind. Dieser Position geht es vielmehr darum, sich am Hochkochen der Emotionen zu erfreuen.

Drei Reaktionsmöglichkeiten und ihre Konsequenzen

7

In früheren Zeiten – so jedenfalls ein Idealbild, welches manchmal in der Soziologie gezeichnet wird, hatten es die Menschen überhaupt nicht mit unterschiedlichen sozialen Kreisen zu tun (Tönnies 1991). Wenn man mit den anderen Leuten im Dorf dort zusammen wohnt, wo man auch arbeitet und auch seine Freizeit verbringt, dann nehmen praktisch alle am selben Ort wahr, was die anderen tun und wie sie sich äußern.[51] Dadurch sind auch die Freiheiten ziemlich gering, denn jeder Schritt steht unter der Beobachtung aller anderen. Das Ganze hat natürlich den Vorteil, dass solche Sozialitäten weniger komplex sind, als die reichlich gefalteten und überlappenden Kreise, mit denen wir es in Städten und seit einigen Jahrzehnten zusätzlich mit dem Internet zu tun haben. Allerdings gibt es auch in der „virtuellen Welt" Orte, an denen Informationen zusammen laufen. An diesen Plätzen wird die Vielfalt der Kreise, die wir aus den urbanen Zentren und dem Internet gewohnt sind, wieder zurückgeführt auf einen Kulminationspunkt.

Ein solcher Punkt ist beispielsweise Facebook, denn dort werden Beziehungen aus vielfältigen Kreisen gesammelt. Auch wenn man in der Zwischenzeit zwischen engen und weniger engen Freunden unterscheiden kann, so laufen dort doch prinzipiell alle Nachrichten aus verschiedenen Interessen- und Aktivitätsgebieten zusammen. Wir finden dort also Beziehungen, die aus sehr unterschiedlichen Quellen stammen. Die Relationen zwischen den Menschen, die sich dort auf einer Teilnehmerseite begegnen, stammen aus unterschiedlichen Kontexten. Das unterscheidet – zumindest für einige Teilnehmer – persönliche Seiten auf Facebook von anderen dort vorhandenen monothematischen Weltanschauungsgruppen. Zwar kann man die Sphären auch dort zumindest eine Weile lang trennen, ohne dass diese Aktivität auf die Profilseite gelangt, wenn man sich vor allem in thematisch

---

51 Dass in einer solchen Situation besonders die über den begrenzten Raum hinausgehenden Kontakte von besonderem Wert sind, zeigen Avenarius et al. (1995).

© Springer Fachmedien Wiesbaden GmbH, ein Teil von Springer Nature 2018
C. Stegbauer, *Shitstorms*, https://doi.org/10.1007/978-3-658-19955-5_7

einseitig gebundenen Gruppen engagiert. Auf Dauer ist das aber kaum möglich, selbst wenn es sich um geschlossene Gruppen handelt.

Wenn man nun mit jemandem – sagen wir über eine sportliche Aktivität oder die Uni verbunden ist, und diese Person gleichzeitig einer nationalistisch extremen Partei angehört – so muss man von letzterem ohne Facebook nicht unbedingt etwas mitbekommen, denn die Bereiche sind voneinander getrennt. Das gilt natürlich nur, solange man sich nicht sehr eng kennt. Vielleicht dringt über Bekannte ein Gerücht über diese Aktivitäten zu einem durch – aber so ganz genau wird man es nicht wissen.

Was nun, wenn diese Person auf ihrer Profilseite ein politisches Statement postet, welches nicht mit unseren Weltanschauungen vereinbar ist? Es handelt sich um eine Information, deren Inhalt vielleicht noch nicht strafbar ist, die aber bereits einen deutlichen rassistischen Einschlag besitzt. Normalerweise müsste man sich bei der Person, welche so etwas verbreitet, beschweren; vielleicht wäre es sogar besser, dies öffentlich auf seiner Facebook-Seite zu tun. Diese Beschwerde kann nun dazu führen, dass sich die anderen mit einem als Kritiker solidarisieren oder aber mit der Person, welche die diskriminierenden Äußerungen von sich gab. Beide Mechanismen können bewirken, dass das Thema gar nicht angesprochen wird – es entwickelt sich eine Art Schweigespirale (Noelle-Neumann 1980). Für den Kritiker besteht die Gefahr, dass sein Widerspruch zum Ausschluss aus der Beziehung führt. Dabei geht es nicht nur um die Relation zur Person mit der rassistischen Äußerung, auch die Beziehungen zu den gemeinsamen Bekannten, die auf dieser Webseite verkehren, stehen auf dem Spiel. Schweigen wird also erklärbar, z. B. mit der zur Netzwerkforschung gehörenden Theorie der strukturellen Balancierung. Diese wurde bereits angesprochen. Der eigentlich angebrachte Widerspruch versiegt also aufgrund von Ursachen, die in den Beziehungen zu den anderen liegen.

Ein fehlendes Opponieren führt aber dazu, dass die öffentlich geäußerten Meinungen verarmen. Allerdings erklärt die Schweigespirale nicht wirklich, was hier vor sich geht. Mit dieser Theorie sollten Abweichungen zwischen Ergebnissen der Umfrageforschung und dem tatsächlichen Wahlverhalten erklärt werden. Danach passten sich die Befragten der öffentlich vorherrschenden Meinung an, um nicht sozial isoliert zu werden. In Noelle-Neumanns (1980) Theorie müssen die Beteiligten einen Sinn für die allgemeine öffentliche Meinung haben. Der Grund dafür ist, dass sich Interviewer und Interviewte in Noelle-Neumanns Umfrageszenario zuvor gar nicht kannten. Eine Verzerrung durch die Meinungsanpassung ist also unter einander Unbekannten auf verallgemeinernde Hypothesen angewiesen. Das ist in unserem Beispiel noch nicht einmal der Fall – die Personen, die sich auf persönlichen Facebook-Seiten begegnen, kennen sich (es handelt sich schließlich um „Facebook-Freunde"). Was dort passiert, kann man besser mit dem Begriff

„alignment" beschreiben. Man passt sich den Personen an, mit denen man in einer Beziehung steht. Hierzu ist kein Organ notwendig, welches die allgemeine Stimmung in der Bevölkerung wahrnimmt – eine gewisse Aufmerksamkeit für die Äußerungen der eigenen sozialen Umgebung (zumindest dessen, was der Facebookalgorithmus für einen vorhält) reicht aus. Das Problem der „sozialen Isolierung" ist aber tatsächlich vorhanden. Damit ist gemeint, dass diejenigen, die sich in Opposition zu den anderen begeben, in die Gefahr geraten, ausgeschlossen zu werden. Die dahinter stehenden Mechanismen sollen in diesem Kapitel etwas genauer beleuchtet werden.

7.1 Angleichung

Kommen Menschen zusammen, so stellen sie sich aufeinander ein, sie entwickeln eine gemeinsame nur ihnen eigene „Kultur". Dies beinhaltet auch, dass man sich den kulturellen Gewohnheiten in bestimmten Situationen anpasst – sich ihnen zumindest ein Stück weit unterwirft. Nein, um einen Unterwerfungsprozess handelt es sich nicht eigentlich. Vielmehr ist es ein Verhalten, welches unwillkürlich, quasi automatisch entsteht. Es ist ein Einlassen auf die Situation, die Entwicklung einer gemeinsamen Kommunikation – mit Sprache und Verhaltensweisen, die gegenseitige Anerkennung signalisiert. Bei aller Stereotypie nutzt sie die kulturellen Werkzeuge der Beteiligten, um etwas Gemeinsames zu produzieren. Die Unterhaltung mit dem Nachbarn in einer Nachtbar verläuft nicht nur ganz anders als die mit dem Polizisten, der einem gerade einen Strafzettel verpasst. Man lässt sich auf die jeweilige Situation ein, indem man sich so verhält, wie man glaubt, dass es richtig ist. Dieses Wissen überträgt man aus vergleichbaren Situationen. Wenn man nicht weiß, wie es geht, orientiert man sich an den anderen Anwesenden und drückt sich so aus wie diese; bzw. man antizipiert die Art des Sprechens und Verhaltens aufgrund vorher gemachter Erfahrungen. In solchen Situationen wird vorhandenes kulturelles Wissen angewandt – und es wird auch gleichzeitig jedes Mal weiterentwickelt und mit neuen Erfahrungen angereichert.

Wir haben diesen Anpassungsprozess in unseren Forschungen an der Universität in zahlreichen Fällen experimentell untersucht. Es ging beispielsweise darum, aufzuzeigen, wie Verhaltensangleichungen entstehen. So haben wir herausgefunden, dass Menschen, die zusammen in kleinen Gruppen anzutreffen sind, große Ähnlichkeiten hinsichtlich ihrer Präferenzen aufweisen (Stegbauer 2016). Das betrifft beispielsweise die Vorliebe für bestimmte Markenprodukte. Mit anderen Experimenten haben wir die Verhaltensanpassungen von zufällig zusammengewürfelten

Personen untersucht. Es hat sich gezeigt, dass das gemeinsam entwickelte Verhalten auch in Folgesituationen mit denselben Teilnehmern sehr häufig beibehalten wird. Wir konnten beobachten, dass sich das gegenseitig abgeschaute Benehmen mit denselben Personen stabilisiert.

Die gemeinsam erprobten Verhaltensweisen können sich ausbreiten; das passiert dann, wenn die Beteiligten, sollten sie in eine ähnliche Situation kommen, Verhaltenselemente einbringen, die sich zuvor in einer Situation bewährt haben. Wenn die dort anwesenden Anderen dies erleben, übernehmen sie das für sie neue Benehmen vielleicht ebenfalls. Auf diese Weise streut das Verhalten. Das ist das Prinzip, nach dem sich kulturelle Praktiken erzeugen lassen und auf diese Weise können diese auch weitergegeben werden. Manches Benehmen ist so weit gebräuchlich, dass wir es als absolut selbstverständlich wahrnehmen. Dann verstößt auch niemand gegen solches Verhalten – bzw. die Regularien können praktisch nur noch experimentell offengelegt werden, und selbst das gelingt auch nur dann, wenn die unsichtbaren Normen ganz grob verletzt werden. Solche Selbstverständlichkeiten wurden mit Hilfe von Krisenexperimenten (Garfinkel 1973) offengelegt.

Die Befunde in der Soziologie sind eindeutig: Wir können es als eines der bedeutenden Prinzipien menschlichen Verhaltens ansehen, dass man sich aneinander anpasst. Für diese Tatsache selbst gibt es viele Hinweise, insbesondere aus Experimenten, die von Sozialpsychologen durchgeführt wurden (z. B. Asch 1953). Dort passten sich die Probanden offensichtlichen Irrtümern an, nur um nicht in Dissens zu den anderen Teilnehmenden zu geraten. Allerdings wurden die Experimentteilnehmer künstlich unter Gruppenstress gesetzt. Im Alltag passiert die Anpassung auch ohne einen speziell aufgebauten Druck! Die Anpassung führt zu einem Zustand, der in der Netzwerkforschung „Homophilie" genannt wird. Wenn man sich umschaut, so sind die Menschen mit denen man etwas zu tun hat, einem selbst sehr ähnlich; größere Diversität findet sich im sozialen Umfeld selten.

Eine weitere Ursache für die gegenseitige Anpassung ist, dass die anderen Menschen so etwas wie das Verhaltensuniversum darstellen. Die möglichen Verhaltensweisen kann man im Bekanntenkreis beobachten. Das ist insofern nicht nur von Nachteil, denn das Wiederholen dessen, was die anderen auch tun, gibt einem Orientierung und Sicherheit. Zudem wird im Freundes- und Bekanntenkreis das Verhalten anderer bewertet – auch das hilft dabei, eine Richtung vorzugeben.

Man kann also sagen, dass die Anpassung an die Anderen in einer Situation zu den wenigen Gesetzen einer Grammatik des Sozialen gehört. Natürlich findet sich diese auch im Internet, auch wenn sie dort vielleicht etwas schwerer erkämpft wird. Die Leichtigkeit, in der das im Gespräch z. B. mit der Marktfrau passiert, findet sich dort nicht, denn es fehlen einige Mechanismen zur Konsensherstellung. Es mangelt

7.1 Angleichung

beispielsweise an der, durch den Augenkontakt fokussierten Aufmerksamkeit auf einen gemeinsamen Gegenstand (Goffman 1971:96).

Homophilie bedeutet eigentlich, dass man sich am liebsten mit Menschen umgibt, die derselben Meinung sind wie man selbst. Wenn eine Meinungsübereinstimmung besteht, entsteht kaum Dissonanz und man hat auch keine Schwierigkeiten mit der gegenseitigen Anerkennung. Wenn das Thema selbst einen Teilnehmer nicht so stark interessiert, mag es sein, dass die eigene Meinung dazu der sozialen Harmonie geopfert wird. Eine Anpassung erfolgt also weil es so scheint, als seien die anderen in der eigenen Internetumgebung alle derselben Meinung. Man möchte nicht anecken und tatsächlich würde ein Aufbäumen sehr viel Kraft erfordern. Es wäre notwendig, sich mit der Sache selbst genau auseinanderzusetzen, um eine von der Wahrnehmung abweichende Meinung zu äußern und dann unter Umständen auch argumentativ durchzuhalten.

Ein Problem hierbei ist, dass das Ganze vor einer Öffentlichkeit stattfindet. Diese Öffentlichkeit ist „potentiell" die des gesamten Freundeskreises. Die Frage ist nun, ob man es will und kann, sich vor allen anderen für eine Sache einzusetzen, die eventuell nicht mehrheitsfähig ist. In einer solchen Situation eine Haltung zu bewahren, ist sehr schwer. Das gilt besonders dann, wenn man die Frage selbst noch nicht ganz genau durchdacht hat. Anders wäre der Fall vielleicht gelagert, wenn man sich an einem sozialen Rückzugsort, wie der Familie oder unter guten Freunden befände. Dort lassen sich eher Argumente testen – die Diskussion mit den Personen, mit denen man in einer engen Beziehung steht, hält eher experimentell geäußerte Alternativpositionen aus. Hier kann man auch ein politisches Problem von verschiedenen Seiten durchleuchten, ohne Gefahr zu laufen, dass man dafür gemobbt wird.

Das ist ganz anders in der Öffentlichkeit z. B. in den sozialen Medien. Dort äußern sich vor allem diejenigen, deren Position es im sozialen Kreis ist, von der Sache, über die geschrieben wird, etwas zu verstehen. Deren Meinungen – deren Posts dominieren die Öffentlichkeit des sozialen Raums. Wenn es nach dem Gesetz des Sozialen nun zu Angleichungen kommt, bzw. Widerspruch nur wohlüberlegt und -dosiert geäußert wird, entsteht sehr schnell eine Einseitigkeit in der Interpretation von politischen Fragen (das gilt aber genauso auch für andere Dinge, wie Konsumpräferenzen, Sportanhängerschaften etc.), die immer von sehr wenigen dominiert werden. Tatsächlich ist die Beteiligung am Diskurs sehr ungleich verteilt (wie bereits berichtet wurde). Wenn nun – wie beschrieben – der lieben sozialen Harmonie wegen, sich eine große Zahl an Personen zurückhält, liegt eine Orientierung an der Haltung der Aktivisten sehr nahe.

Was dort passiert, kann man ebenfalls als Kulturentwicklung beschreiben. Dabei steht keineswegs fest, was die genauen Inhalte sind, die auf diese Weise Verbreitung finden. Es kann sich in dem einen Kreis um Fragen der Ernährung handeln, in einem anderen um die Art und Weise, wie man sich am besten schminkt. Genauso gut kann es sich darum drehen, ob Intimrasuren notwendig sind oder es stehen politische Themen im Fokus. Für letzteren Themenbereich finden sich eher Aktivisten, die oft in der Nähe „des gesunden Menschenverstandes" argumentieren. Dieser ist für seine Schlichtheit berühmt. Es mag dabei auch naheliegen, dass der einfache Verstand kaum in Einklang mit der „höherwertigen" Moral (wie vorne dargestellt) zu bringen ist, die Regelbruch für einen bedeutenderen, beispielsweise humanitären Zweck in Kauf nimmt. So kann man beispielsweise die Aufnahme von Flüchtlingen in einer ausweglosen Situation interpretieren. Ähnlich verhält es sich mit der Gewährung freien Eintritts für Flüchtlinge, während andere benachteiligte Gruppen einen geringen Obolus entrichten müssen.

Die Tatsache, dass sich schlichte Argumente durchsetzen, ist aber keinesfalls zwangsläufig. Falls es Aktivisten gibt, welche die Notwendigkeit einer höherwertigen Moral nachvollziehbar darstellen, so könnte auch diese Gruppe die Meinungshoheit gewinnen. Bedeutendes Merkmal der sozialen Medien (genauso wie auch der Stammtische) ist, dass Minderheitenmeinungen der sozialen Harmonie geopfert werden. Aus der harmonischen Angleichung folgt aber eine „Kultur" – die in den sozialen Medien als eine Art von Verfestigung vorherrschender Interpretationen gedeutet werden kann.

Praktisch findet man Hinweise auf die Angleichung des Verhaltens sehr häufig, wenn man Diskussionen verfolgt. Ein Zeichen für die gegenseitige Anpassung anstatt Auseinandersetzung ist, dass es lange bei Facebook lediglich eine „like"-Funktion gab. Dabei ist die Interpretation von „likes" und „dislikes" gar nicht so einfach. Wenn jemand eine Reportage über einen Selbstmordanschlag weiterleitet – bedeutet das „like" dann, dass der Liker den Anschlag gut findet, dass die Reportage gut geschrieben ist oder findet man es gut, dass der Bericht weitergeleitet wurde? Angleichung findet auch darüber statt, dass Abweichler direkt ausgeschlossen werden (siehe Fallstudie unten). Hierauf haben auch andere Wissenschaftler Hinweise gefunden, wie beispielsweise Wieland und In der Au (2017:8): Eine Gruppendiskussionsteilnehmerin erklärt beispielsweise, dass sie bei Facebook eigentlich nur ihre eigene Meinung lesen will und daher bereits Personen „entabboniert" habe.

Halten wir fest: Die Auseinandersetzung um Inhalte wird von einer Beziehungsdimension überlagert. Beide Aspekte – Meinungen und Beziehungen sind miteinander verwoben. Die Relationen „greifen" in den Diskurs ein, weil nicht jede Haltung vom sozialen Umfeld geduldet wird. Ein inhaltlicher Dissens kann Folgen für die Beziehungen haben. Dies berührt die für die Menschen bedeutende soziale Integration.

Die Zurückhaltung der vielen, die keine genaue Position formulieren können und die durch „likes" und Kommentare geäußerten Unterstützungen, formen die Wahrnehmung über die Haltungen der Anderen in den sozialen Medien. Da Schweigen im Aushandlungsprozess gleichzeitig für Anerkennung steht, sind wenige Aktive für die sichtbare Meinung verantwortlich. Diese verfestigt sich für eine Weile (hier Kultur genannt). Die wahrnehmbare Kultur formt die Erwartungen der anderen Teilnehmer, wodurch die Haltungen innerhalb dieses Öffentlichkeitsbereichs stabilisiert werden.

Der Mechanismus der Angleichung, welcher durch wenige Aktive geformt wird, macht diese Bereiche des sozialen Kosmos anfälliger für Mobilisierungsversuche. Kommt es zum Skandal, so gewinnen auch die Unentschlossenen sehr schnell den Eindruck, dass die Empörung von praktisch allen anderen auch geteilt wird. Dann ist es leicht, sich dieser anzuschließen, zumal man dadurch eher Unterstützung anstatt Ausgrenzung erfährt. Der geschilderte Mechanismus kann aber durchaus dazu führen, dass die sichtbare Meinung etwas anderes repräsentiert, als es der Fall wäre, wenn nicht der soziale Anpassungsmechanismus wirksam wäre.

7.2 Wettbewerb

Shitstorms dauern nur kurze Zeit. Sie brechen aus verschiedenen Gründen zusammen: Der Zustrom an Unterstützern und Gegnern ebbt irgendwann einmal ab, sodass der Erregung das Personal ausgeht. Es fehlt aber nicht nur an Personen, die weiterhin dazukommen, es mangelt irgendwann auch an Argumenten. Zwar ist die Diskussion noch nicht endgültig totgelaufen, wenn jedes Argument einmal genannt wurde, aber es tritt doch mit der Zeit eine gewisse Ermüdung durch die häufig wiederholten Statements ein. Beide Komponenten beruhen gegenseitig aufeinander: der Zustrom von Personen und der Neuigkeitswert von Argumenten. Wenn genügend neue Personen kommen, müssen die bekannten Standpunkte immer wieder erneut ausgetauscht werden. Es muss zu Argumentredundanzen kommen, da die Empörten kaum die gesamte Textsammlung mit den bereits abgegebenen Statements durchlesen. Ebbt die Anzahl zuströmender Menschen ab, ist die häufige Wiederholung obsolet. Mit der Zeit wird es zudem immer schwieriger, noch ein neues Argument zu finden.

Eine Steigerung der Schärfe ist eine Reaktion auf die Gefahr aufziehender Langeweile. Die immer gleichen Argumente benötigen eine Steigerung. Das ist sogar besonders dann der Fall, wenn im Prinzip die Beteiligten hinsichtlich ihrer Meinungen weitestgehend übereinstimmen. Die Aktivisten formulieren dann ihre Kritik im Lichte dessen, was bereits geschrieben wurde. Das genügt nicht – sie setzen nach Möglichkeit noch eins drauf, um sich abzuheben und um den Diskurs interessant zu halten. Auch hier gilt ein Grundprinzip des Sozialen – und das auch unter prinzipiell gleichen Kritikern, die „pecking order" (White 1992). Der Wettbewerb zwischen den Aktivisten bringt Variationen der Argumente hervor. So werden unterschiedliche Aspekte der Kritik genauer beleuchtet. Die soziale Regel umfasst also nicht nur Anpassung, sie beinhaltet auch eine Art von Wettbewerb um die besten Argumente und Statements. Hierdurch heizt sich die Auseinandersetzung zusätzlich auf.

Trotzdem orientieren sich die Beteiligten innerhalb des Wettbewerbs aneinander. Das lässt sich an Ketten von Posts nachvollziehen. Da sich die begrenzte Anzahl an Argumenten in der Aufheizungsphase immer wiederholen muss, um allen Teilnehmern die Gelegenheit zur Stellungnahme zu geben, findet sich gegenseitige Orientierung im Shitstorm nur innerhalb eines bestimmten zeitlichen Rahmens. Schließlich ist es bei Tausenden von Nachrichten nicht möglich, den Überblick über alle Statements zu behalten. So finden sich zahlreiche Wiederholungszyklen, zumindest so lange der Zustrom an Kritikern anhält.

Das bedeutet aber, dass jeder Teilnehmende immer nur einem kleinen und nahezu einzigartigen Ausschnitt der Debatte ausgesetzt ist. Das ist der Bereich, auf den sich dann argumentativ bezogen wird. In einer solchen Folge von kritischen Kommentaren werden einige der vorhergehenden Statements wohl zur Kenntnis genommen – diese bieten Orientierung in der Masse des von den Aufgeregten produzierten Textes an. Die nun folgende Notwendigkeit, etwas zur Debatte beizutragen, sorgt für eine Variation der Argumente. Man kann dieses Erfordernis tatsächlich als eine Art von Wettbewerb bezeichnen. Vielleicht passt an dieser Stelle der Begriff der argumentativen „Distinktion" besser. Das Gegeneinander-absetzen-müssen lässt Variationen in der Argumentation entstehen. Ferner sorgt es dafür, dass eine Dynamik erzeugt wird. In der nächsten Tabelle wird ein Beispiel aus dem Shitstorm auf das Freilichtmuseum Hessenpark im Taunus gezeigt (der Fall wird unten genauer untersucht). Es geht dabei um ein Detail der Kritik an den Eintrittspreisen, nämlich darum, dass Asylbewerber und deren Betreuer keinen Eintritt zahlen müssen, wohl aber für Hunde ein kleiner Betrag von einem Euro entrichtet werden muss (hierfür bekommen die Hundehalter zusätzlich einen Kotbeutel). Diese Differenz wird oft für Statements benutzt, u. a. um an den Eintrittspreisen eine Art von sozialen Rängen abzulesen. In der ersten Tabelle wird eine Sequenz von Statements präsentiert, die auf der Facebook-Seite von Multikulti-Watch nacheinander auftauchten.

Was auf dieser Facebook-Seite beobachtet werden kann, ist nicht direkt ein Shitstorm. Es handelt sich vielmehr um die Wutsammelstelle, von der aus die Kritikwelle auf den Hessenpark kanalisiert wurde. Die nacheinander erfolgten

7.2 Wettbewerb

Posts weisen Variationen des Themas auf. Man kann annehmen, dass die Autoren zumindest einige der vorangehenden Statements zur Kenntnis genommen haben und diese für eine Orientierung für die eigene Stellungnahme dienen. Sie helfen dabei, ein Thema zu finden – gleichzeitig benötigt die Positionierung ein Weitertreiben des bereits Geschriebenen.

Tab. 4 Multikulti-Watch Seite: Distinktionsbemühungen in einer Sequenz, in der es darum geht, dass für Hunde 1€ Eintritt gezahlt werden muss, angemeldete Asylbewerber (mit Betreuern) aber freien Einlass bekommen. [Die Statements folgten direkt aufeinander und wurden innerhalb von 40 min gepostet].

„Refujjis sind weniger wert als Hunde, sehr diskiminierend."
„Lasst alle eure Hunde in Park scheissen☺"
„......selbst Hunde kosten 1 Euro?"
„wtf warum müssen Hunde zahlen xDDD Sarah Weiner"
„da kann ich ja froh sein, dass ich der betreuer meines geflohenen hundes bin!"
„Langsam reicht einem das rotzfreche Benehmen unsrer Politiker,was erlauben die sich alles,hoffentlich bekommen sie es bei der nächsten Wahl einen Denkzettel"

Selbst wenn die Beteiligten sich nicht persönlich kennen, geht es in einer solchen Sequenz doch darum, sich gegenüber der vorhergehenden Mitteilung noch etwas zu steigern und sich dabei von diesem Statement abzusetzen. Ganz anders, wenn die Statements zum selben Thema nicht direkt nacheinander abgegeben werden: Ist der Zeitraum zwischen den Stellungnahmen länger und liegen zudem andere Beiträge dazwischen, ist keine direkte Bezugnahme verlangt. Das zeigt das folgende Beispiel.

Tab. 5 Hier handelt es sich ebenfalls um Statements zu Hunden – diese sind im selben Forum ebenfalls abgegeben worden, aber in einem etwas größeren zeitlichen Abstand und mit etlichen Posts zu anderen Themen dazwischen. Es besteht also keine direkte Bezugnahme zur vorhergehenden Mitteilung. Aus diesem Grund ist die Variation geringer. Die gleichlautenden Posts wurden in einem Zeitraum von über 30h veröffentlicht.

„Sogar für einen Hund muss man 1 Euro Eintritt bezahlen 😾"
„Sogar für Hunde muss man 1€ bezahlen ^^ 😊"
„Sogar Hunde müssen Eintritt zahlen 😊😊😊😊👎"
„Sogar n Hund kostet 1€ und die kommen alle umsonst rein......"

Die vier Statements der obigen Tabelle 5 sind nahezu identisch. Auch sie folgen insofern aufeinander, als es sich um vier Mitteilungen handelt, die nacheinander auf das Hundethema eingehen. Nur folgen diese nicht direkt aufeinander, sondern es finden sich dazwischen noch Posts zu anderen „skandalösen" Aspekten des freien Eintritts für Asylbewerber. Offenbar ist die Entfernung zwischen den einzelnen Hundestatements groß genug, dass diese nicht direkt einem Hundediskurs in diesem Zeitabschnitt zugerechnet werden können. Dadurch ist es aber auch nicht notwendig, sich gegeneinander abzusetzen. Es entsteht kein Disktinktionsbedürfnis, weil die Mitteilungen über keinen Zusammenhang verfügen. Die dazwischen liegenden anderen Nachrichten zerschneiden die Beziehung zu den anderen Postern des Genres „Hundeeintritt". Aus diesem Grunde fehlt die Konkurrenz, und eine minimale Interpretation der Eintrittspreisliste reicht schon aus, um ein interessantes Statement abzugeben.

Das Distinktionsbedürfnis bzw. den Wettbewerb findet man natürlich auch außerhalb des homogenen Bereichs von Aufladungszonen (wie hier im Beispiel der Multikulti-Watch-Seite). Auch innerhalb von Stürmen findet sich dieser Mechanismus, vielleicht sogar noch schärfer, weil man dort neben der Distinktion zu den anderen mit derselben Meinung mit den Gegnern konkurriert und auch diese ausstechen muss. In einem Shitstorm treffen unterschiedliche inhaltliche Positionen aufeinander. An sich kann eine solche Konfrontation unterschiedlicher Positionen als sehr produktiv angesehen werden – denn nur dort werden homogene Weltsichten mit gänzlich anderen Auffassungen konfrontiert. Allerdings immunisiert die Polarisierung, mit Beschimpfungen und Bedrohungen die Akteure davor, etwas von den gegnerischen Haltungen zu übernehmen.

7.3 Warum man schweigt

Forscher, welche die Bedingungen für Kommunikation im Internet untersuchten, haben herausgefunden, dass Menschen manche Dinge nicht gerne öffentlich in sozialen Medien kundtun. Beim abgefragten Verhalten ging es darum, ob man über die Snowden-NSA-Geschichte dort diskutieren möchte. Während 86 % der 1.801 befragten Personen persönlich über das Überwachungsprogramm sprechen würden, so sind dies auf Facebook und Twitter nur 42 % (Hampton et al. 2014). Wie interpretiert man dieses Ergebnis? Naheliegend ist die Annahme, dass die mit der Begründung der Terrorfahndung eingeführten Überwachungsmethoden auch deutliche Einschränkungen der bürgerlichen Freiheit mit sich gebracht haben. Eine Mehrheit der Bürger traut sich nicht über brenzlige Dinge öffentlich im Internet zu reden. Dies ist besonders besorgniserregend, weil das Internet zu Beginn als das Medium der Freiheit und gerade auch der freien Meinungsäußerung gefeiert wurde. Die Menschen schweigen sich online über bestimmte Sachverhalte aus. Warum ist dies der Fall?

Nun ist die Überwachung und die Verwendung von bestimmten, der Screeningobservation unterliegenden Begriffen sicherlich ein wichtiger Grund dafür, sich im Netz nicht gerade redselig zu geben. Bei stark kontroversen Themen kommt aber noch ein weiteres Problem hinzu: Die Öffentlichkeit, vor der man sich äußert, ist gar nicht dispers und unzusammenhängend, wie dies für Massenmedien behauptet wurde (Maletzke 1963). Das besondere Kennzeichen dieses Publikums ist gerade, dass es nicht anonym ist. Es besteht aus den Freunden und Bekannten, die einem auf Twitter folgen. Im Falle von Facebook handelt es sich um Personen, denen man im Laufe des Lebens begegnet ist. Von der Schule über das Studium oder die Ausbildung hat man Menschen kennengelernt, die sich nun als „Facebook-Freunde" auf der Liste finden. Auch die Freunde und Bekannten aus Vereinen oder Vereinigungen, denen man wegen des Berufes beigetreten ist, wie auch Familienmitglieder und auch Urlaubsbekanntschaften vergisst man nicht mehr so leicht, weil sie sich in der Freundesliste wiederfinden. Dieses Publikum wird bei einigen Facebook-Usern von nahezu allen Menschen gebildet, die man kennt. Es ist also relevant dafür, wie jemand in soziale Beziehungen, in Gruppen und Gemeinschaften eingebunden ist.

Ferdinand Tönnies (1991 [1887]) hat dies als Gegensatz zwischen „Gemeinschaft" und „Gesellschaft" thematisiert. Die sozialen Kreise, mit denen ein Mensch zusammenkommt, sind zunächst gar nicht gewählt, sondern gegeben. Man wird in ein Milieu und einen Ort hineingeboren. Die Verwandtschaft, die Nachbarn, die sozialen Zustände hat man sich nicht selbst ausgesucht. Später gibt es etwas mehr Möglichkeiten zu wählen, welchen Kreisen man sich anschließt, auch wenn sich hier vieles immer noch aus dem sozialen Kontext ergibt. Es hängt vom Beruf ab, zu welcher Berufsorganisation sich jemand hingezogen fühlt und was Kolleginnen und Kollegen in dieser Hinsicht machen, wirkt sich ebenso aus. Das gilt genauso für Freizeitbeschäftigungen, die kulturell zum Beruf „passen" müssen. Gleichwohl wird von einer zunehmenden Differenzierung der Gesellschaft gesprochen, was für den hier behandelten Fall bedeutet, dass sich die Zahl der Kreise, mit denen wir es zu tun haben, tendenziell erhöht.

Zugespitzt könnte man sogar sagen, dass die Errungenschaft der anonymeren Gesellschaft gegenüber der kontrollierenden Gemeinschaft (Tönnies 1991, zuerst 1887), endlich dem Kürwillen genügend Raum verschaffen, durch die Networking-Sites schon wieder auf dem Rückzug ist. Kürwille meint Freiheit. Die Freiheit, die sich dadurch ergibt, dass die sozialen Kreise nur über einen selbst in Verbindung stehen – also die Position in einem Kreis sich nicht oder nur geringfügig auf die Stellung in einem anderen sozialen Kreis auswirkt.

Hinsichtlich der Möglichkeiten, tun zu können, was man will, ist es entscheidend, dass die privaten Beziehungen nicht mit den beruflichen deckungsgleich sind. Bedeutungsvoll in dieser Hinsicht ist gerade, dass es mehr uniplexe als multiplexe Beziehungen gibt. Multiplexe Beziehungen sind vielschichtig – man teilt mit wenigen Menschen viele unterschiedliche Lebensbereiche; uniplexe Beziehungen hingegen stehen dafür, dass man an der Arbeit und bei den vielfältigen Freizeitaktivitäten jeweils andere Freunde und Bekannte trifft.

In der Netzwerkforschung spricht man davon, dass die Moderne sich durch eine Entwicklung von „multiplexen" hin zu „uniplexen" Netzwerken auszeichnet. Je einfacher Gesellschaften sind, umso mehr Überlappungen von Aufgaben und Beziehungen gibt es. Sehr stark vereinfachend kann man die gesellschaftliche Entwicklung folgendermaßen beschreiben: Personen mit denen man zusammenlebt, sind auch diejenigen, mit denen man sein Tagwerk erledigt und auch die Freizeit verbringt. Klar, dass unter solchen Umständen nur sehr wenige Möglichkeiten bestehen, in unterschiedlichen sozialen Kreisen zu sein. Anders ist es in komplexen modernen Gesellschaften – hier sind die Bindungen nicht so unausweichlich, weil es sich dort meist um uniplexe Beziehungen handelt (Schweizer 1996: 33). Anders gesagt: in der Moderne sind die Beziehungen hochspezialisiert. In uns allen überlappen sich viele unterschiedliche soziale Kreise und noch mehr – diese sind es, die uns sozial gesehen, einzigartig machen. Das bedeutet, dass wir der „Mittelpunkt" eines besonderen Mischungsverhältnisses sind. Dieser Zusammenhang ist sehr wichtig und daher beschäftigt er uns hier im Buch öfters.

Die Möglichkeit, in unterschiedlichen Kreisen zu agieren und von keinem völlig abhängig zu sein, bedeutete historisch gesehen eine neue Freiheit. Das ist der Kern, welcher neben der Befreiung von Leibeigenschaft gemeint war, wenn das Sprichwort der freimachenden Stadtluft bemüht wurde. Gerade die Tatsache, dass nicht jeder jeden bzw. alles von den anderen kennt, ermöglicht ein Mehr an Freiheit gegenüber dem Land. Da die sozialen Kreise voneinander separiert sind, ist in der Stadt der lange Arm der sozialen Kontrolle verkürzt, denn dort ist eine viel größere Vielfalt an Beziehungen vorhanden. Diese Diversität bringt neben den Verhaltensspielräumen auch viele neue Ideen hervor. Verschiedene Einflüsse wirken bei erhöhter Freiheit aufeinander ein, sodass soziale, wirtschaftliche und technische Innovationen kaum aus ländlichen Gebieten zu erwarten sind. Auch wenn ländliche Gemeinschaften ebenfalls in Auflösung begriffen sind – gilt dieser Zusammenhang immer noch.

Das, was wir als Freiheit wahrnehmen, stammt also davon, dass die sozialen Kreise sich nur wenig überschneiden. Wenn nun vom Prinzip her in den sozialen Medien, etwa in Facebook alle Freunde und Bekannte immer anwesend sind, dann ist eine Differenzierung des Publikums nur schwer möglich. Da hilft es auch kaum, dass es „special interest"-groups gibt und dass man das Publikum einteilen kann, in enge Freunde und weitläufigere Bekanntschaften. Man kann sagen, dass es schwierig ist, dort in allen Fällen genau jenen Kreis zu adressieren, für den eine bestimmte Nachricht gedacht ist. Eigentlich ist diese Situation ein Rückschritt in der Entwicklung zur Moderne. Sie ist mit der des Dorfes vergleichbar, in dem jeder alles von den Nachbarn weiß. Natürlich stimmt der Vergleich nicht komplett, denn das Wissen im Dorf beruht auf gegenseitiger Beobachtung und die Weitergabe der Beobachtungen, beispielsweise durch Klatsch (Bergmann 1987).

Soziologisch gesprochen, handelt es sich bei jedem einzelnen Facebook-Nutzer um eine Person, welche im Schnittpunkt ihrer sozialen Kreise agiert. Mit diesen Kreisen sind die meisten Menschen durch uniplexe Beziehungen verbunden. Der Begriff der „Sozialen Kreise" stammt von Georg Simmel (1908). Für Simmel handelt es sich gleichzeitig um eine Individualisierungstheorie, wie sie nur die Moderne hervorbringen konnte. Es war schon immer ein Thema der Soziologie, wie sich die Gesellschaft durch die Industrialisierung veränderte; heute thematisiert man die Digitalisierung. Die Menschen werden erst durch die Mitgliedschaft in unterschiedlichen sozialen Kreisen individualisiert. Hierzu gehört insbesondere, dass die Kreise zumindest ein Stück weit voneinander separiert bleiben.

Auf Facebook etwa, wenn alle Beziehungen einer Person zuschauen, erscheint die Vermittlung über Klatsch eigentlich gar nicht notwendig. Das Medium selbst stellt die notwendige Transparenz her. Das kann aber deswegen nicht gewollt sein, weil gerade die fehlende Durchlässigkeit von Informationen über die Menschen zwischen den sozialen Kreisen für die Freiheit verantwortlich ist.[52] Aber auch dies

---

52 Mag sein, dass dies der Grund dafür ist, dass die meisten Menschen sich auf den Networking-Sites von ihrer Schokoladenseite zeigen. Dieses Darstellen von Erfolgen und

stimmt nicht ganz, denn das Wissen um Einstellungen und Haltungen der anderen bedarf einer sozialen Bewertung. Das ist ja das, was durch Gerede sichergestellt wird. Es wird abgeglichen, was innerhalb der sozialen Grenzen möglich ist und was nicht. Klatsch ist zudem auf Facebook eigentlich nicht möglich, da eine Konstitutionsbedingung für das über andere Reden deren Nichtanwesenheit ist. Das bedeutet, dass geschützte Bereiche benötigt werden. Erst durch solche Rückzugsräume wird es möglich, über das Verhalten der anderen zu reden. Hierfür ist Facebook nicht sehr gut geeignet – daran ändert auch die Funktion des privaten Chats nur sehr wenig.

So gesehen bringen die Networking-Sites nicht mehr Freiheit, wie zunächst vermutet, sondern die Möglichkeit, zu machen was man will, wird durch die soziale Maschine eingeschränkt. Es kommt aber noch ein weiterer Umstand hinzu: In jedem der sozialen Kreise haben wir eine andere soziale Position – im Beruf „Lehrer", beim Workshop „Lernender", in der Familie „Vater", in der Freizeit „Sportskamerad" usw. Die Positionen sind in die unterschiedlichen Kulturen der Kreise eingebettet, deren Kontexte sich immer deutlicher voneinander unterscheiden und in denen jeweils nur bestimmte Menschen zusammen kommen. Die Positionen, die sich in den jeweiligen Kontexten unterscheiden, stellen vielförmige Anforderungen, die manchmal untereinander nicht kompatibel sind. Es kann auch sein, dass man sich in einem der Kreise daneben benimmt und dadurch die Anerkennung verliert. Das ist weniger schlimm, wenn dieser „Fehltritt" nicht zwischen den Kreisen kommuniziert wird. Aus diesen Gründen halten wir die Kontexte auseinander. Wenn die Beteiligten eines Kreises nicht wissen, welche Position man im anderen Kreis innehat, so wirkt sich dieses nicht auf die Stellung dort aus.[53]

Jeder Kreis entwickelt seine eigenen Mikrokulturen (Fine 1979) mit eigenen Verhaltensmustern, mit Positionen und zugehörigem Rollenverhalten, mit Symbolen und Interpretationen, mit eigenen Formen und Sprachen. In jedem Kreis stellt man etwas Unterschiedliches dar. Die Kreise, welche eigentlich nur über eine Person in Kontakt stehen und über getrennte Kontexte verfügen, liegen nun in den sozialen Medien alle auf einer Ebene. Die unterschiedlichen kulturellen Sphären sind nicht mehr ohne weiteres unterscheidbar. Die Differenzierung, welche ein Produkt der Moderne ist, wird partiell aufgehoben. Wenn nun die verschiedenen Kreise alle

---

schönen Situationen sorgt für Neid unter den Freunden (Krasnova et al. 2013).

53 Das gilt allerdings nicht immer – in vielen Fällen ist die Übertragung von Zuschreibungen zwischen den Kreisen von Bedeutung. Es gibt durchaus erwünschte Übertragungen: Man denke beispielsweise an Erfolge wie den Erwerb eines akademischen Titels „Dr.". Dieser beeinflusst die soziale Stellung auch in anderen Kreisen (was noch nicht heißt, dass der Titel bei allen Bezugspersonen bekannt werden soll).

7.3 Warum man schweigt

zusammen geworfen sind, geht ein Stück Freiheit verloren – jeder weiß Sachen vom anderen, die er bisher nicht wusste (bzw. kann sie erfahren).

Postet man nun etwas, was in einem Kreis korrekt ist, mag dies in einem anderen Kreis aufgrund der sich dort unterscheidenden Mikrokultur als „falsch" gelten. Falsch kann etwas sein, was nicht zur eigenen Position passt oder was nicht zur Kultur des anderen Kreises passt. Stammtischmeinungen, die im homogenen sozialen Milieu geäußert werden, passen nicht in den weltoffenen durch Diversität geprägten Großkonzern.

Und dies mag, neben der Potentialität, ins Visier der Abhörorganisation zu kommen, ein weiterer Grund sein, weshalb man nicht über bestimmte Dinge öffentlich schreiben möchte. Das Gesagte vergeht, das Geschriebene bleibt im Facebook-Archiv, selbst wenn es für die Öffentlichkeit im persönlichen Bereich gelöscht wird, und auch dann, wenn man sich schon lange abgemeldet hat. Im Prinzip kann einem jede Äußerung später einmal erneut vorgehalten werden. Aus diesen Gründen halten sich viele der Nutzer von sozialen Medien lieber zurück.

Was machen die Menschen überhaupt auf Facebook? Sie benutzen die Networking-Site zum Beziehungsmanagement, also zum Aufbau von Kontakten, als Werkzeug zur Pflege von Beziehungen und auch, um sich selbst in der Gesellschaft verorten zu können (Schmidt 2013: 38 ff). Hiervon unterscheidet Jan Schmidt das Informationsmanagement – also die Weitergabe und Produktion von Inhalten und die Diskussion mit anderen. Weiterhin bedeutend ist es, an Neuigkeiten zu kommen. Darüber hinaus, so Schmidt, sei das Identitätsmanagement zentral. Das meint, dass man eigene Vorlieben mit den anderen teilt, diese also unter den Bekannten verbreitet. So ist es möglich, anzuzeigen, was man gerne mag, welche Fähigkeiten man besitzt und auf welche Erfahrungen man zurückgreifen kann. Selbst wenn ich hier die Punkte etwas anders wende, gehören sie alle zum Bereich der Identitätsentwicklung, welche ja von der sozialen Position abhängig ist. Diese wiederum steht in einem Zusammenhang mit dem, was man als Informationen teilt. Die Ausbildung der Position entsteht durch die Reaktionen der Bekannten – diese wiederum sorgen dafür, dass sich das Verhalten der Teilnehmer darauf einstellt. Hierdurch findet die Position eine Bestätigung.

Das, was wir von den Menschen wahrnehmen, ist eine soziale Konstruktion. Das bedeutet, dass die Leute auf Facebook nicht aus sich selbst entstehen, sondern als ein Produkt ihrer sozialen Umwelt aufgefasst werden können. Wir alle können somit als sozial konstruiert gelten und hierzu gehört der geschilderte Prozess der Nutzung sozialer Medien. Um die Identität herausbilden und weiterentwickeln zu können, ist ein Feedback zu den in den Medien gemachten Äußerungen notwendig. Hierdurch wird eine soziale Integration erlangt. Wenn wir uns fragen, was die eigentlichen Triebfedern menschlichen Verhaltens sind, dann stehen soziale

Anerkennung, die Integration in eine Gruppe anderer Menschen und dabei auch die Zuweisung und Übernahme einer sozialen Position ganz weit oben. Dieser Prozess ist zutiefst sozial.

Über Meinungsanpassungen und Homophilie wurde bereits geschrieben. Die veröffentlichten Haltungen passen sich meistens aneinander an, um den sozialen Frieden nicht zu gefährden. Das Problem nun ist, wenn Meinungen in einen Dissens zur sozialen Umwelt geraten. Dann könnten die Kommentare negativ ausfallen. Das würde die soziale Position in Frage stellen. Noch ärger wird es, wenn Freundschaften aufgekündigt werden, wie unten in der Analyse zum Hessenpark-Shitstorm gezeigt. Erklärbar wird dies durch die Regel der strukturellen Balancierung, die bereits diskutiert wurde und später nochmals eine Rolle spielen wird. Wenn es sich um starke Meinungen handelt, dann polarisieren diese nicht nur die inhaltliche Auseinandersetzung, sie haben auch Auswirkungen auf die Position in einer Gruppe und darauf, ob Beziehungen überhaupt weitergeführt werden. Genau dieser Aspekt ist ein weiterer Grund dafür, dass die Menschen sich bei starken und extremen Meinungen eher zurückhalten – sie wollen ihre Beziehungen nicht verlieren.

Allerdings hat dieser Mechanismus eine bedeutende Folge: Diejenigen mit starken Meinungen erobern die Lufthoheit – die anderen passen sich an oder sie schweigen, um ihrer sozialen Integration willen. Um das zusammenzufassen: Hier wurden drei soziale Mechanismen behandelt, die zusammen wirken, wenn es darum geht, zu erklären, wie die Wahrnehmung davon entsteht, dass bestimmte Meinungen in den sozialen Medien dominieren. Zunächst gibt es den Effekt der gegenseitigen Anpassung; das ist eine Gesetzmäßigkeit, die immer abläuft. Man ist lieber mit ähnlichen Menschen zusammen. Wenn eine starke Meinung gefragt ist, finden sich Menschen, die noch eins draufsetzen. Man kann diese Regel als Distinktion oder Wettlauf ansehen. Die Regel besagt, dass leichte Unterschiede sich in diesem Prozess bis zu Polarisierungen aufschaukeln können. In dieser Situation sind nur noch einheitliche, sich gegenseitig übertreffend scharfe Meinungen zu vernehmen. Im Grunde sorgt das dafür, dass Meinungsminderheiten eher ihren Mund halten und die Wahrnehmung noch mehr die Extreme begünstigt. Personen mit schwächerer Meinung können diese nicht so gut begründen, schwerer wiegt aber die Befürchtung, von der Gruppe ins Abseits gedrängt zu werden, wenn sie gegensätzliche Haltungen einnehmen. Auf diese Weise wird Pluralität abgebaut und Einseitigkeit gewinnt die Oberhand.

Die Anatomie eines Shitstorms
Strukturen und mikrokulturelle Wirkungen der Diffusion von Xenophobie[54]

In diesem Buch werden Überlegungen zur Verbreitung von Shitstorms angestellt. Die nun folgende Fallstudie bezieht sich auf ein Ereignis, welches Anfang 2016 stattfand und in den Massenmedien hohe Wellen schlug. Es handelt sich um den schon mehrfach erwähnten Shitstorm auf das Freilichtmuseum „Hessenpark" im hessischen Taunus, welches sich im Herbst 2015 entschlossen hatte, Asylbewerbern mit Betreuern freien Eintritt zu gewähren.

Dieses Kapitel zeigt auf, dass die Auflagung der Entrüstung, die sich in einem Shitstorm entlädt, in bestimmten Milieus, hier Online-Milieus, entsteht. Eigentlich sind abweichende Meinungen und unterschiedliche Formen der Auseinandersetzung kaum möglich. Deliberation findet praktisch nicht statt.

Für den hier behandelten Fall werden drei unterschiedliche Facebook-Bereiche analysiert. Auf der einen Seite findet sich das Forum, welches für die Auflagung der Entrüstung steht. Es handelt sich um das Forum Multikulti-Watch, welches explizit der Anprangerung von Verfehlungen von Asylbewerbern und Ausländern dient. Es wird zu politischer Hetze genutzt. Man könnte auch sagen, dass sich hier die Xenophoben versammeln. Auf diesem Facebook-Forum wird von vornherein klar kommuniziert, dass man divergierende Meinungen ausschließt. Die zweite Ebene der Auseinandersetzung findet im Facebook-Bereich des Entrüstungsziels (des Freilichtmuseums) statt. Obwohl an dieser Stelle die Verteidiger des Museums mit den Entrüsteten diskutieren, findet dort ebenfalls Ausschluss statt. Gründe hierfür sind, dass sich die Gegner der Preispolitik des Museums nicht an die in diesem Bereich gültigen kulturellen Formen der Auseinandersetzung halten; weder inhaltlich, noch hinsichtlich der Form des Streits. Hierdurch entsteht ebenfalls eine Meinungshomogenität.

---

[54] Dieses Kapitel basiert auf dem Vortrag „Anatomie eines Shitstorms", 38. Kongress der Deutschen Gesellschaft für Soziologie, 26.-30.09.2016 in Bamberg.

Die letzte Analyseebene besteht aus persönlichen Facebook-Seiten. Auf solche Teilnehmerprofilseiten wurde die Nachricht, welche den Shitstorm auslöste, in ziemlich großem Umfang weitergeleitet. Auch hier sind Tendenzen zur Entstehung von homogenen Haltungen zu registrieren. Solche Weiterleitungen bestärken potentiell Reaktionen, indem sie zu einem Ketteneffekt (virale Verbreitung) führen; erfolgt die Weitergabe der Empörung dagegen nicht, verläuft die Aufregung im Sande.

Damit nicht genug, das worum es in diesem Kapitel gehen soll, erweitert die Perspektive um einen neuen Aspekt: die Konstruktion von Kultur und die damit einhergehenden Grenzen, die Inhalte und Formen erzeugen, die nicht miteinander kompatibel sind. Und dies ist, so meine Argumentation, ein Grund für die Eskalation der Auseinandersetzung. Das, was wir hier sehen, hat mit den Ideen einer Verbesserung der Deliberation der Gesellschaft (Habermas 2006) nur sehr wenig zu tun. Die Deliberationsidee ist vielmehr ein Ideal, welches sich nicht mit den sozialen Regeln der Kommunikation im Internet vereinbaren lässt. Die Kommunikationsregeln sind in der Interaktion der Teilnehmer untereinander in voneinander abgegrenzten Bereichen des Internet entstanden. Im Internet gibt es Gebiete mit solchen Regeln, die mit der Idee der Auseinandersetzung auf einer anerkennenden Basis nur wenig zu tun haben. Im Streit werden notwendige Gepflogenheiten zur Deliberation sowieso von gewichtigeren sozialen Regeln (wie etwa der Reziprozität im Streit) ausgehebelt.

Der Shitstorm verbindet unterschiedliche Typen von Arenen miteinander. Von diesen werden die genannten drei hier untersucht. In den unterschiedlichen Arenen, so die Annahme, entwickelt sich durch „Aushandlung" jeweils eine eigene Mikrokultur, die sich durch Besonderheiten auszeichnet.

8.1 Die Verknüpfung dreier Typen von Arenen

Die Arena, in der die Entrüstungswelle entstand, trägt den Namen „Multikulti-Watch". Themen dieses Facebook-Forums sind Nachrichten, die vor allem Berichte über (angebliche) kriminelle und moralisch verwerfliche Taten von Ausländern und Asylbewerbern veröffentlichen. Weitere Themen sind, wie die Politik und die Medien mit Menschen mit (meist islamischem) Migrationshintergrund umgehen, auch dies bietet aus Sicht der Kritiker reichlich Stoff für Häme und Missbilligung. Einfach beschrieben, kann man sagen, dass es sich um eine fremden- und asylfeindliche Facebook-Seite handelt. Sie dient explizit dazu, negative Emotionen gegenüber Schutzsuchenden und Zuwanderern aus anderen Ländern zu erzeugen. Gelegentlich finden sich dort auch Posts von bekannten Vertretern der ausländerfeindlichen Szene.

Beim zweiten Typ von Arena handelt es sich eigentlich um die Informationsseite des Hessenparks, auf der von Ereignissen wie auch von speziellen Veranstaltungen des Museums berichtet wird. Besucher können dort aber auch ihre Meinung wiedergeben. Im parkähnlich angelegten Museum sind historische Häuser (meist aus Fachwerk) aufgebaut, und es wird vor allem die ländliche Alltagskultur vergangener Zeiten dargestellt. Diese Seite wurde zum Ziel des Shitstorms.

Der dritte Arenatyp ist ganz anders beschaffen. Die Ursache für den Shitstorm, ein Beitrag auf der Facebook-Seite von Multikulti-Watch, wurde mehr als 19.000 mal geteilt. Teilen bedeutet, dass Teilnehmer den Beitrag von dem öffentlichen Forum in ihren persönlichen Bereich übertragen haben. Die Bekannten und Freunde, welche die Weiterleitung eines geteilten Inhaltes angezeigt bekommen, gehören zu dieser Arena. Diese ist für den Einzelnen, so kann man sagen, am wichtigsten, denn was hier gesagt und getan wird, erreicht fast alle Personen, die jemand kennt. Welche Konsequenzen die Weiterleitung eines solchen eindeutig positionierten politischen Statements hat, ist ebenfalls Gegenstand der Analyse.

Befeuert wurde die Auseinandersetzung durch die Berichterstattung in zahlreichen Massenmedien, wie Tageszeitungen und dem Fernsehen.

8.2 Was ist geschehen?

Auf der Facebook-Seite von Multikuliti-Watch wurde ein Foto mit der Eintrittspreisliste gezeigt. Der Normaleintritt kostet 8,00€, aber es gibt eine ganze Reihe von Ermäßigungen. Ab 50 % Schwerbehinderung zahlt man die Hälfte, Grundsicherungsempfänger 2,50€. Für Hunde sind zusätzlich 1€ zu zahlen. Auf dem Foto zeigt ein Finger auf die Zeile „Asylbewerber, Flüchtlinge und deren Betreuer**" dahinter steht 0,00€. Das Foto wird kommentiert mit:

> „Hilfsbedürftige Deutsche, Behinderte und Kinder müssen Eintritt zahlen, illegale Einwanderer & sog. ‚Flüchtlinge' nicht. Diskriminierung gegen uns Deutsche im Freilichtmuseum Hessenpark.
> Der Aufsichtsrat der Freilichtmuseum Hessenpark GmbH hat deshalb beschlossen, Flüchtlingsgruppen und ihren Betreuern bis auf weiteres freien Eintritt zu gewähren. Hier ist die FB-Seite, hinterlasst ruhig einen Kommentar. („wink"-Emoticon)."[55]

---

55 In Wirklichkeit erhielten nur um 200 Personen (bei 215.000 Besuchern im letzten Jahr) auf diese Weise freien Eintritt. Hätte man die Flüchtlinge wie normale Besucher

Hierauf folgt der Link zur Facebook-Seite des Hessenparks, zum PDF der Erklärung des Aufsichtsrats zur Eintrittsbefreiung von Asylbewerbern und der Webseite des Hessenparks. Weiterhin finden sich unter dem Kommentar zum Bild die Internetadressen für die Facebook-Seite des Hessenparks und dessen Webseite. Zusammen mit den Webadressen (insbesondere der Facebook-Adresse des Museums) und der Aufforderung, einen Kommentar zu hinterlassen, handelt es sich eindeutig um einen Aufruf zum Shitstorm.

Nicht erklärt wird hingegen, was die beiden Sternchen hinter „Asylbewerber, Flüchtlinge und deren Betreuer" auf der Preisliste bedeuten. Es handelt sich um die Einschränkung, dass der freie Eintritt nur auf Voranmeldung gewährt wird.

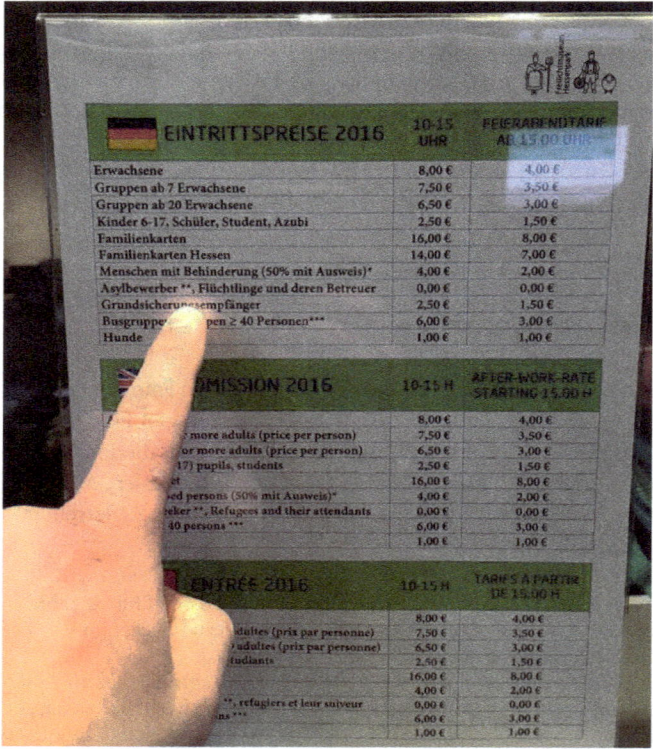

Abb. 8 Das den Shitstorm auslösende Foto zum zitieren Kommentar

behandelt, wären dem Freilichtpark bis zum Shitstorm etwa 500€ mehr zugeflossen.

Ich selbst wurde auf den Shitstorm durch eine Interviewanfrage des hessischen Landesfernsehens aufmerksam. Allerdings musste ich die Bitte um einen Kommentar ablehnen, da ich mich zunächst über den Vorfall informieren musste. Das Ergebnis dieser Recherche mündete in einer Untersuchung, die dieses Kapitel und letztlich auch dieses Buch entstehen ließ.

Die Überlegung ist nun, dass die Aufheizung des Shitstorms durch das aufeinander Einwirken von ansonsten separierten Öffentlichkeiten erfolgte. Die separierten Öffentlichkeiten bilden in der internen Interaktion untereinander Mikrokulturen im Sinne von Gary A. Fine (1979) aus. Solche Mikrokulturen werden in Situationen ausgehandelt (Stegbauer 2016). Bei diesen Mikrokulturen fließen Elemente der vorhandenen Kultur ein. Die Alltagskultur umfasst Interpretationen, Bedeutungen, Verhaltensweisen, Normen und Werte, die Sprache, Formen der Auseinandersetzung und vieles mehr (siehe auch Swidler 1986). Die Herausbildung von solchen Mikrokulturen wird zudem dadurch gefördert, dass differierende Meinungen nicht geduldet werden (siehe unten). Hinzu kommen algorithmische Filtereffekte (Pariser 2012), welche das sowieso immer schon wirksame soziale Gesetz der Homophilie (McPherson et. al 2001) noch weiter verstärken. Solche Aushandlungen erfolgen natürlich auch online, man orientiert sich an anderen und lernt deren Verhalten kennen. In der Folge kommt es zu Imitationen des Benehmens und der Inhalte in Auseinandersetzungen (Tarde 2009, zuerst 1890). Kultur kann zudem auch über schwache Verbindungen weitergegeben werden (Schultz/Breiger 2010).

8.3 Aufladung und Konfrontation in unterschiedlichen Typen von Arenen

Ausgangspunkt des Shitstorms ist die Facebook-Seite namens Mulitikulti-Watch. Hier wurde das Bild mit der Eintrittspreisliste und dem Kommentar zunächst veröffentlicht. In diesem homogenen Bereich von Facebook bestätigen sich die Teilnehmer gegenseitig, dass es sich um einen Skandal handele, bei dem man als Deutscher diskriminiert werden würde. Diese Seite selbst wurde nach ein paar Tagen von Facebook gesperrt, dann nach 28 Tagen wieder zugelassen. Mit der Löschung von Kommentaren und der Blockierung von Personen wurde gedroht, wenn diese sich nicht mit den von den Betreibern aufgestellten Regeln konform verhalten (siehe unten).

Der Zorn der Entrüsteten richtete sich gegen den Hessenpark und seine Mitarbeiter/innen. Besonders ließen sich die Auswirkungen auf der Facebook-Seite des Hessenparks nachlesen. Nach Bekanntwerden des Shitstorms solidarisierten sich viele Politiker und bekannte Persönlichkeiten mit dem Museum. Wegen des Shitstorms waren etliche Daten nicht mehr für die Analyse zugänglich, denn auf der Seite des Hessenparks wurde die gesamte Kommunikation eines Tages gelöscht.

Daneben habe ich untersucht, was auf den persönlichen FB-Seiten geschieht, wenn die Mitteilung, die den Shitstorm auslöste, dort geteilt wird. Solche Weiterleitungen von Informationen sind das, was die virale Verbreitung von Informationen ermöglicht. Wenn eine Information oder ein Medienprodukt, etwa ein Video oder ein Bild sehr interessant ist, kann es sein, dass dieses geteilt wird. Andere Personen sehen dies und teilen es dann ebenfalls auf ihrer persönlichen Seite. Auf diese Weise erfolgt „Ansteckung", die zu einer sehr weiten Verbreitung von Informationen führen kann.

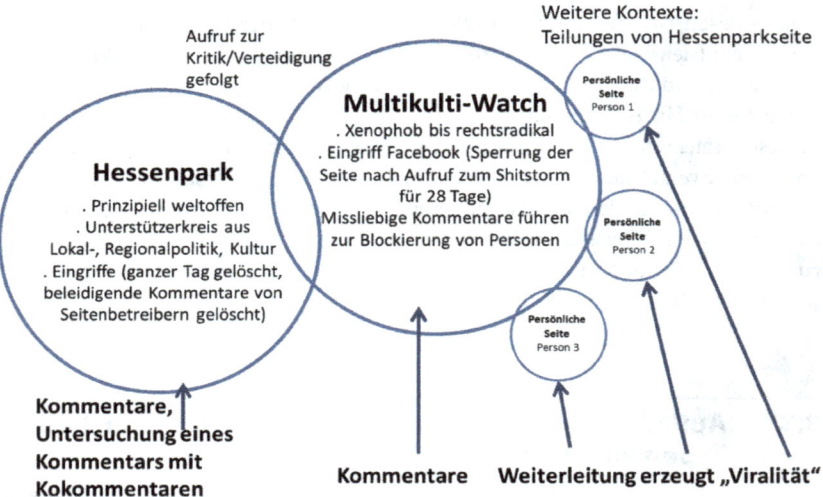

Abb. 9 Schematische Darstellung der drei untersuchten Bereiche

Das oben gezeigte Bild mit den Eintrittspreisen wurde fast 19.000 mal geteilt, von über 3.000 Personen geliked und mit fast 4.100 Kommentaren versehen. Insgesamt waren in diesem Bereich über 24.000 FB-Profile aktiv. Allerdings lassen sich die Zahlen nicht genau ermitteln, weil hier ebenso wie in allen anderen untersuchten Bereichen Löschungen und Sperrungen durchgeführt wurden. Hierdurch ergeben sich Lücken in der Analyse. Allerdings ist ein „Originalzustand" auch nicht erwartbar, weil die Löschungen Reaktionen hervorrufen, welche die Kommunikation verändern. Löschungen und Blockungen sind also Teil der Aushandlung und gehören auch zu den fragmentierten Öffentlichkeiten dazu.

8.4 Analyse der Mikrokultur der Kommentare der Multikulti-Watch Facebook-Seite

Wie analysiert man die Kommentare am besten, um etwas über die Teilnehmenden und deren Kultur zu erfahren? Zunächst kann man auf die Inhalte schauen und dann auch auf die Struktur der Auseinandersetzung. Letzteres sagt etwas darüber aus, ob es so etwas wie Diskussion oder Interaktion gibt oder ob es sich um zusammenhanglose Statements der Teilnehmer handelt.

Eine Untersuchung des Zusammenhangs der Kommentare stellt sich allerdings als recht fruchtlos heraus. Es gibt fast keine explizite Verbindung zwischen den Statements. Meist handelt es sich um recht kurze Kommentare, die sich aber nicht direkt mit den vorhergehenden auseinandersetzen. Es gibt keine Diskussion – hierfür wäre schließlich zumindest ein wenig Kontroverse notwendig. Die ist aber in diesem Forum praktisch nicht sichtbar.

8.4.1 Inhaltliche Analyse der Multikulti-Watch-Seite

Eine andere Möglichkeit sich einen schnellen Überblick zu verschaffen, ist es, nach den Inhalten zu schauen und der Form, in der diese aufscheinen. Ich beginne mit den am häufigsten vorkommenden Worten. Möglich wird dies über eine „wordle-cloud" (http://www.wordle.net/).

Abb. 10 Die 100 häufigsten Worte (abzüglich sog. Stoppworte, die nichts über Inhalte aussagen)

Die Abbildung 10 zeigt die wichtigsten Themen auf. Es geht um das Zahlen müssen, um Deutschland und Deutsche, Flüchtlinge, Eintritt, Geld und Hunde. Der quantitativ gestützte Eindruck wird im Folgenden noch zusätzlich mit einigen Beispielzitaten aus unterschiedlichen Themenbereichen belegt. Was die Wordcloud nicht zeigt, ist wie drastisch viele Beiträge sind – das ist aber das, was den Eindruck eines Beobachters sehr stark prägt. Um dies zu dokumentieren, werden zu verschiedenen Themenbereichen illustrativ Zitate wiedergegeben. Bei der Auswahl ging es nicht darum, besonders scharfe Aussagen wiederzugeben, die Zitate sollen vielmehr die Dimensionen der Argumentation aufzeigen.

Ein Themenbereich, der immer wieder vorkommt, kann mit dem Stichwort „Sozialneid" beschrieben werden. Charakteristisch ist dabei, dass Hilfsbedürftige und Hartz IV-Empfänger gegen die Flüchtlinge ausgespielt werden.

Tab. 6 Einige Zitate zum Themenbereich „Sozialneid" (es wurde keine sprachliche Veränderung vorgenommen)

„Die können ja sogar kostenlos mit dem Taxi dahin fahren. Nen Hartz 4 Empfänger muss beides bezahen, Taxi und Eintritt… ich finde es eine bodenlose Frechheit"
„Nur ist das Taschengeld bei denen deutlich höher, wie bei einem Hartz 4 ler (…)"
„Ach die armen haben doch so einen weiten weg hinter sich. ☺ RAUS MIT DENEN UND ZWAR GESTERN. N arbeitsloser muss alles zahlen und dem reiht die kohle ned. Aber des gesindl kommt hier her kein strich in die staatskasse gezahlt aber alles umsonst bekommen? Gehts noch?"

Ein anderes Charakteristikum ist die deutliche Unterscheidung zwischen einem „wir" und den „anderen". Dabei werden „wir Deutsche" als eine einheitliche Gruppe konstruiert. Danach behauptet man eine Diskriminierung von „uns Deutschen". Hierdurch werden die Menschen auf eine solche Weise in Gruppen eingeteilt, die am ehesten eine Solidarisierung mit den „eigenen Leuten" ermöglicht – aber nur schwer mit der fremden Gruppe. Dieses Vorgehen bewirkt zum einen eine starke Abwertung der Anderen, zum anderen kommt es zu einer deutlichen Polarisierung.

8.4 Analyse der Mikrokultur der Kommentare ‚Mutikuti-Watch'

Tab. 7 Konstruktion von Gruppen („wir" versus „andere")

„FRECHHEIT, SO WIRD MIT LEUTEN IM EIGENEN LAND UMGEGANGEN. SAUEREI"

„Du bist als DEUTSCHER nur noch Dreck und Scheisse 💩💩 arbeiten und für jeden ARSCH bezahlen !!!
Und genau aus diesem Grund, weil es noch so viele Gutmenschen (Arschlöcher) gibt, geht es UNS immer mehr scheisse !!!!"

„Rassismus gegen das eigene Volk!"

Darunter finden sich auch Kommentare, die volksverhetzend wirken. Sie sind so drastisch, dass sie nicht mehr durch die Meinungsfreiheit gedeckt sind. Gleichzeitig wird aber in der Sprache und den benutzten Formen deutlich, wie sehr sich die Kultur des Forums von der Art und Weise des Ausdrucks etwa im akademischen Milieu unterscheidet. Was wir finden, ist eine ganz spezielle Kultur, mit der viele Menschen außerhalb dieses Bereiches nur wenig Berührung haben. Die Inhalte, wie sie dort kommuniziert werden, sind Vorbild für weitere Kommentare. Selbst wenn nicht alle anderen Teilnehmer mit der Schärfe einiger Beiträge übereinstimmen, so entfalten sie dennoch eine Orientierungswirkung. Die Leser merken, was in diesem Raum an Meinungskundgebungen möglich ist. Es entsteht eine Verrohung der Umgangsweisen: Es lässt sich die Herausbildung und die Festigung von Kultur innerhalb dieses Bereiches sehr gut beobachten. Es wirkt die soziale Regel des Alignments: Selbst wenn man mit den Inhalten einiger Posts nicht völlig übereinstimmt, so wirken diese doch in der Hinsicht, dass sich die Sprache gegenseitig anpasst. Damit entwickelt sich in diesem Facebook-Forum eine eigene Kultur. Dieses Einlassen auf den Ton und auf die Argumente führt dazu, dass kaum mehr ein umgänglicher, an einer wirklichen Diskussion interessierter Auseinandersetzungsstil zurückkommen kann. Zu sehr hat sich dann die eigene Kultur in diesem Internetbereich eingebrannt.

Tab. 8 Stark abwertende Kommentare

„Hunde 1€, Ratten nichts...."

„Die haben nicht erwähnt, das gilt nur für die Ställe des Borstenviehs! ;)"

„In Ö is auch alles gratis für die Eindringlinge. ZB im Supermarkt gehns bei der Kassa durch > „Bürgermeister zahlen". Und meistens nur Alk im Sack als Moslem. Des Gesindel hat nur saufen und vergewaltigen im Schädl, (...). Bei denen is vergewaltigen normal, weil Frau nix wert!"

„das sind die größten dreckschweine. und die bonzen mit"

Die Tatsache, dass für Hunde (inkl. Kotbeutel) Eintritt gezahlt werden muss, während für Schutzsuchende der Eintritt frei ist, gehört zu den größten Aufregern in dieser Gruppe von Xenophoben. Das Wort Hund kommt über 600mal in den untersuchten 4.711 Kommentaren vor. Die zunächst als Ungerechtigkeit bewertete Tatsache, dass Asylbewerber keinen Eintritt zahlen müssen, wird für einen Vergleich mit dem Hundeeintrittspreis verwendet. Hierdurch ist eine Abwertung der Personengruppe möglich.

Tab. 9 Beispielkommentare mit dem Thema „Hund"

„der Hund muss €1,= zahlen, Asylbewerber um zohnst. ist diskriminierung gegen den Hunden."

„Weniger Wert als ein Hund, da steht es.☺"

„Sogar Hunde miassen an Euro zahlen!!! Aber wahrscheinlich bloß da deutsche Schäferhund. Da Afghane eher wieder ned... :-P Ironie aus.."

Einige Kommentare kann man als sehr radikal einstufen. Interessant ist, dass sogar ein Museum, welches die kulturellen Traditionen der früheren Zeiten darstellt, auf die sich die Gegner der Multikulturalität (zumindest teilweise) berufen, wegen einer Entscheidung zu den Eintrittspreisen angezündet werden soll. Das reiht sich ein in die Berichte, nach denen die Mitarbeiter des Hessenparks sogar Morddrohungen erhielten.

8.4 Analyse der Mikrokultur der Kommentare ‚Mutikuti-Watch'

Tab. 10 Radikale Äußerungen finden sich ebenfalls

„Das Museum müsste einfach mal brennen.... dann wäre gleich ruhe..."

„Jeder Deutsche der da noch hin geht,ist ein Vaterlands VERRÄTER"

„Boykotiren Boykotire Boykotiren und das für mindestens 2 jahre und zwahr alle !!!dann können die bald dicht machen!!!
das gibts ja wohl nicht ay !!!
die rechten Parteien haben leider mit fast allem recht was sie die letzten 2 jahre Propagiert haben!!! Die sind eindeutig Landes Verräter!!!"

Die häufiger geforderte Maßnahme ist allerdings der Boykott des Museums. Später in der Diskussion auf der Facebook-Seite des Hessenparks wird allerdings deutlich, dass die meisten der lautstarken Kritiker sowieso nicht zu den typischen Besuchern des Museums gehören. Oft kommen diese gar nicht aus der Gegend, in der sich der Freilichtpark befindet. Die Empörung hat so hohe Wellen geschlagen, dass sogar zahlreiche Kommentare aus dem Ausland dazu zu finden waren.

Tab. 11 Beispiele für Boykottforderungen

„Schon ein grund nie da hin zu fahren ich beukotiere alles wo das pack alles um sonst bekommt und wir alles bezahlen müssen"

„Sollen dem Park schließen da muß man nicht mehr hin gehen bei solchen Sachen"

„Boykotieren sag ich mal"

„Beukotieren"

Einige wenige (leicht) kritische Kommentare finden sich auf dem Multikulti-Watch Forum ebenfalls. Widerspruch wird allerdings nicht geduldet. Dies zeigt das folgende Zitat, welches vom Forenbetreiber selbst stammt:

> „Achtung, jeder der hier Diskriminierung gegen uns Deutsche in irgendeiner Weise rechtfertigt, gutheißt oder sogar bejubelt wird hier ohne Vorwarnung blockiert. Rassismus gegen uns Deutsche hat nichts mit „Integration! zu tun!"

Dass dieser Beitrag beachtet wird, zeigt sich darin, dass er derjenige ist, der die meisten Likes erhält (nämlich 95). Die Folge des sozialen Prozesses des Alignment und des aktiven Ausschlusses divergierender Meinungen ist, dass sich die MultiKulti-Watch-Seite durch ein sehr einheitliches Meinungsspektrum auszeichnet. Es hat den Anschein, als diene die Seite vor allem dem Ausweis, dass man die Empörung miteinander teilt. Sie dient auf diese Weise auch dazu, die Aggression gegenüber dem Hassobjekt zu steigern. Die Inhalte sind aber auch ein Zeichen für bestimmte Haltungen und Deutungen, die man im Lichte obiger Definition von Mikrokultur durchaus als eine spezielle Kultur deuten kann. Es geht niemals um eine wirkliche Diskussion des Zusammenhangs – es wird bis hierhin schon deutlich, dass die Facebook-Seite so ausgerichtet ist, dass sich möglichst viel Empörung dort aufbaut.

8.4.2 Formale Analyse der Multikulti-Watch-Seite

Von den insgesamt vielen tausend Beiträgen, konnten in der Untersuchung bei weitem nicht alle Kommentare in die Auswertung einbezogen werden. Ein Grund dafür ist, dass die Datenbankabfrage bei Facebook nach Aufruf vieler Seiten sehr langsam wird. Außerdem konnten in der systematischen Formanalyse graphische Emoticons nicht berücksichtigt werden. Mancher Kommentar besteht nur aus der Graphik eines Kothaufens oder eines sich erbrechenden Menschen.

Die obige Beschreibung wird untermauert durch die Verteilung von Beiträgen. Weil es keinen Widerspruch gibt, muss man nicht diskutieren. Von den 3.908 auswertbaren Kommentaren haben 87 % (3.419) lediglich ein einziges Statement gepostet. Am häufigsten kommt der Betreiber selbst zu Wort – mit immerhin 66 Beiträgen. Allerdings wiederholen sich diese öfters.

Da es kaum Möglichkeiten gibt, etwas über die Teilnehmenden selbst zu erfahren, nehme ich quasi eine Rückwärtsinterpretation vor. Es werden die Texte aufgrund ihrer Komplexität und der Güte hinsichtlich der Rechtschreibung und Grammatik bewertet. Diese nichtreaktiven Daten erlauben dann, so die Überlegung, einen Rückschluss auf die Demographie dieser Gruppe.

Zunächst einmal wird der Flesch-Wert der Texte ermittelt. Beim Flesch-Wert handelt es sich um eine Maßzahl, welche die Lesbarkeit von Texten bewertet. Bei der Bewertung spielt die durchschnittliche Satzlänge als Anzahl der Worte im Text eine Rolle; diese werden dividiert durch die Zahl der Sätze in einem Text. Ferner fließt in die Bestimmung der Kennzahl die durchschnittliche Silbenzahl pro Wort ein, die durch die Anzahl der Worte im gesamten Text dividiert wird (Flesch 1948 und Lisch, Kriz 1978: 180ff). Eine Möglichkeit diese Kennzahl für einen Text berechnen zu lassen, findet sich auf der Webseite: http://tuwort.net/flesch-wert/index.php#flesch-wert (zuletzt geprüft 26.06.2017). Der für die Kommentare ermittelte Flesch-Wert beträgt 75. Dies bedeutet, dass es sich um sehr einfache Texte handelt, die leicht verständlich sind.

8.4 Analyse der Mikrokultur der Kommentare ‚Mutikuti-Watch'

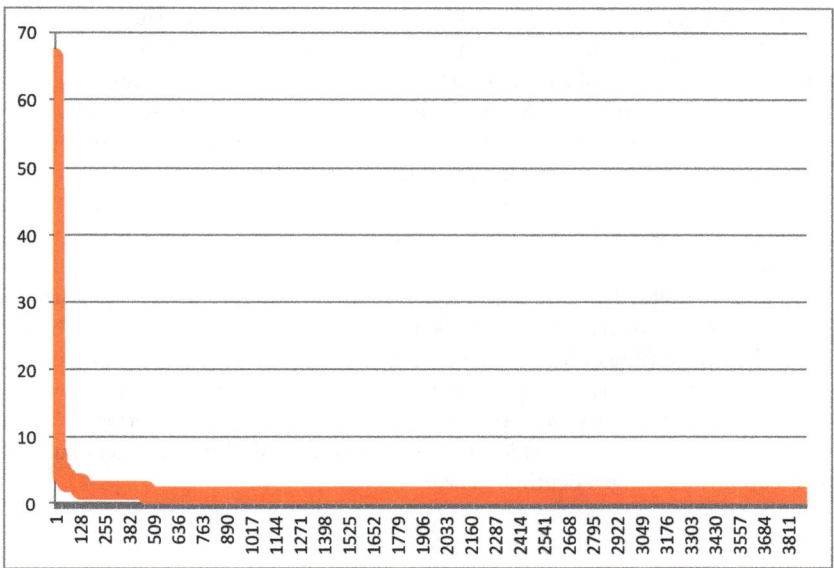

Abb. 11 Verteilung der Beiträge Multikulti-Watch

Es fällt auf, dass die Texte zahlreiche Rechtschreib- und Grammatikfehler aufweisen. Aus diesem Grund habe ich die Fehler gezählt. Bezogen auf die Anzahl der Wörter finden sich ca. 4,5 % Rechtschreib- und etwa 1 % Grammatikfehler. Ferner wird deutlich, dass die Statements oft sehr kurz sind. Sie weisen im Durchschnitt nur eine Länge von 107 Zeichen auf.

8.4.3 Zwischenbefund

Die Untersuchung der Kommentare zur Mitteilung, die den Anstoß zum Shitstorm gab, zeigt, dass sich sehr viele ganz ähnliche Posts finden. Die teilnehmenden Personen machen viele Rechtschreib- und Grammatikfehler und verwenden eine ganz einfache Sprache. Zur Illustration der Kritik an der Preispolitik des Museums berichten einige von eigenen Armutserfahrungen (Hartz IV) oder von Bekannten, die solche Erfahrungen aufweisen können.

Aufgrund der in den Kommentaren weitergegebenen Inhalte und der Form mit der schwachen sprachlichen Kompetenz dieser Gruppe kann man auch auf einige Merkmale der Beteiligten schließen. Im Durchschnitt dürften diese über eine relativ geringe Bildung verfügen.[56] Sicherlich handelt es sich nicht um den Teil der Bevölkerung, die hohe Einkommen erzielen. Diese Gruppe ist für eine Konstruktion des „wir" gegen eine Konstruktion der Anderen, wie den Asylsuchenden, den „Gutmenschen", den Bonzen oder den „Merkels" besonders anfällig. Dabei wird deutlich, dass Homophilie hinsichtlich einer Wert- und Statusähnlichkeit (Lazarsfeld, Merton 1954) möglicherweise vorhanden ist, aber diese der expliziten Demonstration bedarf, damit sie solidarisierend und verhaltensgenerierend wirkt.

Allerdings könnte es auch sein, dass der beschriebene gegenseitige Anpassungsprozess eine Kultur hervorbringt, die es weniger notwendig macht, auf korrekte Rechtschreibung zu achten. Das würde bedeuten, dass selbst Leute, die es besser könnten, sich in diesem Milieu nicht die Mühe machen, auf Korrektheit zu achten. Ich denke, dass dieses Argument eine gewisse Bedeutung hat, aber die vielen anderen, zu denen auch einige Aktivisten gehören, haben die dort vorherrschende Kultur geprägt. Die Kultur ist jedenfalls keine Bildungskultur – das geht aus den sichtbaren Äußerungen deutlich hervor.

8.5 Analyse der Mikrokultur der Kommentare der Facebook-Seite des Hessenparks

In den folgenden Abschnitten zeige ich, wie sich der Shitstorm auf die Hessenpark-Seite auswirkte. Bei diesem Shitstorm und den Bemühungen um seine Abwehr durch Unterstützer der Position des Parks konnten 2.621 Personen (bzw. Facebook-Profile) ermittelt werden, sofern diese zum Erhebungszeitpunkt noch vorhanden waren. Wie bereits gesagt, fehlte ein ganzer Tag des Angriffs, der offenbar komplett gelöscht wurde. Meine Vermutung war nun, dass es viele Personen geben müsste, die auf der Multikulti-Watch dem hetzerischen Klima ausgesetzt waren und anschließend, wie dort aufgefordert, ihre Kritik auf der Hessenpark-Seite massenhaft äußerten. Dies ist allerdings nicht der Fall – in der Untersuchung wurden nur sieben Personen (Profile) gefunden, die sowohl auf der xenophoben, als auch der Hessenpark Facebook-Seite einen Eintrag hinterließen. Warum das so ist? Zum einen wurde der wichtigste Tag des Shitstorms gelöscht – vielleicht hätte man an diesem deutlicher die Wirkung der Wutaufladungsseite registrieren können. Zum anderen kann sein, dass die meisten Teilnehmer, die von Multikulti-Watch kamen, geblockt

---

56 Ein solcher Schluss muss mit Vorsicht erfolgen. Insbesondere Rechtschreibung, in Teilen auch die Grammatik, lässt sich durch entsprechende Programme verbessern.

8.5 Analyse der Mikrokultur der Kommentare ‚Hessenpark'

wurden. Die dort vorhandene Mikrokultur (Inhalte und Formen) dieses Forums ist mit der der Hessenpark-Seite kaum vereinbar. Eine weitere Möglichkeit ist, dass der Angriff mittels Fakeprofilen ausgetragen wurde. Dass solche Profile zum Einsatz kamen, darauf gibt es zahlreiche Hinweise. Allerdings ist schwer zu sagen, welche Bedeutung dieses Phänomen im Gesamtkontext der Auseinandersetzung hatte.

 Freilichtmuseum Hessenpark
Gestern um 15:24 ·

Liebe Freundinnen und Freunde des Freilichtmuseums Hessenpark,

seit gestern Abend werden wir überrollt von einer unglaublichen Flut an Hassmails, 1*-Bewertungen, hässlichen Kommentaren und Nachrichten. Stein des Anstoßes ist unsere Entscheidung vom September 2015, Flüchtlingsgruppen und ihren Betreuern freien Eintritt ins Freilichtmuseum Hessenpark zu gewähren. Diese haben wir hier begründet: http://www.hessenpark.de/fileadmin/downloads/presse/2015/PM_Fluechtlinge_willkommen.pdf

Wir stehen zu unserer Preispolitik und schätzen den freien Meinungsaustausch. Was hier allerdings vor sich geht, sprengt jeden erträglichen Rahmen. Auf einschlägigen Seiten rotten sich Tausende zusammen, um uns zu beschimpfen und dem Museum zu schaden. Und warum? Weil Flüchtlingsgruppen freien Eintritt erhalten. Unsere Preispolitik ist seit Gründung des Museums fair und familienfreundlich. Gäste mit Kindern erhalten bei uns günstige Familientickets, Grundsicherungsempfänger zahlen stark ermäßigte Eintrittspreise und zum Feierabendtarif kostet es für alle nur noch die Hälfte. Im Hessenpark muss also niemand draußen bleiben.

Wir sehen uns als Ort der Begegnung und des Austauschs. Wir stellen uns gesellschaftlichen Entwicklungen und Rahmenbedingungen und werden das auch in Zukunft tun. Wir freuen uns über alle Menschen, die unsere Arbeit schätzen und unterstützen. Können aber auch damit leben, wenn das nicht alle tun.

Viele Grüße
Euer Freilichtmuseum Hessenpark

www.hessenpark.de
hessenpark.de

Abb. 12 Erklärung des Hessenparks zu dem Shitstorm

8.5.1 Inhaltliche Analyse der Hessenpark-Seite auf Facebook

Auf der Hessenpark-Seite habe ich nicht alle verfügbaren Informationen in die Analyse einbezogen. Für die Untersuchung der Inhalte wurde eine längere Sequenz der Diskussionen um einen Hessenschaubericht über den Shitstorm ausgewertet. Dabei wurden dieselben Instrumente benutzt, die bereits für die Multikulti-Watch-Seite vorgestellt wurden.

Die Auseinandersetzung dort ist durch den Versuch geprägt, mit Kritikern ins Gespräch zu kommen. Folgenden Eindruck gewinnt man als Beobachter: Die Verteidiger des Hessenparks diskutieren mit den aufgeregten Teilnehmern mit dem Ziel, diese zu überzeugen. Dazu kommt es allerdings nur sehr selten. Dann kann es aber sein, dass tatsächlich sogar recht komplexe Inhalte ausgetauscht werden.

Allerdings wurden auch hier viele Kritiker blockiert, insbesondere dann, wenn ähnliche Inhalte wie auf der Multikulti-Watch-Seite dorthin gepostet wurden und dabei volksverhetzende Inhalte vorkamen. Ein zweiter Grund für die Blockung von Teilnehmern war die Übertragung der Formen (wie sie im Bereich des Multikulti-Watch-Forums üblich sind) – mit ungelenker Sprache und wüsten Beschimpfungen. Offenbar ist es so, dass die Regel des Alignments auch eine Anerkennungsregel ist. Indem man sich dem Anderen anpasst, wird Wertschätzung ausgedrückt. Dort, wo kein Wert auf Anerkennung gelegt wird, greift die Alignmentregel offensichtlich nur in viel geringerem Ausmaß. Wenn es zu Blockierungen von Teilnehmern auf der Facebook-Seite des Hessenparks kam, so waren zum Zeitpunkt der Analyse nur noch Reste sichtbar: So fanden sich öfters noch Bezugnahmen auf Personen, die dann von der Teilnahme ausgeschlossen wurden, sodass der Forscher eine Idee davon bekam, warum die Blockierung erfolgte. Die Spielregeln sind auf der Hessenpark-Seite „zivilisierter" als auf der Multikulti-Watch-Seite. Dort hat sich eine andere Mikrokultur herausgebildet, die viel mehr Rücksicht bei der Benutzung von Sprache, auf die Umgangsformen sowie die diskutierten Inhalten nimmt. Dies betrifft etwa abwägende Argumentationen und das Vermeiden von Diskriminierung. Letzteres war angesichts der Schwere der Beschimpfungen und Drohungen allerdings nicht für alle Teilnehmer durchzuhalten.

Die Auseinandersetzungen bringen als Ergebnis etwas hervor, was viele Ähnlichkeiten mit der Multikulti-Watch Seite aufweist. Diejenigen, deren Verhalten nicht mit der dort vorhandenen Kultur vereinbar ist, werden blockiert. Am Ende war die Diversität an Meinungen und Formen stark verringert – mit den dann noch vorhandenen „zivilisierteren" Kritikern konnte man umgehen. Diese Analyse ist nicht als Kritik am Vorgehen zu verstehen – sie soll vielmehr dabei helfen, das Phänomen der Reduktion von Diversität nachzuvollziehen.

8.5 Analyse der Mikrokultur der Kommentare ‚Hessenpark'

Abb. 13 Diskussionen zu einem Hessenschaubericht: Die 100 häufigsten Worte außer Stoppwörtern

Die Wordcloudanalyse der längeren Diskussionssequenz zeigt, dass sogar in dem kleineren Ausschnitt die behandelten Themen weit vielfältiger waren; auch wichen sie von denen auf der Multikulti-Watch Seite ab. Dies wird deutlich sichtbar, obgleich weniger Mitteilungen in die Verarbeitung eingingen.

Die Verteidiger der Museumsposition führen eine argumentative Abwehrschlacht. Diese ist gegen die xenophoben Teilnehmer mit ihren hetzerischen Kommentaren und ihre Beschimpfungen gerichtet. Aus diesem Grund werden einige Teilnehmer blockiert. Die folgenden Diskussionssequenzen illustrieren dies.

Tab. 12 Hinweise auf Blockierungen auf der Facebook-Seite des Hessenparks

„Auch! ☺ Blockiert! Ihr habt echt nichts besseres zu tun als andere Leute zu nerven mit eurem rechten Blödsinn!"

„Würde mich nicht wundern, wenn hinter diesen Fakes dieselbe Person steckt."

„Vielleicht die Oink Oink Sau, aber die wurde ja auch geschossen ☺"

Die Art und Weise, wie über die Blockierungen auf der Hessenpark-Seite gesprochen wird, konstruiert auch eine Polarisierung: Ein „wir" der Verteidiger gegenüber denjenigen, die auf der Seite der Angreifer stehen. Ein wesentlicher Unterschied dieser Polarisierung ist aber, dass sie nicht einer „völkischen" Kategorie folgt. Sie orientiert sich vielmehr an Einstellungen. Neben diesen Gemeinsamkeit stiftenden und eher nach innen gerichteten Statements fällt auf, dass manchmal (sehr selten) ernsthaft diskutiert wird. Obgleich auch hier zahlreiche orthographische Fehler zu finden sind, sind die Mitteilungen deutlich länger und ausgefeilter. Allerdings drücken die Kommentare auch aus, dass ab einem bestimmten Zeitpunkt die Provokateure regelrecht „gejagt" wurden – sie wurden gemeldet und in der Folge gesperrt.

Tab. 13 Auf der Hessenpark-Seite finden sich längere und ausgefeiltere Beiträge

„Danke Hessenpark im Taunus. *Nicht nur deine wunderschöne Natur im Taunus, hat es mir angetan sondern auch die vielen Chöre und die Musikalität dieser Region und oben drauf noch Menschen mit Menschlichkeit und Rückrat und Charakter. Und das beweißt mir der Hessenpark und alle Menschen, die dem Museum beigestanden haben in die Entscheidung des Parkes mitgetragen und unterstützt haben.* *Danke das ihr standhaft geblieben seid. <3* *Da geht mir das Herz auf bei sovielen Menschen die gott sei Dank das Herz am richtigen Fleck haben <3* *Ich werde auf alle Fälle vorbeikommen, sobald ich wieder im Taunus bin."*
„Das ist alberne Wortglauberei. Das fängt schon beim Euphemismus „Reaktionen auf eine Aktion" an (für u. a. offene Hasskommentare, Boykottaufrufe und Parkbewertungen von Menschen, die noch nie in Hessen waren), und geht weiter mit der steilen Behauptung, hier sei nichts strafrechtlich relevantes gepostet worden, garniert mit dem schönen Zirkelschluss, dass die StA das ja sonst verfolgt hätte. Ich bin aber schon sehr gespannt auf Ihre objektiven Kriterien für einen Shitstorm aus Sicht eines Unvoreingenommenen."

Eine Messung des Flesch-Werts aller Beiträge in der hier analysierten längeren Sequenz auf der Hessenpark-Seite ergibt den Wert 58. Dieser Wert besagt, dass es sich um relativ einfache Texte handelt. Diese sind zwar deutlich komplexer als die auf der Multikulti-Watch Seite, man könnte sie als durchschnittlich verständlich charakterisieren; sie ähneln damit einfachem Zeitungstext. Die Texte weisen eine nur halb so hohe Rate an Rechtschreibfehlern (2,6 % auf die Anzahl der Wörter bezogen) auf. Ferner sind auch die Grammatikfehler (0,44 % bezogen auf Wortzahl) deutlich reduziert. Die Kommentare sind dabei im Schnitt mehr als doppelt so lange wie die auf der Multikulti-Watch-Seite.

Nehmen wir diese Daten zusammen, so lässt sich darauf schließen, dass die Teilnehmenden an der Diskussion auf der Hessenpark-Seite über eine deutlich höhere Bildung verfügen – und dies, obgleich hier ja beide Seiten zusammentreffen. Das bedeutet, dass die Messung des sprachlichen Niveaus ohne die Provokateure einen noch deutlich höheren Wert angezeigt hätte.

8.5 Analyse der Mikrokultur der Kommentare ‚Hessenpark'

In den hier untersuchten Daten findet sich ebenfalls eine große Ungleichheit hinsichtlich der Beteiligung an der Diskussion. Die Masse der Teilnehmer begnügt sich mit nur einem Beitrag, der oft der Unterstützung gegen den Shitstorm gilt. Nur wenige diskutieren engagiert. Allerdings gelingt es diesen wenigen Diskutanten bereits, so etwas wie die „kulturelle Hoheit" wieder herzustellen.

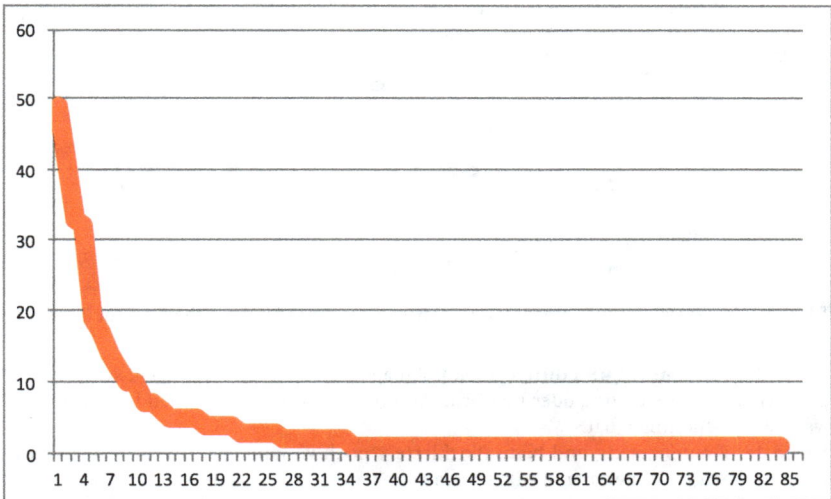

Abb. 14 Verteilung der Kommentare und Kokommentare auf Personen

Da auf der Hessenpark-Seite tatsächlich diskutiert wird, ist es im Gegensatz zur Multikulti-Watch-Seite möglich, die Struktur der Diskussion abzubilden. Dies wird in der folgenden Netzwerkgraphik getan. Es wird die Netzwerkstruktur von Kommentaren und Kokommentaren gezeigt. Als Beziehung wurde ein direktes Eingehen mit Namensnennung oder impliziter Aufnahme einer anderen Nachricht definiert.

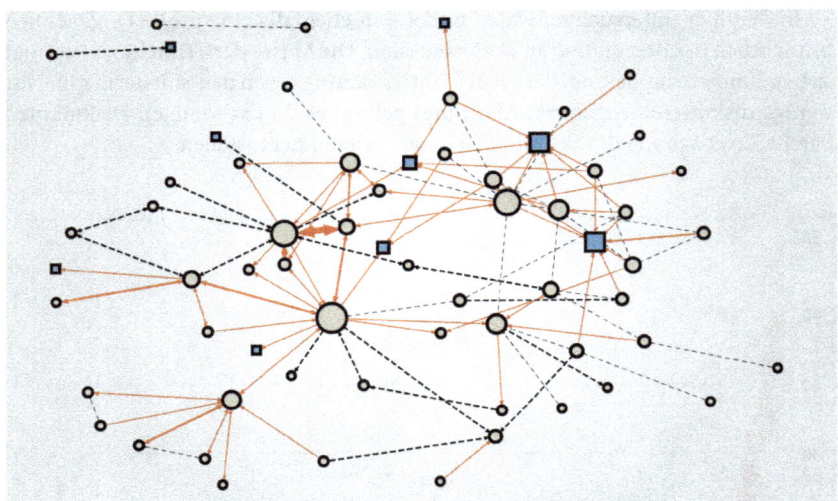

Abb. 15 Netzwerkgraphik einer Diskussionssequenz zum Hessenschaubericht über den Shitstorm

Farbe der Kanten: rot und durchgehend: Antagonismus + Schmähungen, **schwarz und gestrichelt:** Unterstützung oder sachliche Auseinandersetzung. Der Pfeil besagt, wer auf wen Bezug genommen hat.
Farbe der Knoten: eckig und blau: Blockierte + noch vorhandene Reaktionen auf diese, **rund und beige:** Teilnehmer mit Beiträgen

Während es auf der Multikulti-Watch-Seite praktisch gar nicht zu einer Auseinandersetzung mit antagonistischen Haltungen kam, so ist das auf der Hessenpark-Seite ganz anders. Hier gibt es eine Diskussion; hier finden sich sehr viele gegensätzliche Statements, wie die roten Kanten (Linien) zeigen. Der Pfeil zeigt immer die Richtung der Diskussion auf. Die quadratischen Knotensymbole stehen für Teilnehmer, auf die noch Bezugnahmen vorhanden sind, die aber im Verlauf der Diskussion blockiert wurden. Damit wurden aber auch alle Beiträge von ihnen unsichtbar gemacht. Die gestrichelten Kanten stehen für Unterstützung. Die Größe der Knotensymbole steht für das Zentralitätsmaß „Degree", welches die Anzahl der unterschiedlichen Kontakte misst. Kontakte heißt hier Diskussionsbeiträge, die sich an unterschiedliche Teilnehmer richten.

Fast die gesamte Kommunikation zusammen, lässt sie sich in einer Komponente bündeln, was auf starke direkte gegenseitige Bezugnahmen hindeutet (diese gab es praktisch gar nicht auf dem Multikulti-Watch Forum). Dies zeigt, dass hier tatsächlich eine Auseinandersetzung stattfand.

Fassen wir das bisher gesagte zusammen, so finden wir, dass zumindest am Tag nach dem großen Shitstorm die Kritiker des Hessenparks bereits wieder unterlegen sind. Sie erfahren in der Diskussion eine Abwertung, da ihr Verhalten in den meisten Fällen nicht mit der akzeptierten Mikrokultur vereinbar ist.

Das Verhalten betrifft die Inhalte und die Argumente (die nicht differenziert genug sind). Zum Verhalten gehören auch die sprachliche Form, die benutzten Begriffe, der Sprachstil und die Rechtschreibung. Da es nur wenige Übereinstimmungsmomente hinsichtlich dieser Verhaltensbestandteile der Kritiker mit den Verteidigern gibt, kommt es schnell zur Eskalation. Tatsächliche sachliche Auseinandersetzungen sind kaum möglich – wenn die hier geltenden „Standards" nicht eingehalten werden, erfolgt die Blockierung.

Auch wenn die Gründe für Blockierungen hier nicht explizit in der Verweigerung von Diversität in den Meinungen liegen, so ist das Ergebnis doch sehr ähnlich: Die Unterschiedlichkeit der Positionen wird verringert, und es kommt zu einer Homogenisierung der Mehrheit der Meinungen.

8.6 Persönliche Facebook-Seiten

Der dritte Typ von Arena, der hier betrachtet wird, ist etwas anders gestrickt als die beiden vorherigen. Es handelt sich um die Möglichkeit der Weiterleitung von Inhalten („Teilen" genannt). Hierdurch wird ein Austausch zwischen ansonsten getrennten Teilöffentlichkeiten auf Facebook und zu anderen Medien möglich. Die Personen, die etwas weiterleiten, tun dies auf ihre persönliche Facebook-Seite. Bevor ich mich konkret mit dem Teilen der Multikulti-Watch-Inhalte befasse, möchte ich zunächst einige Überlegungen über die persönlichen Facebook-Seiten anstellen.

Facebook stellt eine Art soziales Werkzeug dar. Auf der Teilnehmerseite können die Menschen etwas über sich selbst mitteilen, ihre Freunde und Bekannten up-to-date halten, und es ist auch möglich, zu schreiben, was einen bewegt. Ein Werkzeug ist es deswegen, weil es hilft, Menschen nicht aus den Augen zu verlieren, denen man im Laufe des Lebens begegnete. Selbst wenn es sich um schwache Kontakte handelt, ist doch eine Wiederaufnahme der Beziehungen prinzipiell auch nach längerer Zeit immer noch möglich. Auf diese Weise sammeln sich mit der Zeit unter den Freunden Personen an, mit denen man aus unterschiedlichen Institutionen kennt, sei es die ehemalige Schule, die Ausbildung, die Arbeitsplätze, die Vereine oder Bekanntschaften von Reisen. Normalerweise bedeutet dies, dass sich auf der persönlichen Facebook-Seite zahlreiche unterschiedliche soziale Kreise kreuzen. Durch die Verschiedenheit der durchlaufenen Lebensabschnitte entsteht eine Diversität, die der Vielfalt der sozialen Kreise entspricht, in denen man sich bewegte.

Wenn es nun im hier besprochenen Beispiel zu einer Weiterleitung einer Mitteilung kommt, dann wird ein Inhalt aus dem mikrokulturell homogenen xenophoben Umfeld in den meist deutlich diverseren privaten Kontext übertragen.[57] Zu solchen Teilungen kam es im Umfeld des untersuchten Shitstorms mehr als 19.000 mal. In die Untersuchung hier fließen 1.437 dieser Teilungen ein. Wenn man „likes" nicht berücksichtigt, dann finden sich nur unter 261 dieser Weiterleitungen Kommentare auf den persönlichen Facebook-Seiten.

Meist (in 210 Fällen oder 80 %) geht der Kommentar in dieselbe Richtung wie die übernommene Mitteilung. Die Entrüstung wird bestätigt. Allerdings kommt es manchmal auch zu Kontroversen. Solcher Widerspruch findet sich in 20 % der Fälle, in denen die Weiterleitung kommentiert wurde (51 Fälle).

Was bedeutet die Kontextverschiebung bei der Teilung einer Nachricht? Dort, wo es nicht zum Widerspruch kommt, so könnte man annehmen, ist die Kultur bereits ausgehandelt worden bzw. niemand möchte sich mit Widerspruch exponieren, zumal Schweigen die Beziehung schützt. Schweigen schützt aber nicht nur die Beziehung zur Person, welche die Anklage gegen das Freilichtmuseum weiterleitete. In einem Milieu, in dem es keinen Widerspruch gibt, muss ein Beteiligter annehmen, die anderen sind der Meinung des Inhalts des Posts. Wenn man nun diesem widerspricht, stellt man sich potentiell gegen alle anderen (auch die, mit denen man den sozialen Kreis des „Facebook-Freundes" teilt). Insofern sind die Teilnehmenden in einem für sie unklaren Milieu oft vorsichtig mit ihren Äußerungen, um nicht alle anderen gegen sich aufzubringen. Wenn man sich nicht äußert, gefährdet man also nicht die Beziehungen zu seinen Freunden im selben Kontext.

Wird hingegen widersprochen, so finden sich oft noch mehr Personen, die ebenfalls nicht zustimmen. Entweder handelt es sich um ein Milieu, das so heterogen ist, dass es sich nicht auf eine einzige Meinung bei diesem Thema reduzieren lässt, oder aber die Kultur bezüglich dieser Frage ist noch offen. Sie wird in solchen Auseinandersetzungen ausgehandelt. Eine gemeinsame Haltung wird entwickelt.

Wie das geschieht und welche Konsequenzen das hat, soll im Folgenden aufgezeigt werden. Hierzu habe ich einige Sequenzen mit Reaktionen auf die Weiterleitung

---

57 Teilen bedeutet nicht immer, dass ein Kontextwechsel in den privaten Umkreis erfolgt. Manchmal kommt die Mitteilung aber auch in eine andere ebenfalls fremdenfeindliche Umgebung, etwa die FB-Gruppen „Wir wollen keinen Islam in Deutschland und Österreich", „Patrioten Rostock-Rügen-Stralsund" oder „Dithmarschen steht auf Wir wehren uns".

8.6 Persönliche Facebook-Seiten

des zum Shitstorm führenden Bildes gesammelt. Hieran lässt sich die Aushandlung der Mikrokultur in den unterschiedlichen persönlichen Seiten aufzeigen.

Tab. 14 Beispiel einer Weiterleitung des den Shitstorm auslösenden Bildes auf das Facebook-Profil von Ole

Ole* hat Multikulti-Watchs Foto geteilt.	
Mario: „Solche Fakes werden leider immer schnell erstellt um die negativen Hirnschwingungen so mancher Proleten in Wallung zu versetzen. So was denke hast du nicht nötig Oliver."	
Ole: „Hast recht, man sollte immer kritisch sein „like"-Emoticon"	👍 Mario
* Namen geändert.	

Im obigen Beispiel kann man beobachten, wie die Aushandlung der Mikrokultur funktioniert. Ein Freund weist auf die Problematik des Inhalts hin. Daraufhin erfolgt Einlenken. Das Einlenken wird mit einem „like"-Zeichen honoriert. Ansonsten äußert sich niemand der Facebook-Freunde von Ole dazu. Da Ole unter der Anleitung des Freundes seine Haltung ändert, findet man als Folge nur noch eine einheitliche mikroöffentliche Meinung in diesem Kontext.

Tab. 15 Beispiel einer Weiterleitung des den Shitstorm auslösenden Bildes auf das Facebook-Profil von Klaus

Klaus hat Multikulti-Watchs Foto geteilt.
Marion: „ich lösche dich jetzt aus meiner Freundesliste,das ist so plump und blöd"
Klaus: „So wie Du dümmer geht nicht Molukken Matratze"
* Namen geändert.

Auch im folgenden Beispiel findet eine Aushandlung der Mikrokultur statt. Klaus teilt das Foto und den Kommentar der Hessenpark-Seite. Dies erzürnt Marion, die ihm einen Kommentar unter seine Weiterleitung schreibt und darin die Freundschaft aufkündigt. Klaus beleidigt sie daraufhin mit einer fremdenfeindlichen Beschimpfung. Diese wird Marion wahrscheinlich aber nicht mehr selbst lesen. Die Beschimpfung dient zum einen der Gesichtswahrung von Klaus vor den anderen Freunden – zum anderen aber auch als Signal für die anderen, sich bitte nicht kritisch in diesem Bereich zu äußern. Das Resultat ist freilich dasselbe wie im Beispiel davor – das wahrnehmbare Meinungsspektrum wird verringert. Diversität wird reduziert – das Umfeld nähert sich bezüglich der sichtbaren Meinungen aneinander an.

Tab. 16 Beispiel einer wegen Dissens abbrechenden Diskussion

Ute hat Multikulti-Watchs Foto geteilt.	👍	Minna Ilona
Steffi: 😱😨😷😷😷😷😷		
Ute: *Unfassbar......*		
Steffi: *Unglaublich Jep wie so alles die sollen sich anpassen und arbeiten gehen was auch einige machen nur ja leider nicht alle die nutzen es nur aus*		
Ilona: *zum kotzen*		
Jasmina: *oh da bin ich ja neidisch....*		
Nina: *????*		
Karl: *Was für eine frechheit wir deutsche dürfen bald nicht nichts mehr im eigenem land*		
Nadja: *So Fremdschämen...Was fehlt euch denn? Welchen Nachteil habt ihr denn dadurch, dass dort Flüchtlinge /Asylbewerber nichts zahlen müssen... Sorry, aber die Einstellungen kann ich echt nicht verstehen...*	👍	Semra

8.6 Persönliche Facebook-Seiten

Steffi: Dann mach weiter die Augen zu ihr versteht es sowieso nicht es geht immer mehr Berg ab hier. Und warum Dann denk mal nach	👍	Nina
Steffi: Aber diskutiere nicht mehr Schluss		

* Namen geändert.

In der obigen Sequenz wird um die vorherrschende Deutung (ein Teil der Kultur) gerungen. Zunächst wird die Protagonistin durch eine andere Teilnehmerin gestützt, sowohl durch „likes", als auch durch explizite Äußerungen. Gestört wird dieser Konsens durch das Eingreifen von weiteren Personen, die eine kritische Haltung zum Sozialneid ausdrücken. Zwar wird dem noch einmal durch Karl Paroli gegeben, aber die differierende Meinung ist eingeführt. Diese wird nun von Nadja noch deutlicher formuliert. Hierauf tritt Steffi den Rückzug an. Sie tut dies, obgleich eine Mehrheit der fremdenfeindlichen Auffassung zuneigt. Sie äußert, dass sie ab jetzt still sein möchte. Man kann dies so deuten, dass problematische, widersprüchliche Inhalte ausgeklammert werden. Auch dies dient dazu, die Beziehung zu schützen. Das Taktgefühl gebietet es, hierüber in dieser Öffentlichkeit, welche durch die Kreuzung sozialer Kreise geprägt ist, nichts weiter zu sagen.

Zwar ist hier nicht, wie in den beiden Beispielen zuvor, eine Einigung mit einer Verringerung der Diversität an Meinungen gelungen. Die Diskussion wird abgebrochen und damit bleibt offen, wie die anderen denken und was an vorherrschenden Meinungen sichtbar wird. Entweder das Thema bleibt zunächst ausgeklammert oder aber es sind weitere Klärungen notwendig.

Ein Ausklammern eines solchen umstrittenen Themas hat den Vorteil, dass das Gesetz der strukturellen Balancierung (siehe unten) nicht zuschlagen kann. Dadurch, dass der Dissens in der Mikroöffentlichkeit dann unsichtbar ist, kann er nicht so bedeutend werden, dass daran die Beziehung zerbricht. Ein solches Verhalten ist dann sehr praktisch, wenn es Gelegenheiten gibt, an denen man sich nicht aus dem Weg gehen kann. Das kann der Fall sein, wenn man miteinander verwandt ist und sich auf Familienfesten immer wieder trifft oder wenn es sich um Arbeitskollegen handelt. Es ist viel schwieriger mit jemandem zu kooperieren, wenn ein Konflikt die Beziehung bestimmt.

Neben der Aushandlung einer Mikrokultur auf der persönlichen Seite sind die Weiterleitungen noch aus einem weiteren Grund von Bedeutung. Sie werden in andere Kontexte verlagert. Wenn nun eine Mitteilung so interessant ist, dass sie wirklich viele Freunde und Bekannte anspricht, so ist es möglich, dass sie ansteckend wirkt. Sie kann von dort aus weiterverteilt werden und damit in neue Umwelten vordringen. Dort entscheidet sich wiederum, ob es zu einer noch weiteren Verbreitung kommt oder nicht.

Ob es so weit kommt oder nicht, hängt nicht nur vom Interesse derjenige ab, die eine Information weiterleiten – hier spielt die Umgebung ebenfalls eine Rolle. Wie wir in den Beispielen gesehen haben, findet sich eine soziale Kontrolle über die Inhalte. Wer etwas beiträgt, was nicht kompatibel mit der in diesem Kontext ausgehandelten Mikrokultur ist, wird sich mit den Freunden dort auseinandersetzen müssen. Falls er/sie das nicht möchte, bleibt eigentlich nur noch die Möglichkeit – still zu sein oder die Kultur so zu bereinigen, dass Widerspruch unterbleibt. Damit ist gemeint, dass man seine Bekannten „entfreundet", sofern sie nicht kompatibel zum Rest des sozialen Kontextes reagieren.

Für den Anpassungsprozess lassen sich einige Erklärungen finden. Eine Möglichkeit ist die, dass die Reduktion von kognitiver Dissonanz angestrebt wird. Mit Konflikten im Hintergrund interagiert es sich nicht einfach, da dieser Streit leicht die Zusammenarbeit/oder das gesellige Zusammensein, das gegenseitige Ansehen, die Anerkennung – und viele weitere Dinge überlagert. Man strebt also eine strukturelle Balancierung an (Heider 1958; Newcomb 1961). Mit anderen Worten: wenn es zu einer Angleichung des Meinungsspektrums kommt, stellt sich „Wertehomophilie" (Lazarsfeld, Merton 1954) ein. Die Beobachtung von Homophilie als eine Gesetzmäßigkeit unter anderen (manche widersprechen dem allerdings auch), findet ihren Ursprung in Regeln wie der strukturellen Balancierung.

Wenn es nicht zur Balancierung kommt, gibt es immer noch die Möglichkeit, den Streit auszublenden. Die Thematik, in der man uneins ist, außen vor zu lassen. Man äußert sich nicht zu einer Sache, selbst wenn sie einem nicht passt (und das ist empirisch der häufigste Fall). Dieses im Ungewissen lassen, schützt nicht nur die Beziehung zu einem Protagonisten, der ein strittiges Bild mit Kommentar weiterleitet, es beschirmt auch die Relationen zu den anderen „Freunden", die denselben Kontext teilen und von daher gleichzeitig die Äußerung mitlesen können. Wir kennen solches im Ungewissen lassen u. a. von Harrison Whites Begriff der „ambiguity" (White 1992). Gemeint ist damit, dass man die eigene Beziehung zu anderen im Unklaren lässt. Man kann also über Strittiges schweigen, es übergehen oder es einfach ausklammern.

Allerdings ist Schweigen selbst beziehungsschützend – dabei ist es aber gleichzeitig am gemeinsamen Konstrukt einer Kultur in diesem gesellschaftlichen Mikrobereich beteiligt. Stillhalten bedeutet zwar nicht Zustimmung, aber es stellt der Wahrnehmung des mit der Mitteilung bekräftigten Meinungsspektrums auch nichts entgegen. Das bedeutet, dass die anderen Anwesenden den Eindruck bekommen, dass die auf der Teilnehmerseite veröffentlichte Meinung Konsens sein könnte. Schweigen ist also Teil der mikrokulturellen Aushandlung von Meinungen.

Diese Aushandlung ist ein kollektiver Prozess – jeder, der etwas zu einer Äußerung sagt, (oder einfach auch nur ein „like" beisteuert) ist Teil dessen, was die Definition des Meinungsspektrums, der Verhaltensweisen und der Symbolik in diesem Bereich ausmacht. Dies bestimmt niemand der Teilnehmenden individuell, sondern der Prozess läuft im Kollektiv ab. Das bedeutet noch nicht, dass alle gleichberechtigt an solchen Aushandlungen beteiligt wären. Eine explizite Äußerung wiegt viel mehr, als zu schweigen. Aber Schweigen ist eben nicht nichts!

Der Eindruck des Beobachters, dass überall Meinungs- und Statushomophilie vorherrscht, entsteht durch Ausgrenzung und Aushandlung von „Kultur" in Situationen (Stegbauer 2016). So kann man die beschriebenen Mechanismen verstehen. Jedenfalls scheinen die Aushandlungen sogar eher bedeutender als die meist angeführten Beobachtungen, dass hier bereits fertige Präferenzen am Werke seien (McPherson et al. 2001).

8.7 Was können wir aus der Fallstudie lernen?

Im Resümee kann man feststellen, dass kulturelle Barrieren auch gleichzeitig Grenzen der Öffentlichkeit darstellen. In jedem Typ der untersuchten Arenen haben es andere Meinungen schwer. Sie werden gelöscht, und es besteht eine Tendenz zur Verminderung von Diversität. Dieser Eindruck von Homogenität entsteht, weil einerseits Auseinandersetzungen vermieden werden, um die Beziehungen innerhalb der Arena zu schützen. Andererseits gilt: Dort, wo es keine solchen Relationen gibt, die zu bewahren sind, eskalieren die Auseinandersetzungen sehr schnell. In diesen Fällen hat man auch keine Scheu vor Diffamierungen. Das bedeutet, dass es mindestens zwei soziologisch bedeutsame Faktoren gibt, durch die Shitstorms befeuert werden. Dies sind die kulturellen Unterschiede, die in den jeweiligen Internetbereichen ausgehandelt werden. Sie unterscheiden sich sehr stark im untersuchten Beispiel zwischen dem Forum Multikulti-Watch und den Diskutierenden der anderen Seite im Facebook-Bereich des Hessenparks. Daneben fehlen in den Auseinandersetzungen die deeskalierenden Beziehungen. Im Gegenteil, wer sich vor dem aufgeheizten Publikum des xenophoben Teils besonders aggressiv zeigt, mag dort zudem noch Beifall erheischen können.

Sich nicht zu äußern stärkt die Wahrnehmung der Übereinstimmung. Man könnte auch sagen, es herrscht eine kognitive soziale Harmonie. Die Wahrnehmung von Übereinstimmung (bzw. die Ausklammerung von Konflikten) schützt die Beziehungen sowohl gegenüber den heißspornenden Protagonisten als auch vor dem Kollektiv. Solchen Kollektiven gehören die meisten Teilnehmer an, da in der Regel die Facebook-Freunde nicht nur eine Beziehung mit der Person haben, welche das Bild mit dem Kommentar weitergeleitet haben, sondern auch mit den anderen Personen, die demselben Kreis wie man selbst angehören.

Widerspricht jemand, so führt dies nur sehr selten zu einer Auseinandersetzung, in der argumentativ die Standpunkte geklärt werden können und die Mikrokultur aktiv zur Anerkennung eines Pluralismus weiterentwickelt werden kann. Nach den hier angestellten Beobachtungen führt Widerspruch eher zur Ausgrenzung. Das ist ganz leicht dort zu bewerkstelligen, wo eine bestimmte Seite die Macht dazu hat. Schwerer ist es da, wo die widersprechende Seite eingebettet ist, in dieselbe Beziehungsstruktur wie der sich ursprünglich Äußernde. Dann scheint eher das Schweigen das probate Mittel zu sein.

Ob Widerspruch und Ausgrenzung oder Schweigen und Schutz der Beziehung greift, das Gesamtergebnis ist dasselbe: Jede Seite bestätigt sich selbst. Es kommt zu einem Rückgang an Vielfalt. Die kulturelle Einförmigkeit setzt sich durch.

Zusammenprall von Kulturen: Resümee

9

Der Zusammenprall von Kulturen in der digitalen Welt – das geht nur, wenn es unterschiedliche Kulturen gibt. Auch wenn alle Menschen in einem Staat bestimmte Kulturelemente teilen, so finden sich doch erhebliche Unterschiede. Diese wiegen in manchen Fällen schwerer, wenn sie nicht komplett auseinander liegen, wenn die Weltdeutungen, die Formelemente, die Symbole und Verhaltensweisen eine gewisse Nähe aufweisen. In solchen Fällen ist es notwendig, dass gegenseitig verstanden wird, was der andere will. Ein anderer Aspekt ist, dass Änderungen der allgemeingültigen kulturellen Grundlagen, immer Konsequenzen für das haben, was Kultur ausmacht und ihr Bedeutung verleiht (die Art und Weise, wie wir miteinander umgehen und welches die Selbstverständlichkeiten im täglichen Leben sind). Natürlich gehören auch Werte dazu, die häufig sinnstiftend sind; ebenso ist davon der gute Geschmack betroffen. Kultur ist auch sehr stark für Unterschiede in politischen Haltungen verantwortlich.

Die Verschiedenheit resultiert daraus, dass nicht jeder mit jedem in Kontakt steht (was außerdem völlig unmöglich wäre). Verschiedene Gruppierungen handeln untereinander aus, was für sie bedeutsam ist – dabei hat jeder Beteiligte ein Gewicht, aber nicht jeder ist gleich wichtig. Einige Personen sind bedeutender, weil sie über mehr, bessere und diversere Kontakte und Kommunikationsmöglichkeiten verfügen. Oft spielen auch die Massenmedien eine Rolle, wenn kulturelle Ähnlichkeiten sich entwickeln. Nicht nur das – auch die digitalen Medien sind von Bedeutung, weil hierdurch früher gegeneinander weitgehend abgeschlossene Gruppen sehr einfach miteinander in Beziehung treten können. Solche Kommunikationskanäle ermöglichen die Aushandlung und die Übertragung von Bedeutungen.

Eine zu beobachtende Entwicklung ist, dass viele zuvor vorhandene Kontakte zu „Andersdenkenden" ihre Notwendigkeit angesichts des Internet verlieren. Dies begünstigt das Entstehen von untereinander relativ abgeschlossenen Gruppen, die ihre eigenen Sichtweisen entwickeln. Durch gegenseitige Bestätigung entsteht der Eindruck, dass ihre Argumente und Anliegen, ihre Sichtweisen die einzig richtigen

© Springer Fachmedien Wiesbaden GmbH, ein Teil von Springer Nature 2018
C. Stegbauer, *Shitstorms*, https://doi.org/10.1007/978-3-658-19955-5_9

sind. Auf diese Weise entwickeln sich unterschiedliche Kulturen. Solche Kulturen finden sich bei Anhängern von Musik- und Verhaltensstilen, bei denjenigen, die sich intensiv mit Ernährung beschäftigen oder – und das ist in den letzten Jahren sehr deutlich geworden, bei speziellen politischen Gruppierungen. Sehr offensichtlich sind diejenigen, die einer „rechten" Ideologie anhängen.

Wenn Anhänger solcher Gruppen sich außerhalb ihrer eigenen Community bewegen, fällt ihnen auf, was aus ihrer Sicht falsch läuft. Ihnen stoßen andere Deutungen auf als ihre eigenen, welche vielfach untereinander bestätigt wurden – sie halten andere Verhaltensweisen als ihre eigenen für falsch. Durch diese Diskrepanz entzündet sich leicht ein Konflikt. Dieser Konflikt kommt durch die Unterschiedlichkeit der Kulturen zustande, die in relativer Abgeschlossenheit zueinander ihren Inkubationsraum finden. Dem Konflikt Ausdruck zu verleihen, ist durch das Internet sehr viel einfacher geworden; in mancherlei Hinsicht sind alte Raum- und Zeitschranken verschoben. Ein direkter Zugang zu Institutionen und insbesondere zu Promis ist möglich geworden. Man kann beim vermeintlichen Verursacher der Erschütterung der eigenen Weltsicht sofort Protest einlegen. Das geschieht, wenn die eigene Ideologie Schaden nehmen könnte – sei es ein Stück Wurst als Extra oder Fragen der Integration von Flüchtlingen – dann prallen die Sichtweisen aufeinander.

Das könnte noch erträglich sein, wenn es sich nur um eine Auseinandersetzung zwischen einzelnen Personen handelte – Streit ist bekanntlich produktiv, weil dieser die Möglichkeit eröffnet zu einem „höheren" Konsens zu gelangen. Dadurch, dass bestimmte Sachverhalte nicht mit den Ideologien verschiedener Gruppen vereinbar sind, stehen sich nicht nur einzelne Personen oder Personen und Institutionen gegenüber – der Konflikt mobilisiert eine ganze Anhängerschaft. Wenn der Streitpunkt nun so kommuniziert werden kann, dass er viele Menschen auch über die ideologisch in sich gefestigte Gruppe anspricht, verbreitet sich die Entrüstung sehr schnell.

Die Verbreitung verläuft nicht irgendwie – die Zündschnüre für den möglichen Sturm verlaufen entlang der Kontakte der beteiligten Protagonisten. Das können zunächst Interessengruppen im Internet sein, dann kommt eine Verbreitung über die persönlichen Seiten in den Networking-Sites hinzu. Zusätzlich Fahrt nimmt ein Konflikt auf, wenn er durch die Massenmedien verbreitet und verstärkt wird.

Kommunikation im Internet vermittelt ein Gefühl der Anonymität, zumal das Regulativ des Anderen, der in direkter Kommunikation dafür sorgt, dass die Beteiligten sich aufeinander einstellen und sich auch zivilisieren, weil sie einander wahrnehmen, fehlt. Hemmungen im Umgang miteinander werden dadurch im Internet reduziert – man kann sich ungeniert am Gegner auslassen. Solches Verhalten wird zwar dadurch begünstigt, dass die Protestler über keine direkte Beziehung

8.7 Was können wir aus der Fallstudie lernen?

zum Ziel ihrer Missbilligung verfügen, das ist aber nicht die einzige und vielleicht auch nicht die Hauptursache für die Schärfe in der Auseinandersetzung.

Die Sphäre des Streits bildet ebenfalls eine Kultur aus: Wenn die Beteiligten sehen, wie sich der Ton des Protests bei den anderen anhört, passt man sich diesem an. Wenn es sich um eine rohe Sprache und krude Verhaltensweisen handelt, dann wäre das eigene Zivilisieren in diesem Kontext unangemessen. Solche Anpassungsleistungen bezeichnet man als Alignment. Besonders schlimm ist das deswegen, weil der Stil solcher Auseinandersetzungen prägend wirkt. Die Beteiligten nehmen den Eindruck mit in den nächsten Streit. Unverschämtheit und Beleidigung gehören also zur Normalität – sie werden selbst zum Kulturbestandteil der Shitstorms. Hat sich ein solcher Stil einmal eingefressen, wird es schwierig, ihn wieder los zu werden. Bewusste wertschätzende Kommunikation hilft nur, wenn die anderen sich ebenfalls daran halten; meist aber gilt das Gesetz der Reziprozität, dass auf Beschimpfungen mit mindestens der gleichen Härte geantwortet wird. Wollte man beruhigend eingreifen, müsste man selbst gegen diese soziale Umgangsregel verstoßen. Das ist ein Grund dafür, dass Streit (insbesondere zwischen Kontrahenten, die sonst kaum etwas verbindet) nur sehr schwer beizulegen ist. In den angesprochenen Fällen ist es noch viel schwieriger, denn die Konflikte zeigen sich zwar an einzelnen Personen, die sich gegenüberstehen; diese handeln aber nicht alleine für sich. Sie sind eingebunden in ihr ideologisches Kollektiv – eine Änderung der Haltung und des Verhaltens ist nur schwer mit der eigenen Gruppe vereinbar. Die Gruppierung an sich ist aber durch Einzelne fast nicht zu beeinflussen. Die Teilnehmenden stehen zwar untereinander in Verbindung und verändern auch mit der Zeit ihre Haltungen – das ist aber ein kollektiver Prozess, bei dem der Einzelne nicht viel zu sagen hat.

Da die Ideologien insbesondere von Gruppierungen an den Rändern des momentanen gesellschaftlichen Konsenses durch die Internetmedien vereinfacht untereinander in Beziehung treten können, wird es kaum zu einer Beruhigung kommen. Die unterschiedlichen Weltsichten festigen sich untereinander eher noch. Hinzu kommt, dass durch die Schrankenlosigkeit des Internet heute viel mehr Menschen in die Lage versetzt werden, ihre Meinung direkt zu äußern – insbesondere auch solche, die sich früher nicht eingemischt hätten. Diese neue Partizipation von ehemals ausgeschlossenen Bürgern verändert ebenfalls den Stil der Auseinandersetzung. Er führt tendenziell zu einer Verrohung, da das Verhalten ebenfalls Teil der Kultur ist. „Haltung" und „Takt", welcher zu einem Diskurs gehört und oft bei geübten Diskutanten (vornehmlich der Ober- und oberen Mittelschicht) zu beobachten ist, gilt nicht unbedingt für die anderen. Warum auch – sie gehören nicht zu denen da oben (auch nach eigener Meinung), gegen die sie sich wehren. Eigentlich ist Partizipation erwünscht; es handelt sich um eine Grundforderung der

Demokratie. Allerdings ist es ein Problem, wenn diese nach den Regeln dieser neuen Gruppierungen erfolgt, denn es ist eine gewisse Wüstheit in ihrem Verhalten zu beobachten. In vielen Fällen ist der Einspruch außerdem nicht gut durchdacht. Oft wird eindimensional argumentiert – etwa wenn sich der Streit an einer legalistischen Argumentation aufziehen lässt, anstatt höheren Werten Geltung zu verschaffen. Es scheint auch so zu sein, dass die anfälligste Gruppe für Populismus am ehesten Unwahrheiten auf den Leim geht (Schweiger 2017) und diese dann online weiter verbreitet. Politische Argumente sind dort häufig mit Emotionen (man könnte auch sagen Engagement) gepaart, allerdings ohne auf etablierte Formen politischer Auseinandersetzung Rücksicht zu nehmen.

Das hat Konsequenzen: Besonders tragisch ist die Reduktion der Möglichkeiten der gegenseitigen Diskussion auf Internetforen, die von Massenmedien zur Verfügung gestellt werden. Die zivilisatorisch gebilligte Auseinandersetzung ist auf gegenseitige Anerkennung und Akzeptanz eines argumentativen Diskursstils angewiesen. Diese Voraussetzung ließ sich in vielen Medien nicht aufrechterhalten. Aus diesem Grund wird die Möglichkeit zur Diskussion im Umkreis der Medienberichterstattung immer mehr eingeschränkt. Der Ausschluss betrifft gerade solche Themen, die des Diskurses bedürften.

Die Notwendigkeit, in Zukunft Hasskommentare zu löschen, wird zu einer weiteren Einschränkung dieses Rückkanals führen. Die Redaktionen sind kaum in der Lage, die Kosten für die Bereinigung ihrer Diskussionsseiten zu stemmen, also werden sie noch seltener solche Möglichkeiten anbieten.

Wir können sagen, dass die hier angestellten Betrachtungen nicht viel Hoffnung aufkeimen lassen, dass das Phänomen des Shitstorms an Bedeutung verlieren könnte. Vielmehr wäre die Prognose, dass sich aufgrund der Auseinanderentwicklung von Kulturen im Kleinen immer öfters Konflikte entwickeln. Das Internet und hier besonders die sozialen Medien bieten eine ideale Umwelt, in der sich entzündende Konflikte immer wieder entladen können.

Literatur

Albrecht, Steffen. 2010. *Reflexionsspiele. Deliberative Demokratie und die Wirklichkeit politischer Diskurse im Internet*. 1. Aufl. Bielefeld: transcript-Verl.
Allerbeck, Klaus R., und Christian Stegbauer. 1995. E-Mail@Frankfurt. Forschung Frankfurt, 4/1995, Jg. 13, S. 6-13.
Alstyne van, Marshall, und Erik Brynjolfsson. 1996. Could the Internet Balkanize Science? *Science* 274:1479–1480.
Asch, Solomon E. 1953. Effects of group pressure upon the modification and distortion of judgment. In *Groups, leadership and men. Research in human relations: reports on research sponsored by the Human Relations and Morale Branch of the Office of Naval Research 1945-1950*, Hrsg. Harold Guetzkow, 177-190. New York: Russell & Russell.
Avenarius, Christine B., Duran Bell, Zhao Xudong, und Liang Yongjia. 2005. *Social Networks, Wealth Accumulation, and Dispute Resolu Social Networks, Wealth Accumulation, and Dispute Resolution in Rural China Social*. Paper presented at the 25th International Sunbelt Network Conference, Redondo Beach.
Axelrod, Robert M. 2005. *Die Evolution der Kooperation*. Studienausg., 6. Aufl. München [u. a.]: Oldenbourg.
Backstrom, Lars, Eric Sun, und Cameron Marlow. 2010. Find me if you can. In *the 19th international conference*, Hrsg. Michael Rappa, Paul Jones, Juliana Freire, und Soumen Chakrabarti, 61-70.
Bakshy, Eytan, Solomon Messing, und Lada A. Adamic. 2015. Political science. Exposure to ideologically diverse news and opinion on Facebook. *Science (New York, N.Y.)* 348:1130–1132.
Barabási, Albert-László. 2002. *Linked. The new science of networks*. Cambridge, Mass.: Perseus Publ.
Barabási, Albert-László, und Eric Bonabeau. 2004. Skalenfreie Netze. Komplexe Netze von Beziehungen der verschiedensten Art gehorchen gemeinsamen Organisationsprinzipien. Diese Erkenntnis ist auf vielen Gebieten von Nutzen: für die Entwicklung von Medikamenten ebenso wie für die Sicherheit des Internets. *Spektrum der Wissenschaft*:62–69.
Barabási, Albert-Laszlo, und Albert Reka. 1999. Emergence of Scaling in Random Networks. *Science* 286:509–512.
Bauer, Nathalie, Kerstin Holla, Stefanie Westhues, und Patricia Wiemer. 2016. Streiten 2.0 im Shitstorm – Eine exemplarische Analyse sprachlicher Profilierungsmuster im sozialen Netzwerk Facebook. In *Sprache und soziale Ordnung. Studentische Beiträge zu sozialen*

Praktiken in der Interaktion. Wissenschaftliche Schriften der WWU Münster Reihe XII, Band 15, Hrsg. Katja Arens, und Sarah Torres Cajo, 157-186. Münster, Münster: MV Wissenschaft.

Beißwenger, Michael. 2007. *Sprachhandlungskoordination in der Chat-Kommunikation*, v. 26. Berlin: de Gruyter.

Bergmann, Jörg R. 1987. *Klatsch. Zur Sozialform d. diskreten Indiskretion*. Berlin West: de Gruyter.

Bleicher, Joan Kristin, und Knut Hickethier. 2002. *Aufmerksamkeit, Medien und Ökonomie*, Bd. 13. Münster [u. a.]: Lit.

Bödeker, Sebastian. 2012. *Soziale Ungleichheit und politische Partizipation in Deutschland*. WZBrief Zivilengagement 05.

Böhnke, Petra. 2011. Ungleiche Verteilung politischer und zivilgesellschaftlicher Partizipation. *Aus Politik und Zeitgeschichte*:18–25.

Bonacich, Phillip. 1972. Factoring and weighting approaches to status scores and clique identification. *The Journal of Mathematical Sociology* 2:113–120.

Bourdieu, Pierre. 1992. *Die feinen Unterschiede. Kritik der gesellschaftlichen Urteilskraft*, Bd. 658. 5. Aufl. Frankfurt am Main: Suhrkamp.

Brin, Sergey, und Lawrence Page. O. J. The Anatomy of a Large-Scale Hypertextual Web Search Engine. http://infolab.stanford.edu/~backrub/google.html (Zugegriffen: 22. März 2017).

Butts, Carter T. 2002. Predictability of Large-scale Spatially Embedded Networks.

Canter, Laurence A., und Martha S. Siegel. 1995. *Profit im Internet. Wie Sie den Weg zum Internet und anderen On-line-Diensten finden und wie Sie diese Netze für Werbung, Marketing und Verkauf profitabel nutzen können ; der Schritt-für-Schritt-Führer in die Welt des Internet*. Düsseldorf, München: Metropolitan-Verl.

D21-Digital-Index 2016. *2016 – Jährliches Lagebild zur Digitalen Gesellschaft*. 1. Auflage. Berlin: Initiative D21. http://initiatived21.de/app/uploads/2017/01/studie-d21-digital-index-2016.pdf (15.02.2016)

Dahrendorf, Ralf. 2010, zuerst 1959. *Homo Sociologicus. Ein Versuch zur Geschichte, Bedeutung und Kritik der Kategorie der sozialen Rolle*. 17. Aufl. Wiesbaden: VS-Verl.

de Sola Pool, Ihiel, und Manfred Kochen. 1. Contacts and Influence. *Social Networks* 1978:5–51.

Deane, Seamus. 1997. *Im Dunkeln lesen*. München, Wien: Hanser.

DiMaggio, Paul. 1992. Nadel's Paradox Reviited: Relational and Cultural Aspects of Organization Structure. In *Networks and organizations. Structure, form, and action*, Hrsg. Nitin Nohria, und Robert G. Eccles, 118-142. Boston, Mass: Harvard Business School Press.

Dörre, Klaus. *Entsteht eine neue Unterschicht? Anmerkungen zur sozialen Frage in die Politik*. Working Papers: Economic Sociology Jena 1/2007.

Domscheit-Berg, Anke. 2016. Kulturelle Praktiken 4.0 – Verführung oder Selbstbestimmung? In *Kulturelle Praktiken 4.0 – Verführung oder Selbstbestimmung? Dokumentation der Jahrestagung am 18. November 2016*, Hrsg. Schader-Stiftung, 34-39.

Embacher, Serge. „Einstellungen zur Demokratie". http://www.demokratie-deutschland-2011.de/common/pdf/Einstellungen_zur_Demokratie.pdf. (Zugegriffen: 7. März 2017).

Eppler, Martin J., und Jeanne Mengis. 2004. The Concept of Information Overload. A Review of Literature from Organization Science, Accounting, Marketing, MIS, and Related Disciplines. *The Information Society* 20:325–344.

Falk, Armin. 2003. Homo Oeconomicus versus Homo Reciprocans. Ansätze für ein neues Wirtschaftspolitisches Leitbild? *Perspektiven der Wirtschaftspolitik* 4.

Feld, Scott L. 1981. The Focused Organization of Social Ties. *American Journal of Sociology* 86:1015–1035.

Festinger, Leon, Stanley Schachter, und Kurt Back. 1959, tr. 1963. *Social pressures in informal groups. A study of human factors in housing.* London: Tavistock Publications.

Fine, Gary A. 1979. Small Groups and Culture Creation: The Idioculture of Little League Baseball Teams. *American Sociological Review* 44:733–745.

Flesch, Rudolph 1948: A New Readability Yardstick. In: Journal of Applied Psychology. 32, Nr. 3, 1948, S. 221–233.

Folger, Mona. 2013. *Entstehung und Entwicklung von Shitstorms: Motivation und Intention der Beteiligten am Beispiel von Facebook.* BdP-Nachwuchsförderpreis 2013, Abstract, 6 Seiten.

Fraas, Claudia, Stefan Meier, und Christian Pentzold. 2012. *Online-Kommunikation. Grundlagen, Praxisfelder und Methoden.* München: Oldenbourg.

Franck, Georg. 2007. *Ökonomie der Aufmerksamkeit. Ein Entwurf,* Bd. 34401. Ungekürzte Ausg. München: Dt. Taschenbuch-Verl.

Freeman, Linton C. 1978. Centrality in social networks conceptual clarification. *Social Networks* 1:215–239.

Garfinkel, Harold. 1973. Studien über die Routinegrundlagen von Alltagshandeln. In *Symbolische Interaktion. Arbeiten zu einer reflexiven Soziologie. Konzepte der Humanwissenschaften,* Hrsg. Heinz Steinert, 280-293. Stuttgart: Klett.3

Geißler, Rainer. 2008. Die Metamorphose der Arbeitertochter zum Migrantensohn. Zum Wandel der Chancenstruktur im Bildungssystem nach Schicht, Geschlecht, Ethnie und deren Verknüpfungen. In *Institutionalisierte Ungleichheiten. Wie das Bildungswesen Chancen blockiert.* Bildungssoziologische Beiträge, 2. Aufl, Hrsg. Peter A. Berger, und Heike Kahlert, 71-100. Weinheim, München: Juventa-Verl.

Geißler, Rainer. 2011. Bildungsexpansion und Wandel der Bildungschancen. Veränderungen im Zusammenhang von Bildungssystem und Sozialstruktur. In *Die Sozialstruktur Deutschlands,* Hrsg. Rainer Geißler, 273-299. Wiesbaden: VS Verlag für Sozialwissenschaften.

Giddens, Anthony. 1988. *Die Konstitution der Gesellschaft. Grundzüge einer Theorie der Strukturierung.* Frankfurt/Main [u. a.]: Campus-Verl.

Gladwell, Malcolm. 2002. *The tipping point. How little things can make a big difference.* 1st Back Bay pbk. ed. Boston, MA: Back Bay Books.

Goffman, Erving. 1971. *Verhalten in sozialen Situationen. Strukturen und Regeln der Interaktion im öffentlichen Raum,* Bd. 30. Gütersloh: Bertelsmann Fachverlag.

Goffman, Erving. 1973. *Interaktion, Spass am Spiel, Rollendistanz,* Bd. 62. München: Piper.

Graf, Daniel, und Barbara Schwede. 2012. Shitstorm-Skala: Wetterbericht für Social Media. http://www.feinheit.ch/media/medialibrary/2012/04/shitstorm-skala_2.pdf (Zugegriffen: 23.20.2017).

Granovetter, Mark. 1985. Economic Action and Social Structure: The Problem of Embeddedness. *American Journal of Sociology* 91:481–510.

Gurak, Laura J. 1996. The rhetorical dynamics of a community protest in cyberspace: what happened with lotus market place. In *Computer-mediated communication. Linguistic, social, and cross-cultural perspectives.* Pragmatics & beyond, new ser. 39, Hrsg. Susan C. Herring, 265-277. Amsterdam, Philadelphia: J. Benjamins.

Haarkötter, Hektor. 2016. *Shitstorms und andere Nettigkeiten. Die Grenzen der Kommunikation auf Facebook & Co.* Baden-Baden, Baden-Baden: Nomos.

Habermas, Jürgen. 2006. Political Communication in Media Society. Does Democracy Still Enjoy an Epistemic Dimension? The Impact of Normative Theory on Empirical Research. *Communication Theory* 16:411–426.
Hampton, Keith N., Lee Rainie, Weixu Lu, Maria Dwyer, Inyoung Shin, Purcel, und Kristen. 2014. *Social Media and the "Spiral of Silence"*. Washington, DC: Pew Research Center.
Hannerz, Ulf. 1969. *Soulside. Inquiries into ghetto culture and community*. New York and London: Columbia University Press.
Heider, Fritz. 1946. Attidudes and Cognitive Organization. *Journal of Psychology* 21:107–112.
Holnburger, Josef, und Andreas Hartkamp. 2017. *Verschwörungstheorien und soziale Netzwerke: Gegenöffentlichkeit 2.0?* Bachelorarbeit. Hamburg: Universität Hamburg.
Homans, George Caspar. 1960. *Theorie der sozialen Gruppe*. Köln: Westdeutscher Verl. (zuerst: Homans, George Caspar. 1951. *The human group*. London: Routledge & K. Paul.)
Hondrich, Karl Otto. 1972. *Demokratisierung und Leistungsgesellschaft. Macht- und Herrschaftswandel als sozio-ökonomischer Prozeß*. Stuttgart [u. a.]: Kohlhammer.
Hondrich, Karl Otto. 2002. *Enthüllung und Entrüstung. Eine Phänomenologie des politischen Skandals*, Bd. 2270. Orig.-Ausg., 1. Aufl. Frankfurt am Main: Suhrkamp.
Hurrelmann, Achim, Katharina Liebsch, und Frank Nullmeier. 2002. Wie ist argumentative Entscheidungsfindung möglich? Deliberation in Versammlungen und Internetforen. *Leviathan* 30:544–564.
Jörke, Dirk. 2011. Bürgerbeteiligung in der Postdemokratie. *Aus Politik und Zeitgeschichte*:13–18.
Katz, Elihu. 1957. The Two-Step Flow of Communication. An Up-To-Date Report on an Hypothesis. *Public Opinion Quarterly* 21:61.
Katz, Elihu, und Paul F. Lazarsfeld. 1962. *Persönlicher Einfluss und Meinungsbildung*. München: Oldenbourg.
Katzemich, Nina, und Ulrich Müller. 2009. *Nebentätigkeiten der Bundestagsabgeordneten: Transparenz ungenügend*: LobbyControl: Initiative für Transparenz und Demokratie. http://www.lobbycontrol.de/download/nebentaetigkeiten-studie2009.pdf (15.02.2017).
Kerr, Elaine B., und Starr R. Hiltz. 1982. *Computer-mediated communication systems. Status and evaluation*. New York, N.Y.: Academic Press.
Kiesler, Sara, und Lee Sproull. 1992. Group decision making and communication technology. *Organizational Behavior and Human Decision Processes* 52:96–123.
Kleinfeld, Judith S. 2002. The small world problem. *Society*:61–66.
Kleinrock, Leonard. 2004. The Internet rules of engagement. Then and now. *Technology in Society* 26:193–207.
Klöckner, Markus. 2017. Konzentriertes Gejammer: NZZ schließt Kommentarspalte. Telepolis. https://www.heise.de/tp/features/Konzentriertes-Gejammer-NZZ-schliesst-Kommentarspalte-3618957.html (Zugegriffen: 8. Februar 2017).
Knobloch-Westerwick, Silvia, und Jingbo Meng. 2011. Reinforcement of the Political Self Through Selective Exposure to Political Messages. *Journal of Communication* 61:349–368.
Kohlberg, Lawrence. 2014. *Die Psychologie der Moralentwicklung*, Bd. 1232. 7. Aufl. Frankfurt am Main: Suhrkamp.
Korenman, Joan, und Nancy Wyatt. 1996. Group dynamics in an e-mail forum. In *Computer-mediated communication. Linguistic, social, and cross-cultural perspectives*. Pragmatics & beyond, new ser. 39, Hrsg. Susan C. Herring, 225–242. Amsterdam, Philadelphia: J. Benjamins.

Krackhardt, David. 1998. Simmelian Ties: Super Strong and Sticky. In *Power and Influence in Organizations.*, Hrsg. Roderick Kramer, und Margaret Neale, 21-38. Thousand Oaks, Ca: Sage.

Krais, Beate, und Gunter Gebauer. 2014. *Habitus.* 6. Aufl. Bielefeld: transcript-Verl.

Krasnova, Hanna, Helena Wenninger, Thomas Widjaja, und Peter Buxmann. 2013. Envy on Facebook: A Hidden Threat to Users' Life Satisfaction? warhol.wiwi.hu-berlin.de/~hkrasnova/Ongoing_Research_files/WI%202013%20Final%20 (Zugegriffen: 21. Juni 2017).

Kreisel, David. 2016. Spiegel Mining. Vortrag auf dem: Chaos Communication Congress 33C3, Hamburg, 28.12.2017. http://www.dkriesel.com/_media/blog/2016/spiegelmining-33c3-davidkriesel.pdf (zuletzt geprüft 25.01.2017).

Lamba, Hemank, Momin M. Malik, und Jürgen Pfeffer. 2015. A Tempest in a Teacup? Analyzing Firestorms on Twitter. In *the 2015 IEEE/ACM International Conference*, Hrsg. Jian Pei, Fabrizio Silvestri, und Jie Tang, 17-24.

LaRose, Robert, und Matthew S. Eastin. 2004. A Social Cognitive Theory of Internet Uses and Gratifications: Toward a New Model of Media Attendance. *Journal of Broadcasting & Electronic Media* 48:358-377.

Lazarsfeld, Paul F., Bernard Berelson, und Hazel Gaudet. 1944. *The people's choice. How the voter makes up his mind in a presidential campaign.* New York: Duelle Sloan and Pearce.

Lazarsfeld, Paul F., und Robert K. Merton. 1954. Friendship as a social process: a substantive and methodological analysis. In *Freedom and control in modern society. ... written in honor of Robert Morrison MacIver.* The van Nostrand Series in Sociology, Hrsg. Morroe Berger, 18-66. New York [u. a.]: van Nostrand.

Leif, Thomas, und Rudolf Speth, Hrsg. 2006. *Die fünfte Gewalt. Lobbyismus in Deutschland.* Schriftenreihe /Bundeszentrale für Politische Bildung, Bd. 514. Bonn: Bundeszentrale für Politische Bildung.

Lerman, Kristina, Xiaoran Yan, und Xin-Zeng Wu. 2015. The Majority Illusion in Social Networks. http://arxiv.org/pdf/1506.03022v1.pdf (Zugegriffen: 28. August 2015).

Liljeros, Fredrik, Christofer R. Edling, Luís A. N. Amaral, H. E. Stanley, und Yvonne Åberg. 2001. The web of human sexual contacts. *Nature* 411:907-908.

Linton, Ralph. 1967. Rolle und Status. In *Moderne amerikanische Soziologie. Neuere Beiträge zur soziologischen Theorie*, Hrsg. Heinz Hartmann, 251-254. Stuttgart: Enke.

Lisch, Ralf, und Jürgen Kriz. 1978. *Grundlagen und Modelle der Inhaltsanalyse. Bestandsaufnahme und Kritik*, Bd. 117. Reinbek bei Hamburg: Rowohlt.

Litt, Theodor. 1919. *Individuum und Gemeinschaft. Grundfragen der sozialen Theorie und Ethik.* Leipzig: Teubner.

Litt, Theodor. 1924. *Individuum und Gemeinschaft. Grundlegung der Kulturphilosophie.* 2. völlig neu bearbeitette Auflage. Leipzig und Berlin: Teubner.

Luhmann, Niklas. 2011. *Die Gesellschaft der Gesellschaft*, Bd. 1360. 1. Aufl., [8. Nachdr.]. Frankfurt am Main: Suhrkamp.

Maletzke, Gerhard. 1963. *Psychologie der Massenkommunikation. Theorie und Systematik.* Hamburg: Verl. Hans-Bredow-Inst.

Marquardsen, Kai. 2012. *Aktivierung und soziale Netzwerke. Die Dynamik sozialer Beziehungen unter dem Druck der Erwerbslosigkeit*, vBd. 505. Wiesbaden: VS Verlag für Sozialwissenschaften.

McCombs, Maxwell E., und Donald L. Shaw. 1972. The Agenda-Setting Function of Mass Media. *Public Opinion Quarterly* 36:176.

McGuire, Timothy W., Sara Kiesler, und Jane Siegel. 1987. Group and computer-mediated discussion effects in risk decision making. *Journal of Personality and Social Psychology* 52:917–930.

McPherson, Miller, Lynn Smith-Lovin, und James M. Cook. 2001. Birds of a Feather: Homophily in Social Networks. *Annual Review of Sociology* 27:415–444.

Merton, Robert K. 1968a. *Social theory and social structure. enlarged edition.* New York.

Merton, Robert K. 1968b. The Matthew Effect in Science. *Science* 159:56–63.

Merton, Robert King, und Elinor G. Barber. 2004. *The travels and adventures of serendipity. A study in sociological semantics and the sociology of science.* Princeton, N.J.: Princeton University Press.

Messing, Solomon, und Sean J. Westwood. 2014. Selective Exposure in the Age of Social Media. *Communication Research* 41:1042–1063.

Michels, Robert. 1989. *Zur Soziologie des Parteiwesens in der modernen Demokratie. Untersuchungen über die oligarchischen Tendenzen des Gruppenlebens*, Bd. 250. 4. Aufl. Stuttgart: Kröner.

Milgram, Stanley. 1967. The Small-World Problem. *Psychology Today*:60–67.

Mische, Ann. 2011. Relational Sociology, Culture, and Agency. In *The Sage Handbook of Social network analysis*, Hrsg. John Scott, und Peter J. Carrington, 80-97. London, Thousand Oaks, Calif., New Delhi: Sage.

Mok, Diana, und Barry Wellman. 2007. Did distance matter before the Internet? *Social Networks* 29:430–461.

Newcomb, Theodore Mead. 1961. *The acquaintance process.* New York, NY: Holt Rinehart and Winston.

Newman, Nic, Richard Fletcher, David A. L. Levy, und Rasmus K. Nielsen. 2016. *Reuters Institute Digital News Report:* Reuters Institute for the Study of Journalism. reutersinstitute.politics.ox.ac.uk/sites/default/files/Digital-News-Report-2016.pdf 22.03.2017

Noelle-Neumann, Elisabeth. 1980. *Die Schweigespirale. Öffentliche Meinung – unsere soziale Haut.* München, Zürich: Riper [i.e. Piper].

Noelle-Neumann, Elisabeth, und Thomas Petersen. 1996. *Alle, nicht jeder. Einführung in die Methoden der Demoskopie*, Bd. 4688. Neu bearb. Fassung. München: Dt. Taschenbuch-Verl.

Ovens, Carsten. 2017. Filterblasen – Ausgangspunkte einer neuen, fremdverschuldeten Unmündigkeit? *kommunikation@gesellschaft* 18.

Pariser, Eli. 2012. *Filter Bubble. Wie wir im Internet entmündigt werden.* München: Hanser.

Peters, Bernhard. Der Sinn der Öffentlichkeit. In *Öffentlichkeit, öffentliche Meinung, soziale Bewegungen. Kölner Zeitschrift für Soziologie und Sozialpsychologie. Sonderheft 34*, Hrsg. Friedhelm Neidhardt, 42-76.

Pickering, Martin J., und Simon Garrod. 2004. Toward a mechanistic psychology of dialogue. *The Behavioral and brain sciences* 27:169-226.

Pollack, Detlef. 2016. *Religion und gesellschaftliche Differenzierung. Studien zum religiösen Wandel in Europa und den USA III.* Tübingen: Mohr Siebeck.

Popitz, Heinrich. 1976. *Prozesse der Machtbildung*, 262/263. 3. unveränderte Aufl. Tübingen: J.C.B. Mohr.

Rauch, Herbert. 1983. Partizipation und Leistung in Großgruppen-Sitzungen. In *Gruppensoziologie. Perspektiven und Materialen.* Kölner Zeitschrift für Soziologie und Sozialpsychologie. Sonderheft, Bd. 25, Hrsg. Friedhelm Neidhardt, 256-274. Opladen: Westdeutscher Verlag.

Rheingold, Howard. 1994. *Virtuelle Gemeinschaft. Soziale Beziehungen im Zeitalter des Computers*. 1. Aufl. Bonn: Addison-Wesley.
Pöchhacker, Nikolaus, Marcus Burkhardt, Andrea Geipel, und Jan-Hendrik Passoth. 2017. Interventionen in die Produktion algorithmischer Öffentlichkeiten. Recommender Systeme als Herausforderung für öffentlich-rechtliche Sendeanstalten. Sonderausgabe Algorithmen (im Erscheinen). *kommunikation@gesellschaft*.
Rogers, Everett Mitchell. 1983. *Diffusion of innovations*. 3. ed., 1. print. New York: Free Press.
Rössler, Patrick. 1997. *Agenda-Setting. Theoretische Annahmen und empirische Evidenzen einer Medienwirkungshypothese*, Bd. 27. Opladen: Westdt. Verl.
Sacks, Harvey, Emanuel A. Schegloff, und Gail Jefferson. 1974. A Simplest Systematics for the Organization of Turn-Taking for Conversation. *Language* 50: 696–735.
Salganik, Matthew J., Peter S. Dodds, und Duncan J. Watts. 2006. Experimental study of inequality and unpredictability in an artificial cultural market. *Science (New York, N.Y.)* 311:854–856.
Schäfer, Armin. 2010. Die Folgen sozialer Ungleichheit für die Demokratie in Westeuropa. *Zeitschrift für Vergleichende Politikwissenschaft* 4:131–156.
Schellpeper, Oliver. 2013. *„Wurst-Case-Szenario": Shitstorm bei der ING-DiBa. Social Media Krise (5)*. https://www.der-bank-blog.de/wurst-case-szenario-shitstorm-bei-der-ing-diba/social-media/9521/(zuletzt aufgerufen: 16.03.2017).
Scheytt, Stefan. 2012. Von Ratten, Metzgern, Schustern und Lemmingen. Die Mundpropaganda kehrt zurück – offline und online. *Brand Eins*.
Schmidt, Holger. 2010. Social Media: Immer mehr Konsumenten, gleichbleibend viele Produzenten. http://blogs.faz.net/netzwirtschaft-blog/2010/10/07/social-media-immer-mehr-konsumenten-gleichbleibend-viele-produzenten-1924/(Zugegriffen: 22. März 2017).
Schmidt, Jan. 2009. *Das neue Netz. Merkmale, Praktiken und Folgen des Web 2.0*. Konstanz: UVK Verlagsgesellschaft.
Schmidt, Jan.-Hinrik. (2013): Onlinebasierte Öffentlichkeiten: Praktiken, Arenen und Strukturen. In: C. Fraas, S. Meier, C. Pentzold (Hrsg.), Online-Diskurse. Theorien und Methoden transmedialer Online-Diskursforschung. Köln: Herbert von Halem, S. 35-56.
Schmidt, Jan-Hinrik, Sascha Hölig, Lisa Merten, und Uwe Hasebrink. 2017. Nachrichtennutzung und Meinungsbildung in Zeiten sozialer Medien. *Informatik-Spektrum* 40:358–361.
Schnorf, Sebastian. 2008. *Diffusion in sozialen Netzwerken der Mobilkommunikation*. Konstanz: UVK Verlagsgesellschaft.
Schreyer, Paul. 2016. FAZ schaltet lieber ab: „Propaganda, Verachtung und Hass". Telepolis. https://www.heise.de/tp/features/FAZ-schaltet-lieber-ab-Propaganda-Verachtung-und-Hass-3255972.html (08.02.2017).
Schütz, Alfred. 1971. *Gesammelte Aufsätze. Band 1. Das Problem der sozialen Wirklichkeit*. Den Haag: Nijhoff.
Schultz, Jennifer, und Ronald L. Breiger. 2010. The strength of weak culture. *Poetics* 38:610–624.
Schweiger, Wolfgang. 2017. *Der (des)informierte Bürger im Netz. Wie soziale Medien die Meinungsbildung verändern*. Wiesbaden: Springer.
Schweizer, Thomas. 1996. *Muster sozialer Ordnung. Netzwerkanalyse als Fundament der Sozialethnologie*. Berlin: D. Reimer.
Sennett, Richard. 2002. *Respekt im Zeitalter der Ungleichheit*. Berlin: Berlin-Verl.
Siegert, Svenja. 2016. „Wir dürfen jetzt nicht hyperventilieren". Interview mit Tagesschau-Chefredakteur Kai Gniffke. *Journalist*:26ff.

Simmel, Georg. 1903. Die Großstädte und das Geistesleben. In *Die Großstadt. Vorträge und Aufsätze zur Städteausstellung*. Jahrbuch der Gehe-Stiftung Dresden, Band 9, Hrsg. Th. Petermann, 185-206. Dresden.

Simmel, Georg. 1908. *Soziologie. Untersuchungen über die Formen der Vergesellschaftung*. Leipzig: Duncker & Humblot.

Sproull, Lee, und Sara Kiesler. 1991. *Connections. New ways of working in the networked organization*. Cambridge, Mass: MIT Press.

Stegbauer, Christian, und Alexander Rausch. 2001. Die schweigende Mehrheit – „Lurker" in internetbasierten Diskussionsforen. *Zeitschrift für Soziologie* 30:48–64.

Stegbauer, Christian, und Alexander Rausch, Hrsg. 2006. *Strukturalistische Internetforschung*. 1. Aufl. Wiesbaden: VS Verlag für Sozialwissenschaften.

Stegbauer, Christian, und Alexander Rausch. 2014. Soziale Beeinflussung in Mikronetzwerken am Beispiel der Erhebung von Markenpräferenzen mit dem „Tischmodell". *KZfSS Kölner Zeitschrift für Soziologie und Sozialpsychologie* 66:77–94.

Stegbauer, Christian. 1990. Telekommunikation im Verborgenen – Private Mailboxen in der Bundesrepublik Deutschland. In *Computerwelten – Alltagswelten. Wie verändert der Computer die soziale Wirklichkeit?* Sozialverträgliche Technikgestaltung, Bd. 7, Hrsg. Werner Rammert, 174-187. Opladen: Westdt. Verl.

Stegbauer, Christian. 1995. *Electronic mail und Organisation. Partizipation, Mikropolitik und soziale Integration von Kommunikationsmedien*. Göttingen: Schwartz.

Stegbauer, Christian. 1996. *Euphorie und Ernüchterung auf der Datenautobahn*. Frankfurt: dipa-Verlag.

Stegbauer, Christian. 2001. *Grenzen virtueller Gemeinschaft. Strukturen internetbasierter Kommunikationsforen*. Wiesbaden: Westdt. Verl.

Stegbauer, Christian. 2002. *Reziprozität: Einführung in soziale Formen der Gegenseitigkeit*. 1. Aufl. Wiesbaden: Westdt. Verl.

Stegbauer, Christian. 2005. Medien und soziale Netzwerke. In *Mediensoziologie: Grundfragen und Forschungsfelder*, Hrsg. Michael Jäckel, 319-334. Wiesbaden: VS, Verl. für Sozialwiss.

Stegbauer, Christian. 2008. Raumzeitliche Struktur im Internet. *Aus Politik und Zeitgeschichte* 39:3–9.

Stegbauer, Christian. 2009. *Wikipedia. Das Rätsel der Kooperation*. Wiesbaden: VS, Verl. für Sozialwiss.

Stegbauer, Christian. 2011. Eine neue räumliche Ordnung? Wie das Internet mit Raum und Zeit verschmilzt. *Informationen zur Raumentwicklung*:589–598.

Stegbauer, Christian. 2016. *Grundlagen der Netzwerkforschung: Situation, Mikronetzwerke und Kultur*. Wiesbaden: Springer-VS.

Steinberger, Karin. 2011. Zorbachs Spiel. Wie wirbt man für Produkte, die keiner kennt? Mit Werbung, die keiner merkt. „Virales Marketing" nutzt die Mechanismen der sozialen Netzwerke' – und verändert die Werbewelt. *Süddeutsche Zeitung*:V2/V4.

Steiner, Peter. 1993. On the Internet, nobody knows you're a dog. Cartoon. *The New Yorker*.

Steinert, Heinz. 1984. Das Interview als soziale Interaktion. In *Soziale Realität im Interview. Empirische Analysen methodischer Probleme*. Beiträge zur empirischen Sozialforschung, Hrsg. Heiner Meulemann, und Karl-Heinz Reuband, 17-59. Frankfurt/Main, New York: Campus.

Stuff, Britta. 2016. Hass. Die Heimsuchung. Renate Künast besucht unangemeldet Menschen, die sie im Internet beschimpft haben. Eine Reise zum Ursprung der digitalen Wut. *Der Spiegel*.

Swidler, Ann. 1986. Culture in Action: Symbols and Strategies. *American Sociological Review* 51:273–286.

Tarde, Gabriel. 2009. *Die Gesetze der Nachahmung*, Bd. 1883. 1. Aufl. Frankfurt am Main: Suhrkamp.

Tilly, Charles. 2006. *Why? What happens when people give reasons ... and why?* Princeton: Princeton University Press.

Tönnies, Ferdinand. 1991. *Gemeinschaft und Gesellschaft. Grundbegriffe der reinen Soziologie.* 3., unveränd. Aufl., Neudr. der 8. Aufl. von 1935, zuerst 1887. Darmstadt: Wiss. Buchges.

Trevino, Linda K., Richard L. Daft, und Robert H. Lengel. 1987. Media Symbolism, Media Richness and media Choice in Organizations. *Communication Research* 14:553–574.

Überall, Frank. 2016. Journalismus und Shitstorms. Der digitale Sturm als Gift für die mediale Kommunikation. In *Shitstorms und andere Nettigkeiten. Die Grenzen der Kommunikation auf Facebook & Co*, Hrsg. Hektor Haarkötter, 11-16. Baden-Baden, Baden-Baden: Nomos.

Waterton, Jennifer J., und John C. Duffy. 1984. A Comparison of Computer Interviewing Techniques and Traditional Methods in the Collection of Self-Report Alcohol Consumption Data in a Field Survey. *International Statistical Review /Revue Internationale de Statistique* 52:173–182.

Watts, Duncan J. 2003. *Six degrees. The science of a connected age.* New York [etc.]: W.W. Norton.

Watts, Duncan J., und Steven H. Strogatz. 1998. Collective dynamics of 'small-world' networks. *Nature* 393:440–442.

Weber, Max. 2002, zuerst 1922. *Wirtschaft und Gesellschaft. Grundriss der verstehenden Soziologie.* 5., rev. Aufl.,. Tübingen: Mohr-Siebeck.

Wellman, Barry. 1996. Are personal communities local? A Dumptarian reconsideration. *Social Networks* 18:347–354.

White, Harrison C. 1992. *Identity and control. A structural theory of social action.* Princeton NJ: Princeton Univ. Press.

Whyte, William Foote. 1996. *Die Street corner society. Die. Sozialstruktur eines Italienerviertels*, Bd. 6. zuerst 1943. Berlin [u. a.]: de Gruyter.

Wieland, Mareike, und Anne-Marie in der Au. 2017. Facebook als „Straße durch das Internet". Politisches Informieren zwischen Automatisierung und Nutzerreflektion. *kommunikation@gesellschaft* 18.

Wiese, Leopold von. 1933. *System der allgemeinen Soziologie als Lehre von den sozialen Prozessen und den sozialen Gebilden der Menschen (Beziehungslehre).* 2., neubearb. Aufl. München: Duncker & Humblot.

Wimmer, Jeffrey. 2007. *(Gegen-)Öffentlichkeit in der Mediengesellschaft.* Wiesbaden: VS Verlag für Sozialwissenschaften.

Zweig, Katharina A., Oliver Deussen, und Tobias D. Krafft. 2017. Algorithmen und Meinungsbildung. *Informatik-Spektrum* 40:318–326.

GPSR Compliance

The European Union's (EU) General Product Safety Regulation (GPSR) is a set of rules that requires consumer products to be safe and our obligations to ensure this.

If you have any concerns about our products, you can contact us on

ProductSafety@springernature.com

In case Publisher is established outside the EU, the EU authorized representative is:

Springer Nature Customer Service Center GmbH
Europaplatz 3
69115 Heidelberg, Germany

www.ingramcontent.com/pod-product-compliance
Lightning Source LLC
LaVergne TN
LVHW020331260326
834688LV00037B/976